从零开始读懂
金融学

做一个聪明的投资者，即使没有富爸爸，
学会投资理财照样能养活自己！

斯凯恩◎编著

立信会计 出版社
LIXIN ACCOUNTING PUBLISHING HOUSE

图书在版编目（CIP）数据

从零开始读懂金融学 / 斯凯恩编著. —上海：立信会计出版社，2019.11

（去梯言）

ISBN 978-7-5429-5977-5

Ⅰ.①从… Ⅱ.①斯… Ⅲ.①金融学—基本知识 Ⅳ.①F830

中国版本图书馆CIP数据核字（2019）第212328号

策划编辑　蔡伟莉

责任编辑　秦思慧

封面设计　久品轩

从零开始读懂金融学

出版发行	立信会计出版社

地　　址	上海市中山西路2230号	邮政编码	200235
电　　话	（021）64411389	传　　真	（021）64411325
网　　址	www.lixinaph.com	电子邮箱	lxaph@sh163.net
网上书店	www.shlx.net	电　　话	（021）64411071
经　　销	各地新华书店		

印　　刷	北京彩虹伟业印刷有限公司		
开　　本	720毫米×1000毫米	1/16	
印　　张	18	插　　页	1
字　　数	249千字		
版　　次	2019年11月第1版		
印　　次	2019年11月第1次		
书　　号	ISBN 978-7-5429-5977-5/F		
定　　价	39.80元		

前 言

美国哈佛大学经济学教授曼昆曾给全美大学生提出过5条建议：①学点经济学，知道经济规律，把握自己的人生。②学点统计学，因为统计是现实中最经常用到的技能。③学点金融学，要准备面对人生风险。④学点心理学，认清人类理性的瑕疵，包括自身的。⑤相信自己的直觉与激情，适当忽视自己认为应该忽视的建议。

很多人一提到金融学，就觉得那是专业人士接触、用到的知识，和普通老百姓关系不大。其实，这是误解。在一个几乎人人皆知的金融学概念里，蕴藏着一系列非常深刻的道理，它可以贴切地解释人们遇到的各种金融学现象。当然，不经过深入研究、透彻了解，并不容易明白其中的奥妙。你知道吗？这正是人们喜欢金融学的理由。其实，这也正是金融学被大多数人所滥用及误解的原因。

在现实生活中，人们时刻被金融学的影子所萦绕，日常生活的点点滴滴都与金融学有着或远或近的关系，每一件小事背后其实都有一定的金融学规律和法则可循，人们的生活已经离不开金融学。用金融学的原理来反观生活，其实人们就是生活在一个金融学乐园里，人生时时皆金融，生活处处皆金融。

其实，金融学并不像远远挂在天边的月亮，可望而不可即；金融学也并不只有复杂的理论、高深的原理以及抽象的数学符号。在本书里，金融学仅仅是和人们现实生活密切相关、不可分离的、妙趣横生的事实。

金融学是一门不可不知的学问。CPI 上涨和人们的生活有什么关系？为什么报刊新闻总是大谈 GDP？欧元区到底是怎么一回事？买游戏币为什么还要缴税……这些都是与人们生活密切相关的小知识，了解了这些，人们再看财经报道就会理解得更透彻。

金融学是一门非常有趣的学问。"热钱"为什么大量涌入中国？为什么美元比人民币值钱？人民币升值对人们有什么好处？加息后，怎样不让财富被负利率吞噬？米、油、面、酒、菜通通涨价，如何让钱"生"钱……金融知识的储备和积累可以扩大人们视野，增加人们的谈资。

金融学是一门非常实用的学问。金融学存在于每个人的日常行为中，每个人在生活中都在有意或无意地运用金融学规律进行选择和取舍，消费、投资、理财、融资、借贷都是金融活动。存款准备金率上调说明了什么？怎样用期货做套期保值？怎样利用复利积累财富？黄金投资是不是对抗通胀的最佳选择……金融与每个人一生的幸福都息息相关。

金融学是一门充满智慧的学问。懂得一些金融学知识，可以帮助人们更深刻地了解那些存在身边的，关乎人们幸福和成功的生活现象背后的本质和真相，以便让人们在面临某些问题时能够更加睿智、理性地做出决策，减少人生的沉没成本，以最小的投入获得最大的收益。

总之，无论是管理企业还是个人投资理财，都需要掌握一些金融知识。只有掌握了金融知识，才会对金融政策敏感，进而及时把握政策导向，促进企业做大做强；同时也有利于投资者及时调整投资理财结构，规避投资理财风险，促进资产的保值增值。

《从零开始读懂金融学》是一本通俗的金融学读物，内容从金融学名词、原理、货币信用、银行利率、资本运作、金融机构、金融热点等方面系统讲述了金融学的基本理论知识及其在现实社会生活中的应用。全书以浅显的语言普及经济学常识，以轻松的笔墨回答经济学问题。书中没有令人费解的图表和方程式，也没有晦涩难懂的金融学行话，而是以金融学的基本结构作为骨架，以生活中的鲜活事例为血肉，将金融学内在的深刻原理与奥妙之处娓娓道来，让读者在快乐和享受中，迅速了解金融学的全貌，并学会用金融学的视角和思维观察、剖析种种生活现象，指导自己的行为，解决生活中的各种难题。

本书第一版于 2014 年出版上市后，受到全国各地读者朋友的喜爱，在淘宝商城的图书专营店中，曾创下每月 3000 本的销量，而在京东商城发布的 2016 年和 2017 年度金融与投资类图书销量榜单中，本书连续两年名列第二名。

2018 年年初，笔者收到了立信会计出版社的改版邀约。笔者立即投入到了书稿的修订工作之中。与第一版相比，笔者修改了一些数据和文字，特别是增加了黄金市场、三角债、金融衍生产品、世界银行、亚投行、互联网金融、P2P、个人金融安全、金融危机周期、通货紧缩、人民币汇率波动、房地产金融等。

现代世界已经是一个被金融"武装"起来的世界。懂点金融学，才能够做一个能看懂经济现象、灵活运用金融学规律服务生活的现代人。在轻松阅读的过程中，读者一定会发现：自己在生活中已经变得更加清醒，在工作中也更加懂得抉择与挑战，在消费中更加理性，在投资中更加明智。

尽管这次修订再版，笔者已经对书稿做了一次全面的完善和增删，交稿之际，依然忐忑。这可能就是所谓的"文章千古事，得失寸心知"吧。

依然要恳请读者：对书中错谬之处，敬请批评指正！

目 录

上 篇 最要读懂的热门金融知识

第6章　搅动世界的那些人

——每天了解一点国际金融巨头

下　篇　打理个人的美好金融生活

第7章　怎样让钱生钱，存银行还是投资

——每天学点投资理财知识

第11章　汇率上升，对人们的生活有影响吗

——关注国际贸易要学的金融学

第12章　楼市调控下，房价走向

——关注房地产走向要学的金融学

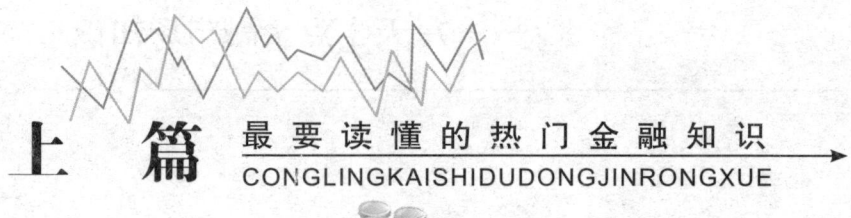

上 篇　最要读懂的热门金融知识

CONGLINGKAISHIDUDONGJINRONGXUE

第1章　要想游泳，必须先知道水有多深

——每天学点金融市场知识

股票市场：涨涨跌跌的诱惑

2015年夏天，小胡准备在北京买房置业，远在长春的父母拿出几十年间存下的30万元，希望能帮他付首付款。然而，小胡听同事们大谈股票，一个月能赚进几万元，这让小胡大为心动。他立刻开户，用父母的钱以17.8元每股的价格买进1万多股某股票，希望大赚一笔后再脱身去买房。

谁知接下来的日子里，他所持有的股票价格开始下跌，每天盯着收盘价，小胡就在心里算着亏了多少；晚上躺在床上也在想着股票，深夜也难以入睡。当该股下跌到8.6元时，小胡的心理防线崩溃了，接近10万元的亏损足够他赚上一两年了。最终，夜不能寐的小胡求助于心理医生。

股票市场中，每天都在上演着各种悲喜剧。红绿数字互换，股价涨涨跌跌，牵动着无数股民的心，那么股市为什么有这么大的魅力呢？

　　股票市场是已经发行的股票按时价进行转让、买卖和流通的市场，包括交易所市场和场外交易市场两部分。由于它是建立在发行市场基础上的，因此又称作二级市场。

　　对于投资者来说，通过股票流通市场的活动，可以使长期投资短期化，在股票和现金之间随时转换，增强了股票的流动性和安全性。股票流通市场上的价格是反映经济动向的晴雨表，它能灵敏地反映出资金供求状况、市场供求、行业前景和政治形势的变化，是进行经济预测和分析的重要指标。对于企业来说，股权的转移和股票行市的涨落是其经营状况的指示器，还能为企业及时提供大量信息，有助于它们的经营决策和改善经营管理。

　　最早的股份公司是在17世纪初荷兰和英国成立的海外贸易公司，这些公司通过募集股份资本而建立，具有明显的股份公司特征：具有法人地位，成立董事会，股东大会是公司最高权力机构，按股分红，实行有限责任制……股份公司的成功经营和迅速发展，使更多的企业群起效仿，在荷兰和英同掀起了成立股份公司的浪潮。到1695年，英国成立了约100家新股份公司。

　　18世纪后期英国开始了工业革命，大机器生产逐步取代了工场手工业。在这场变革中，股份制立下了汗马功劳。随着工业革命向其他国家扩展，股份制也传遍了资本主义世界。

　　其实，股票市场就是一个投机的金融市场。它投机买卖股票的手法与赌博市场、彩票市场是相同的，或者说没有本质上的区别。赚钱的人卖掉股票，没有赚到钱的人买进股票成为新的投资者或股东，等待下一次冲浪。而下一次冲浪到来，赚钱的人离场，没有赚钱的人又走进来，这样一波一波地循环下去。但是，没有永远上升的股票，当股价上升到一定高度时，一定会下降。在高位买进的人持股不放，成为长线投机者，又在等待时机再次出售。当股价往下跌落时，也有不少人进场买股票，他们认为该股票已跌落到位，当他买下当天的股票后，第二天该股票还是往下掉，这个买进股票的人又成为长线投机者。如此一波一波往下掉，后进入者一波一波地被套住而又成为长线投机者。这些长线投机者又在等待股票上升到自己的入市价位。然而，没有永远下跌的股票，当股价跌到一定程度时，股票的价格一定会上升。当股票的价格上升到一定的价位，在低价位买进股票的人卖掉手中的股票，买进股票的人等待股票价格的进一步升值。

还有一点就是在进行股票交易时，某只股票之所以被买进，是因为购买该股票的投资者或投资机构认为在买进股票后价格会上升；而卖出股票的投资者或投资机构则认为在卖出这只股票后价格会下降。前者在做"多头"，后者在做"空头"。在交易后的一段时间里，股票的价格上升到了一定的幅度，此时做"多头"的卖出股票赚了钱，做"空头"的赔了钱。当然，现在的中国股票市场并没有做空机制，多头和空头的输赢不会立刻反映出来，而是他卖出股票后才反映出来。

这种单边操作，投机者出现风险的次数可减少一半。举个例子，假如每一个人的资本是一样的，100个人赢了钱就一定有100个人输了钱。如少部分做"多头"赚了大钱，一定有少部分做"空头"的输了大钱，或者多数人输了小钱而平衡被少数人赢走的大钱，输赢人数比例发生很大变化，其结果是少数人赢钱，多数人赔钱。股票市场就是这样一个公开、公平和公正的投机博弈场所。

在股票市场上，按照持股操作的时间长短分为短线投资和长线投资。短线与长线本无优劣之分，只要适应就行。在有风险控制手段的前提下，短线的积少成多，在一轮行情中也能取得超额收益。在选对股票的前提下，长线更能取得非常稳健的高收益。

有人形象地说，短线交易者是艺术家，因为无论行情涨跌，他（她）时刻需要保持对行情的热情，并始终处于紧张和兴奋的状态。而长线交易者是工程师，他（她）需要对整个过程进行控制与修正，并且需要忍受期间市场的合理调整与异常时期的宽幅震荡，以及市场低迷时期的寂寞与孤

独。因此，前者需要的是激情，后者需要的是理性。

股票市场用升升跌跌、赢赢输输这种特有的形式吸引了成千上万民众参与其中，从而达到为企业筹集资金的目的。正是股票价格的升升跌跌，创造了投机赚钱的机会，并成为投机者的天堂，才使得股票市场几百年来经久不衰，遍布全世界。

对于投资者来说，当你准备进入股票市场时就要时刻提醒自己：你是在投资更是在冒险。在这个市场上，可能血本无归，其风险程度不比赌博市场和彩票市场小。

债券市场：金融市场中的"短腿"

某知名纺织物流集团在经营淡季的时候有1亿元的资金要闲置3个月，集团老总希望存款比收益高，保证安全和流动性，3个月之后必须拿回来，不能投资股票，资金必须安全。因此有两种方案，传统的方式是买一个3个月的债券，类似于2003年国家开发银行第17期金融债券，它的售价是99.34元每百元面值，所以最后能拿到66万元，如果定存的收益也就只有42.8万元。

债券由于其稳定、安全、收益较高等特点越来越受到投资者青睐，债券市场也日益引人关注。那么债券市场的功能和结构是怎样的呢？我国的债券市场目前发展水平如何呢？

债券市场是发行和买卖债券的场所，它是金融市场的一个重要组成部分，人们目前对它的了解并没有股票市场那么深入。一个统一、成熟的债券市场可以为全社会的投资者和筹资者提供低风险的投融资工具；债券的收益率曲线是社会经济中一切金融商品收益水平的基准，因此债券市场也是传导中央银行货币政策的重要载体。可以毫不夸张地说，统一、成熟的债券市场构成了一个国家金融市场的基础。

其实债券和债券市场早在资本主义经济出现以前就存在。古代债券如国家债券、当票等在奴隶社会已经出现，并在封建社会得到发展。据考证，世界最早的债券由12世纪的威尼斯共和国发行。企业债券在封建社会末期也开始产生。世界上最早的证券交易所即巴黎交易所成立于1304年。证券交易所兴起的早期阶段，主要业务是买卖政府债券，股票交易有限。

和股票市场一样，债券市场是由一级市场和二级市场组成的，即债券发行市场和债券流通市场。债券一级市场是指政府机关、金融机构、企业等资金需求者，为筹措资金而发行新债券，通过招投标或承销商，将债券出售给投资人所形成的市场，又称为发行市场；债券二级市场又称为流通市场，已发行完毕且符合上市条件的国债、公司债等均可以在交易所、银行间债券市场交易。

在国外成熟的资本市场体系中，债券市场与股票市场是并驾齐驱的。如2001年，美国的股票市值占GDP的168%，债券相当于143%。而另一个数字或许更能说明问题，全球债券相当于GDP的95%。但是我国2001年年末债券总值仅相当于GDP的29%。美国发行了3.1万亿美元的政府债券，公司债券达3.4万亿美元，资产证券化债券是2.7万亿美元，公司债券总和大大超过了政府发行的债券，且当年发行的公司债券是同期股票金额的16倍，占主要地位的是公司债券。而在我国，2001年发行国债约4884亿元人民币，公司债券总发行量却不足400亿元人民币。因此，不论是从资本市场上债市与股市的关系看，还是从企业的资本结构看，债券市场尤其是公司债券在我国资本市场发展过程中都具有很大的发展空间。

目前，我国的债券市场由银行间债券市场、交易所债券市场和银行柜台债券市场三个部分组成，这三个市场相互独立，但是又各有侧重点。在这三个市场中，银行柜台债券市场刚刚起步，银行间债券市场和交易所债券市场正不断走向成熟。

其中与普通投资者最密切相关的就是银行柜台债券市场，这个市场的参与主体为在商业银行开户的个人和企业投资者。目前，投资者通过银行柜台债券市场可以投资的债券品种有凭证式国债和记账式国债，其中凭证式国债不能流通转让，其实际投资主体为中老年个人投资者，而记账式国债银行柜台交易的推出可以更好地满足广大的个人、企业等投资人的国债投资需求。但是，由于目前记账式国债柜台交易业务只是在国有银行的部分地区网点试点，而且也只有记账式国债可以交易，银行柜台债券市场处于启动阶段，还有待于进一步推动。记账式国债柜台交易的方式为现券交易。

交易所债券市场是我国债券场内交易的场所，目前上海证券交易所和深圳证券交易所均有债券交易业务。沪深交易所债券交易的参与主体为在交易所开立证券账户的非银行投资者，实际交易主体为证券公司、保险公司和城乡信用社。交易券种为在交易所上市的国债、企业债、可转换债券。交易类型有现券交易和质押式回购交易。

就像前文说的那样，由于市场约束和制度方面的原因，我国债券市场尤其是公司债券无论是在规模、品种，还是在市场的发育程度方面，都与发达国家存在着巨大的差距，即使同我国迅速发展的股票市场相比，债券市场也显得较为低迷，一直是我国资本市场的一条"短腿"。这对我国的金融市场来说是不健康的，而相关部门正在努力推动债券市场的发展，希望能尽快迎来债券市场的春天！

基金市场：储蓄安全转化为投资

"你买基金了吗？"一家发廊里，理发师这样询问顾客。他说，常常听到顾客谈论这个。其实在2005年，"基金"还是一个相对冷僻的词。

此前，中国股市持续低迷，人们更愿意将钱存在银行里。但是，一轮前所未有的牛市在2006年到来，基金市场的赚钱效应逐渐发酵。2006年11月20日，上证指数攻破2000点大关，2007年1月22日，上证指数突破2900点，并创日成交额1000亿元的记录。伴随股市的红火，基金投资开始走进绝大多数中国人的生活。

基金市场在我国的发展状况如何呢？它的结构层级又是怎样的呢？

基金，从资金关系来看，是指专门用于某种特定目的并进行独立核算的资金，包括养老保险基金、退休基金、救济基金、教育奖励基金等，但是在这里笔者要说的仅仅是投资基金。投资基金，是指按照共同投资、共享收益、共担风险的基本原则和股份有限公司的某些原则，运用现代信托关系的机制，以基金方式将各个投资者彼此分散的资金集中起来以实现预期投资目的的投资组织制度。

投资基金起源于19世纪中期的英国，工业革命的发展促进了财富的积累，进而推动了金融创新。1868年，英国政府出面组建海外及殖民地政府信托组织，公开向社会发售收益凭证，被认为是最早的基金。投资基金虽然起源于英国，但却盛行于美国。

第一次世界大战后，美国取代了英国成为世界经济的新霸主，一跃从资本输入国变为主要的资本输出国。随着美国经济运行的大幅增长，日益复杂化的经济活动使得一些投资者越来越难以判断经济动向。为了有效促进国外贸易和对外投资，美国开始引入投资信托基金制度。1926年，波士顿的马萨诸塞金融服务公司设立了"马萨诸塞州投资信托公司"，成为美国第一个具有现代面貌的共同基金。

在此后的几年中，基金在美国经历了第一个辉煌时期。到19世纪20年代末期，所有的封闭式基金总资产已达28亿美元，开放型基金的总资产只有1.4亿美元，但后者无论在数量上还是在资产总值上的增长率都高于封闭型基金。19世纪20年代时期每年的资产总值都有20%以上的增长，1927年的成长率更超过100%。

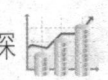

现在，越来越多的中小投资者开始青睐基金，因为投资基金的本质是汇小钱成大钱，它为小额投资者提供了一条通向各种投资市场的通道。普通投资者由于资金规模有限，不能对众多的投资工具进行有效的组合，而投资基金能够有效地解决上述问题。

在基金市场上，有三个基本的市场主体，即基金投资人、基金管理人和基金托管人。投资基金设立后，一般通过设立信托的方式进行投资运作，委托基金管理人管理运用基金财产，委托基金托管人保管基金资产。基金投资人是委托人和受益人，基金管理人和基金托管人是受托人。

有主体当然也就有客体，基金市场中的客体就是各类基金。

按投资对象划分，投资基金可以分为以下几种：

股票基金：指以股票为投资对象的投资基金。由于市场中各类股票的性质不同，股票基金又可以细分为积极成长型、成长型和成长收益型等。

债券基金：指以债券为投资对象的投资基金。债券基金的收益对利率变化较为敏感。

混合基金：指同时以股票和债券作为投资对象的投资基金。由于混合基金的目标在于兼顾本金增长和固定配息，因此其风险和收益介于股票基金和债券基金之间。

货币市场基金：指以国库券、大额可转让定期存单、商业票据、公司债券等货币市场短期有价证券为投资对象的投资基金。

外汇基金：指以各国货币（外汇）为投资对象的投资基金。由于汇率波动较为剧烈，外汇基金的风险和收益相对较大。

期货基金：指以各类期货品种为主要投资对象的投资基金。期货基金的风险和收益也相对较大。

此外，根据投资对象不同，投资基金还可以分为期权基金、指数基金和权证基金等，此处不再一一列举。不过，这里笔者需要再介绍一下近年较为流行的"对冲基金"。对冲基金指那些利用不同市场进行套利交易的投资基金。从形式上看，对冲基金是一组投资工具，交易几乎遍及所有市场种类，包括外汇、股票、债券、期货以及各种衍生品等。第一支对冲基金是在1949年被推出的。

如果按组织形态划分，投资基金可以分为以下几种：

公司型基金：指具有共同投资目标的投资者组成以盈利为目的的股份制投资公司，并将资产投资于特定对象的投资基金。

契约型基金：也称信托型投资基金，指基金发起人依据其与基金管理人、基金托管人订立的基金契约，通过发行受益凭证而组建的投资基金。

在这里笔者简要介绍一下公司型基金与契约型基金的主要区别。前者组建依据是公司法，后者组建依据是信托法；前者具有法人资格；后者没有法人资格；前者发行的是股票，后者发行的是受益凭证；前者直到公司破产方可终止基金运营，后者等到契约期满即可终止基金运营。

如果按交易方式划分，投资基金可以分为以下几种：

开放式基金：指基金设立后，投资者可以随时申购或赎回基金单位，基金规模不固定的投资基金。

封闭式基金：指基金规模在发行前已确定，在发行完毕后的规定期限内，基金规模固定不变的投资基金。

如果按融资渠道划分，投资基金可以分为：

公募基金：指受政府主管部门监管的，向不特定投资者公开发行受益凭证（或股票）的投资基金。

私募基金：指通过非公开方式，向特定投资者募集资金的投资基金。

一般来说，公募基金投资者范围大，融资能力强，可申请在交易所上市（如封闭式基金），信息披露公开透明。而私募基金投资者明确，发行手续简便，信息披露程度低。

如果按风险和收益划分，投资基金可以分为以下几种：

成长型基金：指以资本长期增值作为投资目标的投资基金。这类基金的投资对象通常为风险和收益较高的金融工具，而且很少分红，经常将投资盈利进行再投资，以实现资本增长。

收入型基金：指以追求基金当期收入为投资目标的投资基金。这类基金的投资对象通常为风险和收益相对较低的金融工具，一般把投资盈利分配给投资者。

平衡型基金：指既追求长期资本增值，又追求当期收入的投资基金。这类基金通常在投资组合中有比较稳定的组合比例，其风险和收益介于成长型基金和收入型基金之间。

1912年12月一个星期四的上午，律师昂特迈耶在美国国会大厦问当时最具实力的银行家摩根："商业信贷是否主要以货币或财产抵押作为基础呢？"摩根回答："不，先生，品性是最重要的。"基金风险低、操作灵活、品种繁多、收益可观，如此品性必然会促成其健康成长。我们期待中国的基金市场有更辉煌的未来！

期货市场：在盛宴与豪赌之间徘徊

在15世纪，日本经过100多年的各家族内战，德川家族在1605年统一日本后，强迫各地的首领和地主全家迁居东京。当各家族的首领和各地的地主返回自己的领地时，家族的人必须留在东京作为人质，如果这些返回各领地的首领不回来或者造反，他们的家人就会被处死。

各首领和地主的经济来源是佃农和农夫以稻米所缴纳的租金，由于稻米无法由各地一直运送到东京，他们在大阪建立仓库来存放稻米。

由于所有的家族首领和他们的家人都住在东京周围过着奢华的生活，为了维持这种生活方式，首领和他们的家人销售存放在大阪的稻米，甚至销售未来的收成，形成稻米的期货交易。在期货交易中，仓库会发行"米票"，这些米票称为"空米票"（"空米票"是指这些稻米实际上不存在）。然后，"空米票"逐渐形成市场，这便是全球最早的期货市场之一。

那么期货市场是怎样发展起来的呢？期货市场的结构又是怎样的呢？

所谓期货市场，就是指进行期货交易的场所，是多种期货交易关系的总和。它是按照"公开、公平、公正"的原则，在现货市场基础上发展起来的高度组织化和高度规范化的市场形式。可以说，期货市场既是现货市场的延伸，又是市场的又一个高级发展阶段。从组织结构上看，广义上的期货市场包括期货交易所、结算所或结算公司、经纪公司和期货交易员；狭义上的期货市场仅指期货交易所。

期货诞生于日本，直到19世纪，仍是日本独有，后来渐渐被全世界效仿。1848年3月13日，第一个近代期货交易所——芝加哥期货交易所（CBOT）成立，芝加哥期货交易所成立初期，还不是一个真正现代意义上的期货交易所，只是一个集中进行现货交易和现货中远期合约转让的场所。

1865年，芝加哥期货交易所第一次实现了合约标准化，推出了第一批标准期货合约。合约标准化包括合约中品质、数量、交货时间、交货地点以及付款条件等的标准化。标准化的期货合约反映了最普遍的商业惯例，使得市场参与者能够非常方便地转让期货合约，同时，使生产经营者能够通过对冲平仓来解除自己的履约责任，也使市场制造者能够方便地参与交易，大大提高了期货交易的市场流动性。芝加哥期货交易所在标准化合约的同时，还规定了按合约总价值的10%缴纳交易保证金。

但是随着期货交易的发展，结算又出现了较大的困难。芝加哥期货交易所起初采用的结算方法是环形结算法，但这种结算方法既烦琐又困难。1891年，明尼亚波里谷物交易所第一个成立了结算所，随后，芝加哥交易所也成立了结算所。直到现代结算所成立，真正意义上的期货交易才算产生，期货市场才算完整地建立起来。

相比股票基金，普通投资者对期货市场并不熟悉，很多人甚至并不清楚期货是什么。期货与现货相对，期货是现在进行买卖，但是在将来进行

交收或交割的标的物，这个标的物可以是某种商品，如黄金、原油、农产品，也可以是金融工具，还可以是金融指标。交收期货的日子可以是1星期之后，1个月之后，3个月之后，甚至1年之后。买卖期货的合同或者协议叫作期货合约。

笔者做个比喻：一个果农家里有100棵桃树，预计能产300箱桃子。一个大买家计划成熟时节要购买，口头商量好了，也可以用一些书面的东西商定好。但是到交货的时候会有各种风险，可能收成不好，可能有虫害，可能桃子产量太高价格降了等，会出现各种违约风险。而期货就是一个合约，把各种事项内容都标准化了，还有保证金比例，控制了风险，人们只需要买卖这个合约。如果一直持有这个合约，那么时间一到，就得进行货币物品的交换，就是交割，但是一般人们在合约到期之前平仓，赚取了那个差价……简单来说期货买卖就是这样的过程。

期货市场基本上是由四个部分组成：期货交易所；期货结算所；期货经纪公司；期货交易者（包括套期保值者和投机者）。

期货交易所就是为期货交易提供场所、设施、服务和交易规则的非营利机构，收入来自会费。交易所一般采用会员制。交易所的入会条件是很严格的，各交易所都有具体规定。先要向交易所提出入会申请，由交易所调查申请者的财务资信状况，通过考核，符合条件的经理事会批准才可入会。交易所的会员席位一般可以转让。交易所的最高权力机构是会员大会。会员大会下设董事会或理事会，一般由会员大会选举产生，董事会聘任交易所总裁，负责交易所的日常行政和管理工作。

有交易就要有结算。期货结算所的组成形式大体有三种：第一种是结算所隶属于交易所，交易所的会员也是结算会员；第二种是结算所隶属于交易所，但交易所的会员只有一部分财力雄厚者才成为结算会员；第三种是结算所独立于交易所之外，成为完全独立的结算所。期货结算所的责任很重大，它负责期货合约买卖的结算，承担期货交易的担保，监督实物交割，还要公布市场信息等。

　　再接下来就是期货经纪公司，很多人也把它叫作经纪所。它的主要职能是代理客户进行期货交易，并提供有关期货交易服务，并在代理客户期货交易时，收取一定的佣金。

　　在期货市场上，如果没有投机者参与，其回避风险和发现价格两大功能就不能实现。投机者参加交易可增加市场的流动性，起到"润滑剂"的作用。

　　根据参与期货交易的目的划分，期货交易者基本上分为两种：套期保值者和投机者。前一种从事期货交易的目的是利用期货市场进行保值交易，以减少价格波动带来的风险，确保生产和经营的正常利润。做这种套期保值的人一般是生产经营者、贸易者、实用户等。而投机者参加期货交易的目的与套期保值者相反，他们是愿意承担价格波动的风险。其目的是希望以少量的资金来博取较多的利润。期货交易所的投机方式可以说是五花八门，多种多样，其做法远比套期保值复杂得多。

　　在期货市场中，风险控制永远是一个中心话题，对交易者和管理者来说都是如此。因此，投资者应该不断打磨自己的风险控制能力。期货市场是一个消息满天飞的地方，要逐步培养分析能力，充分掌握有价值的信息，而市场永远是对的。市场风险是不可预知的，但又是可以通过分析，加以防范的。在这方面，投资者要做的工作很多，最主要的就是，在入市投资时，要从自己熟悉的品种做起，做好基础工作，从基本面分析做起，辅之以技术分析，千万不能逆势而为，初期一定要设好"止损点"，以免损失不断扩大，难以全身而退。

外汇市场：全球最大的金融市场

　　A国有一个人要去B国旅游学习，当时A国与B国的汇率是1：9，离开

A国时，他带了10万元。到了B国，他先用10万元兑换到B国当地货币90万元。这个人在B国一共住了2年多，花了当地货币25万元。当他准备启程离开时，当地货币升值，兑A国汇率为1：5，于是这位旅行者就用剩下的65万B国货币换到了13万A国货币。也就是说他在B国玩了2年，还净赚3万元A国货币。

这个小故事说出了外汇市场的本质，利用汇率的多变性赚取差价。现在已经有越来越多的人投入外汇市场，那么外汇市场究竟是怎样运作的呢？它为什么会成为投资热点呢？

前些年，普通投资者对外汇市场的了解仅是一个外币的概念，然而历经几个时期的演进，它已较能被普通投资者所了解，人们已经能将外汇交易作为理财工具。

事实上，不论是否了解外汇市场，人们都已身为其中的一份子，因为口袋中的钱已使公众成为货币的投资人。比如某人居住于中国，各项贷款、股票、债券及其他投资都是以人民币为单位，换言之，除非他是少数拥有外币账户或是买入了外币、股票的多种货币投资人，否则就是人民币的投资者。

而如果某人居住在美国，基本上他已选择了不持有其他国家的货币，因为他所买入的股票、债券及其他投资或是银行账户中的存款皆以美元为单位。美元的升值或贬值，都可能影响他的资产价值，进而影响到总体财务状况。所以，已有许多精明的投资人利用了外汇汇率的多变进行外汇交易而从中获利。

这里要特别说的一点是，外汇市场并不是传统意义上的"市场"，它并没有像股票和期货那样有具体的交易场地。而是通过银行、企业和个人间的电子网络进行交易。直接的银行间市场是以具有外汇清算交易资格的交易商为主，他们的交易构成总体外汇交易中的大额交易，这些交易创造了外汇市场的交易巨额。也正是由于没有具体的交易所，因此外汇市场能够24小时运作。目前，世界主要的外汇市场包括伦敦、法兰克福、巴黎、苏黎世外汇市场，北美的纽约，东京、中国香港、新加坡外汇市场，悉尼、惠灵顿市场，这些市场时间上相互延续，共同构成了全球不间断的外汇市场，其中伦敦外汇市场的交易量最大，因此欧洲市场也是流动性较强的一个市场。到了今天，外汇市场是全球最大的金融市场，单日交易额高达1.5亿美元。

外汇市场的交易可以分为三个层次，即银行与顾客之间、银行同业之间和银行与中央银行之间的交易。

一般来说，外汇银行报价有即期汇率和远期汇率两种。即期汇率报价又有三种方式：直接标价法报价、间接标价法报价和美元报价；远期汇率报价有两种方式：直接报价和点数报价。在不同的汇率标价方式下，远期汇率的计算方法不同。

直接标价法下，远期汇率=即期汇率+升水，或远期汇率=即期汇率-贴水。

间接标价法下，远期汇率=即期汇率-升水，或远期汇率=即期汇率+贴水。

再介绍一下外汇市场交易方式：即期外汇交易、远期外汇交易、掉期交易、外汇期货交易和期权交易。

而按外汇所受管制程度进行分类，外汇市场可以分为自由外汇市场、外汇黑市和官方市场。

自由外汇市场：是指政府、机构和个人可以买卖任何币种、任何数量外汇的市场。自由外汇市场的主要特点是：第一，买卖的外汇不受管制；第二，交易过程公开。例如：美国、英国、法国、瑞士的外汇市场皆属于自由外汇市场。

外汇黑市：是指非法进行外汇买卖的市场。外汇黑市是在政府限制或法律禁止外汇交易的条件下产生的；交易过程具有非公开性。由于发展中国家大多执行外汇管制政策，不允许自由外汇市场存在，因此这些国家的外汇黑市比较普遍。

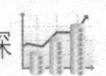

官方市场：是指按照政府的外汇管制法令来买卖外汇的市场。这种外汇市场对参与主体、汇价和交易过程都有具体的规定。在发展中国家，官方市场较为普遍。

而且与集合竞价的股票市场不同，外汇市场更像一个农贸市场，所有的买家和卖家完全是开放的，体现了绝对的自由，买家可以自由地询价，卖家可以自由地报价，双方完全是在自愿的情况下进行交易，成交价格对于双方来说是"一个愿打，一个愿挨"，这一点和股票市场是完全不一样的，外汇市场没有集合竞价和电脑集中撮合的规矩。

知道了股票市场和外汇市场的这个不同，投资者就不会惊异于各银行间报价的差异了，这完全是市场行为。

为什么这几年，汇市会成为投资的热点呢？

一是要感谢互联网的繁荣发达。借助互联网，投资者得到了进入外汇市场的捷径。交易点差降低3~5个点；原来只有金融机构才能付得起成本的道琼斯新闻、路透社行情、专业图表工具等，现在只要开户就可以免费使用；原来必须到银行才能完成的交易行为，现在坐在家里，轻轻点击鼠标就可以在几秒钟内完成。

正是借助互联网的快速发展，越来越多的个人投资者进入外汇市场，使外汇市场成为全球范围内的投资热点，大量的资金、大批职业或业余的股票、期货投资者进入外汇市场淘金，推动外汇市场成为个人投资者的新宠。

二是方便的清算过程降低了投资者成本。由于信息技术的日益发达，原来烦琐的后台清算过程现在通过在线经纪商的交易平台，就可以在瞬间完成。对投资者而言，原来庞大的清算队伍已经没有存在的必要。这样，通过互联网参与外汇市场，投资者节约了大量的时间成本和资金成本，从而可以把时间和精力集中在交易的决策和操作上。

保险市场：给未来拉上一根"安全绳"

小镇上有两个人，一个非常富有，经营着一家大工厂。另一个却过着平凡的生活。

一场意外夺去了两人的生命。富人的工厂立即陷入混乱，很快破产了，他的家人不得不从原来的大房子里搬了出来，生活日渐困苦。另一个人，他的家人虽然悲痛，但因为他生前投了保险，他的家人获得了保险公司的理赔，他们仍然过着衣食无忧的生活。

能在最关键时候提供帮助的，才是真正的财富。正是因为保险具有强大的保障功能，这才使得保险市场日益壮大。那么，保险市场的构成形式是怎样的呢？我国的保险市场发展情况如何呢？

保险市场是指保险商品交换关系的总和或是保险商品供给与需求关系的总和。它既可以指固定的交易场所，如保险交易所，也可以是所有实现保险商品让渡的交换关系的总和。保险市场的交易对象是保险人为消费者提供的保险保障，即各类保险商品。

这样说起来，保险市场的概念有点复杂，分主客体来说的话可能会更容易理解一些。

（1）保险市场的主体。保险市场的主体是指保险市场交易活动的参与者，包括保险市场的供给方和需求方以及充当供需双方媒介的中介方。保险市场就是由这些参与者缔结的各种交换关系的总和。

① 保险市场供给方。保险市场的供给方是指在保险市场上，提供各类保险商品，承担、分散和转移他人风险的各类保险人。如国有保险人、私营保险人、合营保险人、合作保险人、个人保险人。通常他们必须是经过国家有关部门审查认可并获准专门经营保险业务的法人组织。

② 保险市场的需求方。保险市场的需求方是指保险市场上所有现实的和潜在的保险商品的购买者，即各类投保人。根据保险消费者不同的需

求特征，可以把保险市场的需求方划分为个人投保人、团体投保人、农村投保人、城市投保人等。根据保险需求的层次，可以把保险市场的需求方划分为当前的投保人与未来的投保人等。

③保险市场的中介方。保险市场的中介方既包括活动于保险人与投保人之间，充当保险供需双方的媒介，把保险人和投保人联系起来并建立保险合同关系的人，也包括独立于保险人与投保人之外，以第三者身份处理保险合同当事人委托办理的有关保险业务的公证、鉴定、理算、精算等事项的人。具体有保险代理人（或公司）、保险经纪人（或公司）、保险公估人（行）、保险律师、保险理算师、保险精算师、保险验船师等。

（2）保险市场的客体。保险市场的客体是指保险市场上供求双方具体交易的对象，这个交易对象就是各类保险商品。这是一种特殊形态的商品：①保险商品是一种无形商品。②保险商品是一种"非渴求商品"。③保险商品的消费是一种隐形消费。

保险商品形式是保险合同，保险合同实际上是保险商品的载体，其内容是保险事故发生时提供经济保障的承诺。保险费率是保险商品的价格，它是被保险人为取得保险保障而由投保人向保险人支付的费用。

下文笔者要说的是保险市场的类型。

（1）按保险业务承保的程序不同可分为原保险市场和再保险市场。原保险市场也称直接业务市场，是保险人与投保人之间通过订立保险合同而直接建立保险关系的市场；再保险市场也称分保市场，是原保险人将已经承保的直接业务通过再保险合同转分给再保险人的方式形成保险关系的市场。

（2）按照保险业务性质不同可分为人身保险市场和财产保险市场。人身保险市场是专门为社会公民提供各种人身保险商品的市场；财产保险市场是从事各种财产保险商品交易的市场。

（3）按保险业务活动的空间不同可分为国内业务市场和国际保险市场。国内业务市场是专门为本国境内提供各种保险商品的市场，按经营区域范围又可分为全国性保险市场和区域性保险市场；国际保险市场是国内保险人经营国外保险业务的保险市场。

（4）按保险市场的竞争程度不同可分为垄断型保险市场、自由竞争型保险市场、垄断竞争型保险市场。自由竞争型保险市场是保险市场上存在数量众多的保险人、保险商品交易完全自由、价值规律和市场供求规律充分发挥作用的保险市场；垄断型保险市场是由一家或几家保险人独占市场份额的保险市场，包括完全垄断和寡头垄断型保险市场；垄断竞争型保险市场是大小保险公司在自由竞争中并存，少数大公司在保险市场中分别具有某种业务的局部垄断地位的保险市场。

说到这里，读者应该对保险市场有个整体性的了解了，但是笔者还要特别介绍一下再保险市场。

纵观当今发达的保险市场，其背后都有着完善而强有力的再保险市场，现代再保险市场为保险公司提供了多种多样的风险分散与转移的方式。著名的再保险公司，如慕尼黑再保险公司、瑞士再保险公司等。在再保险市场上，全世界的保险人可以充分安排再保险业务，保障业务具有稳定性。特别是国内和国际的重大的贸易活动，如航空航天项目、核电站工程等都有巨大风险责任，更加需要保险。尽管再保险市场是从保险市场发展而来的，但不是简单的延伸，而是国际保险市场不可缺少的重要组成部分。

期权市场：期待中的期市创新

笔者假设标的物是铜期货。甲公司向乙公司买铜。可是，甲公司的资金有限，需要去银行贷款。甲公司估计大概需要3个月的时间才能拿到贷款，甲公司担心在这段时间内，铜价格会涨。所以，甲公司与乙公司商

定，甲公司按1000元/吨的价格支付给乙公司。乙公司同意甲公司有权在3个月之内任何时间，以商定的35 000元/吨的价格购买铜。

第一种情况：在3个月后，铜价格涨到45 000元/吨。甲公司就按约定以35 000元/吨的价钱买下，再以45 000元/吨的价钱在市场卖出。扣除本金35 000元/吨和权力金1000元/吨，甲公司从中赚了9000元/吨。

第二种情况：在3个月后，铜价格跌到22 000元/吨。甲公司就可以放弃铜的认购权力，而转向市场直接以22 000/吨的价格买入铜。甲公司损失的金额仅限于已经付给乙公司的1000元/吨的权力金。

这就是期权，这就是期权市场的优势，它给从业者提供了一个非常灵活的避险工具。那么，期权市场是怎样衍变发展的呢？中国有期权市场吗？

期权市场是进行期权合约交易的市场。期权交易指对特定时间内以约定价格购买特定商品的权利进行的交易，最常见的期权交易有外汇、指数、商品期权合约。

在具体地介绍期权市场之前，笔者先简单介绍一下期权。期权其实就是选择的权利，买方付了权利金取得了在未来某一个特定时间以特定价格买入卖出某种资产权利，买方拥有的是权利并非义务，卖方正好相反。相信从前文的小故事中读者也可以明白这一点。

期权市场是由于风险管理的需要，随着时间的推移慢慢产生的。期权交易场所不需要特定场所，可以在期货交易所内交易，也可以在专门的期权交易所内交易，还可以在证券交易所交易与股权有关的期权交易。期权市场发展史分几个阶段，开始于18世纪的美国和欧洲市场，开始并不具有普遍性，1973年芝加哥期权交易所成立，开始统一化和标准化期权和约买卖，标志着期权场内交易的开始。从20世纪80年代开始，期权市场主要限于股票交易，全球期权交易总量迅速增长，2009年全球70家交易所期权交易总量是177亿张，期货交易量达到81.9亿张。

目前世界上最大的期权交易所是芝加哥期权交易所；欧洲最大期权交

易所是欧洲期货与期权交易所，它的前身为德意志期货交易所和瑞士期权与金融期货交易所；亚洲方面，韩国的期权市场发展迅速，并且其交易规模巨大，中国香港地区以及中国台湾地区都有期权交易。

事实上，期货市场要形成一定规模相对来讲比较容易，因为期货的产品相对来说比较简单、品种也比较少；而期权市场的构成因素就复杂得多，因为期权价和期限有各种各样不同的组合，包括各种投资交易策略的组合。比如说，在欧洲美元期权交易中大约有8万种的交易组合。正因为如此，做市商的风险实际上是非常大的。这就是为什么美国的期权交易发展很慢，才发展到电子交易，复杂性就是一个重要原因，现在美国的期权交易大部分还是喊叫式交易。而欧洲的期货交易所采取的解决办法是，允许经纪商和客户通过电话或者电子邮件形式进行交易，同时他们把大宗交易的限制放得很低，也就是基本上可以进行场外交易。

期权市场的风险管理是重中之重。当相关标的期权市场出现较大波动的时候，一些下单活动往往变得十分活跃，比如说频繁地取消订单、更改订单和重新下单。在这种紧张的环境中，难免会出现投资者在交易时因为无意识地犯一些愚蠢的小错误却继而酿成了大损失的情况。对此，也有独特的措施可以避免这类错误的发生：

（1）限制了下一交易日的权利金价格的波动范围，即期权权利金的波动幅度不能超过该期权的理论价格加/减KOSPI200指数当日收盘的15%。

（2）对每单最大交易量做了限制，现行规定是投资者在期货交易中每单交易量不能超过1000张期货合约，在期权交易中每单不能超过5000张期权合约。

（3）对于期权权利金的变动情况进行限制。比如，当市场价格波幅超过5%时，系统就暂停交易1分钟或者更长的时间。

（4）为防止有人对市场进行恶意操纵，要随时监视会员的持仓情况。会员的期货净持仓不能超过5000手，但其中不包括套利和经查属实的

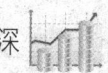

对冲仓位。

（5）在履约结算方面，规定在开始第一笔交易之前，交易者必须首先缴纳一定数额的保证金。之后，在每次下单之前，计算机系统将自动对其保证金进行计算并检查该会员账户是否持有足够的保证金数额。采用的是将期货和期权持仓合并计算的保证金系统。初始保证金为15%，维持保证金为10%。这些风险防范措施可以保证期货市场更加健康地发展。

（6）国外的期权市场还设有一些违约风险保障措施。比如，一个叫作"联合补偿基金"的机构专门负责为资金紧张的会员提供财务帮助。会员根据其交易量的多少向该基金缴纳一定资金。目前该基金总额已达8000万美元。因此，当会员的资金账户出现危机时，可以从以下途径取得帮助：缴纳给交易所的保证金，存在联合补偿基金中的资金，其他会员存在联合补偿基金中的资金，在交易所缴纳的会员费。

投资者们更关心的是我国期权市场的发展状况，国际期货市场热闹非常。我国的经济发展也越来越受到国外的重视，国外的越来越多的金融领域希望对中国的经济有所反映。现在，我国已具备推出商品期权交易的条件，业界和投资者也迫切希望商品期权上市。目前我国的期货市场已经日渐成熟，相信一旦引入期权，广阔而又活跃的中国市场一定会发展得更快、更好。

黄金市场：屹立不倒的市场硬通货

古代印加人把黄金视为"太阳的汗珠"；古埃及的法老坚持要埋葬在黄金这种"神之肉"里；《圣经·马太福音》提及的东方三博士带来的礼物之一就是黄金，而《圣经·启示录》形容圣城耶路撒冷的街道由纯金制作……黄金在各个时代都被赋予了神话般的力量，它在诱惑着人们，更在折磨着人们。它的化学符号为Au，Au的名称来自罗马神话中的"黎明女神"欧若拉（Aurora）。正如这个赞美意味浓厚的名称，黄金在人类文明史上一直是受到狂热吹捧的稀有金属，一直被视为华贵的象征。

在现代社会中，黄金集货币、金融和贵金属属性于一身，具有高度国际化、政治化、金融化的特点，不仅是全世界接受的支付手段，也是全球最重要的金融商品。它价值高，并且是一种独立的资源，不受限于任何国家或贸易市场，与公司或政府也没有牵连，因此，投资黄金通常可以帮助投资者避免经济环境中可能发生的问题。

黄金市场，是集中进行黄金买卖的交易场所，是一个全球性的市场。黄金交易所一般都设在各个国际金融中心，是国际金融市场的重要组成部分。国际黄金市场的参与者，可分为国际金商、银行、对冲基金等金融机构、各种法人机构、私人投资者以及在黄金期货交易中有很大作用的经纪公司。

黄金交易与证券交易一样，都有一个固定的交易场所，世界各地的黄金市场就是由存在于各地的黄金交易所构成的。全球的黄金市场主要分布在欧、亚、北美三个区域。

欧洲以伦敦、苏黎世黄金市场为代表；亚洲主要以中国香港地区为代表；北美主要以纽约、芝加哥和加拿大的温尼伯为代表。全球各大金市的交易时间，以伦敦时间为准，形成伦敦、纽约（芝加哥）连续不停的黄金交易，伦敦每天上午10时30分的早盘定价揭开北美金市的序幕；纽约、芝加哥等先后开叫，当伦敦下午定价后，纽约等地仍在交易中，此时中国香港地区也加入进来。伦敦的尾市会影响美国的早市价格，而美国的尾市会影响中国香港地区的开盘价，而中国香港地区的尾市价和美国的收盘价又会影响伦敦的开市价，如此循环。

目前世界上黄金价格主要有三种类型：市场价格、生产价格和准官方价格，其他各类黄金价格均由此派生。

市场价格包括现货和期货价格。这两种价格既有联系，又有区别。这

两种价格都受供需等各种因素的制约和干扰，变化大，而且价格确定机制十分复杂。

生产价格是根据生产成本建立一个固定在市场价格上面的明显稳定的价格基础。以现在的汇价估算，黄金开采平均总成本大约略低于每盎司260美元（1986年，南非黄金生产成本约为每盎司258美元）。实际上，随着技术的进步，找矿、开采、提炼等所需的费用一直在降低，黄金开采成本呈下降趋势。

准官方价格是被中央银行用作与官方黄金进行有关活动而采用的一种价格。世界各国中央银行官方总储备量（各国中央银行往往是各国黄金的最大持有者）在1998年时大约为34 000吨。按目前生产能力计算，这相当于13年的世界黄金矿产量，并且占已开采的全部黄金存量137 400吨的24.7%，这是确定准官方金价的一个重要原因。

随着中国香港黄金市场的建立，全世界黄金市场已经连成一个连续不断的整体，交易24小时不间断。受外部因素影响，世界市场上的黄金价格经常剧烈变动。只有中长期的平均价格，因其结合了各种投机因素，才成为一个比较客观反映黄金受供求影响下的市场价格。例如：在国际货币基金组织于1976—1980年的45次黄金拍卖中，实现平均价格每盎司228.56美元，该价格非常接近伦敦黄金定价市场在同一时期的平均值。

市场条件在不断变化，然而黄金一直保持着它的购买力。相较商品和服务的购买力来看，黄金的价值一直很稳定，而其他货币随着商品和服务价格的上升购买力却在下降。

在20世纪60年代，黄金市场受到压制金价的黄金总库的控制，而黄金总库听从美国财政部的命令。在那时，黄金价格完美地发挥着"货币温度计"的作用，能发出美元危机即将来临的信号。

在20世纪70年代，美国财政部和国际货币基金组织尝试利用拍卖形成控制黄金价格。不过，所有的尝试最终都失败了。由罗斯福于1934年规定的每盎司35美元的固定金价，在20世纪70年代却攀升到每盎司850美元。从1981年开始，黄金开始进入熊市，但是因为政府不时动用"看不见的手"，以及中央银行开展抛售黄金的活动，所以对金价的压制仍在继续。

第2章　这年头所有人都讲CPI

——每天学点金融学名词

GDP：国家经济状况的"晴雨表"

小镇上，一个荒淫的富人死了，全镇的人都为他哀悼。当他的棺材被放进坟墓时，四处都是哭泣、哀叹声，就连教士和圣人死去时，人们都没有如此悲哀。第二天，镇上的另一个富人也死了。与前一个富人相反，他节俭禁欲，只吃干面包和萝卜。他一生对宗教都很虔诚，整天在豪华的研究室内学习法典。当他死后，除了他的家人外，没有人为他哀悼，葬礼冷冷清清。

一个陌生人对此迷惑不解，就问道："请向我解释一下这个镇上的人为什么尊敬一个荒淫的人，而忽略一个圣人。"

镇上的居民回答说："昨天下葬的那个富人，虽然他是个色鬼和酒鬼，却是镇上最大的施舍者。他荒淫奢侈，整天挥霍自己的金钱，但是镇上的每一个人都从他那儿获益。他向一个人买酒，向另一个人买鸡，向第三个人买奶酪，小镇的GDP因为他不断增长。可死去的另一个富人又做了什么呢？他成天吃干面包和萝卜，没人能从他身上赚到钱。当然没有人会想念他的。"

请读者思考，GDP究竟是如何产生的呢？

GDP（国内生产总值）是一个国家或地区所有常住单位在一定时期内所生产和提供的最终产品和劳务价值总和。说白了，就是一个国家或地区一年内创造的新的物质财富。GDP被誉为"经济的世界语"，它也是衡量一个国家经济状况的最直观的晴雨表。

在人们已经知道的所有的经济指标中，GDP是最基本也是最重要的一个。威廉·戴利说过："当我们要寻找商务部的先驱们创造的对美国影响最伟大的成就的时候，国民经济账户——今天称之国内生产总值或GDP——的发明则当之无愧。"而保罗·萨缪尔森更是总结说："GDP是20世纪最伟大的发现之一。"在他看来，这与太空中的卫星能够描述整个大陆的天气情况非常相似，GDP能够提供经济状况的完整图像，帮助总统、国会和联邦储备委员会判断经济是在萎缩还是在膨胀，是需要刺激还是需要控制，是处于严重衰退还是处于通胀威胁之中。没有像GDP一样的灯塔般的总量指标，政策制定者就会陷入杂乱无章的数字海洋而不知所措。

最近20多年，我国比世界上任何其他地方都更关注GDP，追逐GDP。我国发展的重大战略目标（如翻两番，达到小康等）都与GDP挂钩，国家战略目标的确定，以及相应采取的财政政策、金融政策，都和对GDP的判断有关。作为我国经济的第一指标，GDP名副其实。

那么，GDP究竟该如何统计呢？

经济学家确定GDP最普遍的方法是，核算给定年度一国境内生产的所有最终产品和劳务的市场价值。那么实际中的GDP如何统计呢？笔者从下面这个家具的例子开始介绍：

某林场每年采伐大量树木，并将木材以1000元每米的价格卖给家具公

司；接下来，家具公司将木材截取，打磨抛光后制成家具，然后以2500元的价格卖给家具零售商。最后家具零售商再赚500元，以3000元的价格卖给消费者。在这个过程中，共创造了多少GDP呢？

将每一项交易的价格累积起来：1000+2500+3000=6500元。但是，这样的结果夸大了实际的产出，因为它将木材的价值计算了三次，而将木工工作的价值计算了两次。

避免重复计算的一个好办法就是只关注每个生产阶段的附加值：

因为林场将自己砍伐的木材以1000元的价格售出，并未购入任何原材料，所以它为整个经济增加了1000元的价值。

既然家具公司支付了1000元的原材料投入，并最终产出了2500元的家具，因此家具公司增加了1500元的价值。

销售公司花费了2500元购买家具，又以3000元出售从而增加了500元的价值，因此最终价值500元的产出被创造出来。

因此，根据每个部分新增价值就是：3000=［1000+（2500-1000）+（3000-2500）］。

但是这个计算还是太烦琐，如果这个流通过程更复杂该怎么算呢？于是聪明的经济学家想到了一个更为简便的办法，只关注最终的销售额。既然消费者为最终产品的桌椅而支付了3000元，那么价值3000元的总产出被创造出来。这种方法被称作支出法。经济学家发现了很多统计GDP的方法，但是上面这种支出法是最常用的一种，得到了最为广泛的应用。

特别需要指出的是，GDP是无法"精确"计算的。GDP反映的是国民经济的总体和总量，而现实中国民经济总是处在不断变化中，总是有一些新兴行业和新兴企业，由于产生时间短，统计不规范，很难纳入到国民经济核算中，如当前的技术咨询业、商务服务业、娱乐业等经济活动很难准确地被纳入GDP核算中，因此，任何一个时点上的GDP只能是相对准确数据。由于新兴行业、企业的不断规范，核算条件的不断完善，GDP历史数据会经常做出一些必要的调整，这是国民经济核算的一个特殊现象。

GDP也不是万能的，GDP不衡量社会成本（即本来应该由企业承担却让外部承担的成本），不反映资源耗减和环境损失。人们采伐森林、把污染排放到空气和水中，这些活动实际上减少了社会总资源和净财富，但在现实核算中却可以增加GDP。

有些GDP实际上是无用的。这个意思很简单，搞建设的和搞破坏的在计算GDP时不会正负抵消，反而会负负得正。听起来像是奇谈怪论，但事实就是如此。比如，某地投资1亿元建了一座商业大厦，此项建设产生GDP3000万元，但不久后由于道路工程需要，这座商业大厦必须炸毁异地重建。于是GDP随之而来：爆破费用200万元，爆破前必要的拆卸费用200万元，再花1亿元重建商业大厦又产生GDP3000万元……拆了又建，建了又拆，产生的GDP是无用的——国家财富毫无增长。

GDP有时甚至是有害的。比如两辆车在路上行驶，如果一切正常，是不会产生GDP的。但如果发生车祸，好，GDP随之而来：伤者的医疗费用、亡者的丧葬费用，汽车的维修费用，保险公司的赔付等。但这样产生的GDP对社会财富的增长做出贡献了吗？人们只看到单位或个人蒙受的巨大财产损失、人员伤亡损失。

总之，GDP是很重要的，但盲目崇拜GDP是不对的。错不在GDP本身，而是人们对GDP的理解和追求方式。人们为求GDP的增长不择手段，GDP必将陷入"增长的异化"——没有发展的增长，虚假无效的增长，短期行为的增长，不能持续的增长，结构失衡的增长，配置失灵的增长，危害社会的增长。

GNP：体现国家的经济水平

某地有这样一个家庭，夫妻二人各有各的事业：妻子在家里经营养牛

场，1年的产值是10 000元，丈夫在外地做建材生意，1年的产值是20 000元。此外，他们还有一个商铺出租给一个公司做中介公司，该公司1年的产值是100 000元。GDP和GNP的关系是：GDP=GNP+（外资生产总值–本国国民在外国的生产总值）。那么，这个家庭的"家民生产总值"（GNP）就是丈夫和妻子的生产总值，就应该是30 000元；这个家庭的"家内生产总值"（GDP）就是妻子和那个公司的生产总值，即GDP=30 000+100 000–20 000=110 000元。

请读者思考一下，GNP与GDP有何区别、联系？究竟哪一个能更真实地反映国民生活水平呢？

相比GDP，大家对GNP都感到很陌生，很大一部分人甚至不知GNP为何物，但事实上GDP（国内生产总值）在20世纪80年代中期才开始采用，之前我国一直使用的就是GNP（国民生产总值）。

前文已经说过，GDP指的是一定时期内（一般是1年内）一国国境之内所有最终产品价值和所有劳务价值的总和。要注意的是，这里指的是不管是国内企业的价值还是国外企业的价值，只要在该国国境内发生就都应该统计在内。由于GDP的这一定义，很多人都相信它具有统计学上的偏颇性，尤其在经济全球化日甚的今天，这种天然的偏颇性就显得更加严重。因此，很多国家衡量一个国家的经济富裕程度，都采用了"国民总收入"，即GNP指标。GNP国际上称"国民总收入"，在中国叫作"国民生产总值"，它是指一个国家或地区的所有常住单位在一定时期内在国内和国外所生产的最终成果和提供的劳务价值。

从根本上而言，GDP、GNP两者并不存在着本质的区别，它们都是对一国一定时期内产出水平的衡量。但从GDP和GNP的含义仍然可以看出，它们之间存在的区别，主要体现在前者是根据属地原则来衡量一国财富的，后者则是根据属人原则来衡量一国财富的。这一点从前文的小故事中就可以很清楚地知道。

在一般情况下，当一国处于资本流入大于流出的发展阶段时，它的

GDP会大于GNP；反之，当一国处于资本流出大于流入的阶段时，GDP则会小于GNP。就当前世界的主要资本流动方向来看，欧美发达国家是主要的资本净流出国，而发展中国家则是主要的资本净流入国。这意味着，对于大部分发展中国家而言，用GDP统计出来的产出水平，会大于用GNP统计出来的产出水平。

也就是说，如果外资在这个国家内的生产总值和它在外国的生产总值相等，那么这个国家的GDP就等于它的GNP。如果这两个值相差不大，那么这个国家的GDP也就约等于GNP。如果一个国家，外资在这个国家内的生产总值远远大于它在外国的生产总值，那么这个国家的GDP就远远大于它的GNP。如果一个国家，外资在这个国家内的生产总值远远小于它在外国的生产总值，那么这个国家的GDP就远远小于它的GNP。

那么，GDP和GNP，究竟哪个能比较真实地反映一国国民的生活水平呢？一部分人认为是GNP。因为GNP是本国国民生产的总产值，而外资在该国的产值再大，也不是该国的。

但现在也有另一种观点认为，GNP反映的是一国常住者留在本国的总收入，它与国籍没有直接关系，不是该国人的总收入。GNP强调常住者，这个常住者与国籍无关。如果一个外商投资企业在中国生产，只要它赚取的利润没有汇回去，也没有进行再投资，这部分收入仍计入我国的GNP，只有当它把利润汇回国，或者在本国进行再投资，这部分利润才从本国的GDP上扣减，形成GNP。同样地，本国在国外投资获取的利润且汇回本国的部分也要加在本国的GDP上，形成GNP。这样一来，GNP虽然是一个收入概念，但并不是只反映了国人的总收入，而是常住者的总收入。

GNP的计算方法是怎样的？

第一，生产法，是从各部门的总产值（收入）中减去中间产品和劳务消耗，得出增加值。各部门增加值的总和就是国民生产总值。

第二，支出法，即个人消费支出+政府消费支出+国内资产形成总额

（包括固定资本形成和库存净增或净减）+出口与进口的差额；

第三，收入法，是将国民生产总值看作为各种生产要素（资本、土地、劳动）所创造的增加价值总额。因此，它要以工资、利息、租金、利润、资本消耗、间接税净额（即间接税减政府补贴）等形式，在各种生产要素中间进行分配。这样，将全国各部门（物质生产部门和非物质生产部门）的上述各个项目加以汇总，即可计算出国民生产总值。

CPI：不谈冰冷数据，只说市民账本

内陆某个城市里有A、B、C三个人，A在较好地段有3套房，不上班，靠收房租就可以舒适地生活；B有一套房，上班赚工资；C没有房，在菜场卖菜维持生活。

忽然有一天要收房产税了，C说："太好了，我没房，收那帮炒房人的税，我全力支持，房价大跌了，我就可以买房了。"B说："没关系，我只有一套，收那帮炒房人的税，我支持，房价大跌了，我可以再买一套。"A说："哦，房产税收多少？1%对吧，下个月房租涨5%。"

房租上涨了，C很郁闷，想换个房子，发现大家房租都涨了，只好忍。不过也不能吃亏，明天菜价也涨5%，嗯，就这么干。B和A去买菜，发现菜价涨了，很郁闷，想换个菜场，发现菜价都涨了，只好少吃点了。

一句话，对收入稳定的民众来说，CPI升高了，你的生活水平就这样下降了。

近年来，百姓经济生活中使用最频繁的热点词就是CPI。那么什么是CPI呢？CPI就是消费者物价指数，主要反映消费者支付商品和劳务的价格变化情况，它也是一种度量通货膨胀水平的工具，以百分比变化为表达形式。如果CPI升幅过大，表明通胀已经成为经济不稳定因素，因此CPI过高

的升幅往往不被市场欢迎。而一般情况下，除非经济生活中有重大的例如金融危机之类的突发事件，否则CPI是不可能大起大落的。

从宏观经济管理来讲，CPI的转正标志着我国经济已经渐渐摆脱金融危机的阴影，是经济形势回升的好兆头；对专家学者来说，CPI转正或许是判断我国防紧缩和防通胀的转折点。那么对于直接受其深远影响的百姓来说，CPI的转正意味着什么？

要肯定的一点是，CPI的转正表明经济向好的方向发展，对于百姓来说最大的利益就是增加就业机会，减少对失业和就业难的担心。如几十个大学生争抢一个工作岗位的局面或许可以有所缓解，在心理上得到一些安慰和稳定。但是，CPI的回升也更多地增加了生活上的压力，在收入得不到增长，收入的水平赶不上物价上涨水平的情况下，人们的实际生活水平会出现下降。

CPI并不是一个冷冰冰的数据，它来自老百姓日常生活，同样也会影响我们的生活。

对于普通大众来说，CPI这三个英文缩写的字母正实实在在地衡量和影响着篮子里的菜品搭配。某年年初，绿豆、黑豆等杂粮的价格开始上涨，绿豆价格甚至一度飙升到每千克20元，尽管后来在国家调控之下，绿豆价格有所回落，但相比往年每斤才三四元的价格，绿豆的价格依然居高不下。紧接着，大蒜的价格也一路飙升，最高达到每千克20元，卖出肉价。就在公众都在戏说"豆你玩""蒜你狠"之际，生姜也加入涨价行列，接着鸡蛋、奶粉等涨价的消息不绝于耳。菜贵了，蛋贵了，油贵了，肉贵了，跟吃有关的东西都贵了。这场餐桌上的涨价由粮食而起，被猪肉推动，最后发展成整个食品类价格的上涨，食品价格玩起了"撑竿跳"。而这些必需品的价格变动最终体现在CPI上，进而使得CPI成为一个举国上下都关注的数值。

为什么这里重点说食品呢？要知道食品消费在CPI构成中占有34%的权重，近期的价格上涨直接影响到民众的"菜篮子"。CPI上升一个百分点，与民众消费支出的增加有着直观的同向关系，而与民众生活质量的下降又有直观的反向关系。

生活中的例子如下。

外出就餐：在2002年，100元足够在一个中档餐馆点6个菜，可以满足17个人的就餐要求；而在2010年100元只能在同样的餐馆点3个菜，满足两个人的就餐要求。

罐装液化气：2002年的时候，100元能灌2罐煤气；2010年只能灌1罐煤气。

大米：2002年1千克大米2块钱，100元能买50千克大米；而在2010年，大米已经每千克4块多，100元钱甚至连25千克大米也买不到。

啤酒：2002年时啤酒1.2元/瓶，100元钱能买83瓶；如今，啤酒2.5元/瓶，100元只能买到40瓶啤酒。

CPI不是一个冰冷的数据，它牵动着社会民生的许多个环节，它的波动带来的影响无人可以估计。人总得要买米、买菜吧？人总得要有房子住吧？人总得要使用水电气和其他公共服务吧？再说远一点，人总得要在基本的生活满足以后，有一个更高层面的精神追求吧？比如在节日能有休息，能和家人团聚，能在合理承担的范围里，旅游、锻炼、读书……但是在上涨的物价面前，很多和精神消费有关的项目已经被取消。而更多的人，已经开始对"水涨船高"的物价和"蜗牛爬行"的工资，失去了往日有多少收入就有多少消费的"安全感"。

当CPI不断上涨时，物价上涨的压力短期内可能无法减轻，对一个普通消费者来说，对CPI上涨一定要做好长期打算，一方面要勤俭节约，合理调整家庭消费支出；另一方面还是要形成投资理财习惯，良好的理财方法可以减轻目前的物价压力。

PPI：国家经济的"体温计"

虽然每月国家统计局都会发布PPI。不过，对于大多数人来说，PPI还是一个十分陌生的概念，PPI到底是什么？代表了什么呢？它与CPI又有什么关系呢？

PPI可以称得上是了解国家经济发展状况的"体温计"。通过PPI的变化，公众就能大体判断国家经济的运行状况，并可由此预判未来国家的宏观经济政策。

那么什么是PPI呢？PPI是生产者物价指数的英文缩写，它是站在生产者的角度来观察不同时期货物和服务商品价格水平变动的一种物价指数，反映了生产环节价格水平，也是制定有关经济政策和国民经济核算的重要依据。

PPI描述对生产产品和服务的国内生产厂商长期获得的销售价格的平均变化的度量，这些商品大多消费者不会购买，而是从卖主的角度衡量价格的变化，由于补贴、税收和分销成本，卖主价格跟购买者价格不一定相同。一般而言，商品的生产分为三个阶段：完成阶段，商品至此不再做任何加工手续；中间阶段，商品尚需作进一步的加工；原始阶段，商品尚未做任何的加工。

而在我国，PPI一般指统计局公布的工业品出厂价格指数，目前我国PPI的调查产品有4000多种，包括各种生产资料和生活资料，涉及调查种类186个。其中，能源原材料价格在PPI构成中占较大比重。通常情况下，PPI走高意味着企业出厂价格提高，因此会导致企业盈利增加；但如果下游价格传导不利或市场竞争激烈，走高的PPI则意味着众多竞争性领域的企业将面临越来越大的成本压力，从而影响企业盈利，整个经济运行的稳定性也将受到考验。

虽然PPI指数并不是直接度量消费者物价的指数，它仍然非常重要。

由于它包括生产阶段之初的半成品，因此可以用来对通货膨胀进行初期预测。理由很简单，企业成本上升时，企业通常会提高价格。一般而言，当生产者物价指数增幅很大而且持续加速上升时，该国央行相应的反应是采取加息对策阻止通货膨胀快速上涨，则该国货币升值的可能性增大；反之亦然。

对于公众来说，PPI通常作为观察通货膨胀水平的重要指标。由于食品价格因季节变化加大，而能源价格也经常出现意外波动，为了能更清晰地反映出整体商品的价格变化情况，一般将食品和能源价格的变化剔除，从而形成核心生产者物价指数，进一步观察通货膨胀率变化趋势。

公众在报刊上常看到PPI与CPI被联系在一起，那么两者有什么关系呢？根据价格传导规律，PPI对CPI有一定的影响。PPI反映生产环节价格水平，CPI反映消费环节的价格水平。整体价格水平的波动一般首先出现在生产领域，然后通过产业链向下游产业扩散，最后波及消费品。

相对于PPI，CPI是一个滞后指标。但PPI对CPI有一定的传导作用，这种传导作用来自两个方面：一是生活资料出厂价格变化直接影响CPI的变化；二是生活资料出厂价格的变化，直接引起生产消费品的企业成本的变化，间接影响CPI变化。

例如，石油价格涨价，会导致石化品涨价，石化品涨价导致化纤价格提高，进而导致纺织品和服装成本上升，从而推高消费品价格。因此在多数情况下CPI和PPI走势方向是相同的。

但是很多时候CPI与PPI并不统一甚至是相悖，这是因为CPI不仅包括消费品价格，还包括服务价格，CPI与PPI在统计口径上并非严格的对应关系，因此CPI与PPI的变化出现不一致的情况是可能的。但是CPI与PPI如果持续处于背离状态，这不符合价格传导规律。价格传导出现断裂的主要原因在于工业品市场处于买方市场以及政府对公共产品价格的人为控制。

总之，PPI上升即使对老百姓来说也不是好事，因为一旦生产者转移成本，终端消费品价格将上扬，继而会导致通胀上涨。如果不转移，企业利润就会下降，经济有下行风险，这将直接影响到我们的经济生活。

基尼系数：财富收入是否公平的标准

基尼系数由洛伦茨曲线而来，要计算基尼系数，必先了解洛伦茨曲线。该曲线是由统计学家洛伦茨于1905年提出的。画一个矩形，矩形的高衡量社会财富的百分比，将其分为5等份，每一等分为20%的社会总财富。在矩形的长上，将100个家庭从最贫者到最富者至左向右排列，也分为5等份，第一个等份代表收入最低的20个家庭。在这个矩形中，将每个家庭所有拥有的财富按百分比累计起来，并将相应的点画在图中，便得到了一条曲线，这就是洛伦茨曲线。

从上述文字中读者可以大约猜想基尼系数的经济含义，它是衡量贫富差距、反映生活质量的经济指标。那么基尼系数的平衡与否怎样判断？它的每一点变化又和公众的生活有着什么样的联系呢？

马克思说："当大家都住茅草屋时，没有人感觉不公平，大家会相安无事地快乐生活；但有人在旁边盖了宫殿，人们的心理活动就会发生变化，就会产生不公平感。这种不公平感会引发一系列社会问题，导致社会财富的重新分配。"这也就是基尼系数备受关注的原因，它是一个描述收入整体差距程度的重要指标。

什么是基尼系数？说白了就是在全部居民收入中用于不平均分配的百分比。基尼系数最小等于0，表示收入分配绝对平均；最大等于1，表示收入分配绝对不平均；实际的基尼系数介于0和1之间。基尼系数越大，则收入分配越不平均；基尼系数越小，则收入分配越接近平均。国际上通常认为，当它处于0.3~0.4时表示收入分配比较合理，0.4~0.5表示收入差距过大，超过0.5则意味着出现两极分化。但从现实来看，世界各国对基尼系

数的运用并不完全一致。很多国家都是把它与其他因素结合起来，综合判断收入差距。在不少国家，基尼系数都有不同的标准和界线。总的来说，基尼系数只可参考，不能绝对化。

目前，我国共计算三种基尼系数，即：农村居民基尼系数、城镇居民基尼系数和全国居民基尼系数。基尼系数0.4的国际警戒标准在我国基本适用。专家建议：在单独衡量农村居民内部或城镇居民内部的收入分配差距时，可以将各自的基尼系数警戒线定为0.4；而在衡量全国居民之间的收入分配差距时，可以将警戒线上限定为0.5，实际工作中按0.45操作。

改革开放以来，中国在经济增长的同时，贫富差距逐步拉大，综合各类居民收入来看，基尼系数越过警戒线已是不争的事实。来自国家统计局的数据显示，自2000年开始，中国的基尼系数已越过0.4的警戒线，并逐年上升。1978年中国基尼系数为0.317，2006年则升至0.496。从公众的角度看，基尼系数反映的是生活质量的相对水平，它会影响公众的心态，比如依据公众财富的相对多寡使公众有成就感或窘迫感。

那么，到底是什么造成了中国基尼系数居高不下呢？原因如下：一是中小企业发展不充分，中等收入人群太少；二是从产业结构上看，农业领域中很多的人分很少的"蛋糕"，平均收入太少，而第三产业中的服务行业发展也很不充分。

一些乐观者认为，中国的基尼系数虽然超过0.4的国际警戒线，但因存在城乡差距大问题，因此不能照搬国际统计口径。而且，中国经济处在发展上升阶段，从总体上看，贫困人口数量逐步在下降和减少，人民群众的生活水平逐步提高。同时，由于中国居民分布在城乡分割的二元结构中，再加上城乡分割的户籍制度和就业制度，居民很难体会到城乡之间的收入差距。而无论是城镇内部还是农村内部的基尼系数都仍处于合理区间内。

作为一种专门的计算指标，基尼系数有着自身的所能与难能。低值的基尼系数并不等同于分配的合理与社会的进步。反过来，在基尼系数的扩大过程中，合理、合法的分配不均与非合理、合法的分配不公混在一起，这同样需要分辨清楚。

道·琼斯指数：金融投资的风向标

对于金融世界、特别是投资股票的人们而言，道·琼斯指数和《华尔街日报》就是他们的圣经。当新世纪开始的时候，拜伦家庭的努力，使道·琼斯公司和道·琼斯指数跟上了时代发展的步伐，继续反映着美国经济，指导着投资者们的行动。股票市场异常繁荣，道·琼斯指数记录了一个无可比拟的国内市场健康发展的重要时期。

道·琼斯指数是世界上历史最为悠久的股票指数，它的全称为股票价格平均指数。通常人们所说的道·琼斯指数有可能是指道·琼斯指数四组中的第一组道琼·斯工业平均指数（Dow Jones Industrial Average）。

整个20世纪20年代是道·琼斯指数的辉煌时期。到1928年，它已增加到30种股票。那些有钱的富人们一直把股票市场看作是他们的私人领域，但这时情况发生了变化。对于股市的狂热使人们想尽办法投身股市，于是他们得到了一个新的极其危险的金融玩具，即定金交易。这种玩法十分刺激，人们花1美元便能买到价值10美元的股票，这使那些没有多少钱的人也参与了进来，电梯工、接线员、报童等所有人都跟金融巨头一样玩起了股票。他们为有这么多挣钱的机会而疯狂，却没有意识到市场涨得越高下跌的危险就越大。

股票价格指数就是用以反映整个股票市场上各种股票市场价格的总体水平及其变动情况的指标。简称为股票指数。它是由证券交易所或金融服务机构编制的表明股票行市变动的一种供参考的指示数字。由于股票价格起伏无常，投资者必然面临市场价格风险。对于具体某一种股票的价格变

化，公开发布，作为市场价格变动的指标。投资者据此就可以检验自己的投资的效果，并用以预测股票市场的动向。

道·琼斯股票指数是在1884年由道·琼斯公司的创始人查理斯·道开始编制的。其最初的道·琼斯股票价格平均指数是根据11种具有代表性的铁路公司的股票，采用算术平均法进行计算编制而成，发表在查理斯·道自己编辑出版的《每日通讯》上。

其计算公式为：股票价格平均数＝入选股票的价格之和÷入选股票的数量。自1897年起，道·琼斯股票价格平均指数开始分成工业与运输业两大类，其中工业股票价格平均指数包括12种股票，运输业平均指数则包括20种股票，并且开始在道·琼斯公司出版的《华尔街日报》上公布。1928年后，道·琼斯股票价格平均数就改用新的计算方法，即在计点的股票除权或除息时采用连接技术，以保证股票指数的连续，从而使股票指数得到了完善。在1929年，道·琼斯股票价格平均指数又增加了公用事业类股票，使其所包含的股票达到65种。

除了道·琼斯股票价格指数外，还有其他的价格指数：

标准普尔股票价格指数。这是美国最大的证券研究机构即标准普尔公司编制的股票价格指数。

纽约证券交易所股票价格指数。这是由纽约证券交易所编制的股票价格指数。它起自1966年6月，先是普通股票价格指数，后来改为混合指数，包括在纽约证券交易所上市的1500家公司的1570种股票。

日经道·琼斯股价指数。这是由日本经济新闻社编制并公布的反映日本股票市场价格变动的股票价格平均数。该指数从1950年9月开始编制。

香港恒生指数。这是香港股票市场上历史最久、影响最大的股票价格指数，由香港恒生银行于1969年11月24日开始发表。恒生股票价格指数包括从香港500多家上市公司中挑选出来的33家具有代表性且经济实力雄厚的大公司股票作为成分股。

道·琼斯指数的目的在于反映美国股票市场的总体走势，涵盖金融、科技、娱乐、零售等多个行业。道·琼斯工业平均指数目前由《华尔街日报》编辑部维护,其成分股的选择标准包括成分股公司持续发展,规模较大、声誉卓著,具有行业代表性,并且为大多数投资者所追捧。

目前,道·琼斯工业平均指数中的30种成分股是美国蓝筹股的代表。这个神秘的指数的细微变化,带给亿万人惊恐或狂喜,它已经不是一个普通的财务指标,而是世界金融文化的代号。

股票总的面值相对而言是固定的。如果经济行情或者人们对股市的预期看涨,大量资金进入股市,股票的价格就上扬,股票便升值,指数也上升。如果经济行情或者人们对股市的预期看跌,那么大量的股票持有者就抛售手中股票,换取现金退出股市,于是股价下跌,指数下降,整个股市内的资金总量快速减少。所以不论是上学的小孩,还是不懂股票的年轻人,他们炒股没有像那些专家一样去看公司的财务报表与产品的创新,他们看的是股票指数。

低碳金融：全球经济突围的秘道

世界金融危机的硝烟散去,全球低碳经济革命之风席卷而来。你低碳了吗? 成为时尚的问候语。从哥本哈根会议伊始到如今,我国各行各业的人们都在自己的领域积极响应号召,低碳环保的生活理念已经悄然走进大家的内心。

人们对于低碳经济的认识是这样的,它是一种正在兴起的经济形态和发展模式,包括了低碳产业、低碳技术、低碳城市、低碳生活等一系列新内容,也是人类文明进步的一个标志。低碳经济是要建设低碳社会、维护生态平衡,真正在气候变化的背景下实现可持续发展。发展低碳经济,是一场涉及生产方式、生活方式、价值观念和人类命运的全球性革命。

在全球化的视野下，能源问题已经成为国际政治、经济、环境保护等诸多领域的中心议题，甚至成为国际政治的重心。国家间围绕世界能源的控制权进行的激烈争夺，各国维护自身利益所制定的能源安全战略，以及各国政府积极主导的替代能源的开发，使能源问题日益成为国际社会的焦点；而油价波动、低碳经济、气候变化以及环境保护诸多问题，不仅是政府首脑、智库学者的案头工作议题，而且成为切切实实的民生问题。中国在能源领域的国际合作也在不断扩大，从最初的石油天然气，扩展到了煤炭、电力、风能、生物质燃料、核能、能源科技等各个领域，而伴随着能源问题的国际化，中国也从国际社会的幕后走到台前，承担的责任越来越重。

低碳经济是可持续发展的大势所趋。它对于中国来说，是一次重大的考验，但同时人们也应该看到，低碳经济给我国经济的发展带来了非常多的机遇。

创新是发展低碳经济的源泉。要发展低碳经济，就要发展高新技术产业，发展这方面有持续竞争力的产业根本的动力是创新。

低碳经济属于创新型的经济，而创新型的经济又是以高新技术为依托的。这是一个充满风险的过程。从初期发展一个技术到一个产业，一般要经过种子期、初创期、成熟期连续几个阶段，要经过惊险的跳跃，而且需要资金的支持。如果没有这样资本市场的支持，高收益、高风险、高增长潜力的低碳项目就难以蓬勃发展。对于东西的发展，实践证明风险投资是比较好的方法，主要是这种机制的引入，就像硅谷那样可以鼓励创新、容忍失败、顺其自然使大量的低碳技术成功开发，并且使创业者的理想可以实现，使低碳的产业层出不穷。所以，只有把低碳经济与金融结合，才可以展翅翱翔，只有这样才能创新低碳技术。在碳金融盛行的当下，更好地树立全社会的低碳意识，把握机遇，发展低碳的产业，壮大低碳的经济。

🕐 三角债：开放的债务链

"三角债"通常是由甲企业欠乙企业的债，乙企业欠丙企业的债，丙企业又欠甲企业的债以及与此类似的债务关系构成的，是企业之间超过托收承付期或约定付款期应当付而未付的拖欠货款的俗称，是一种无秩的、开放的债务链。

"三角债"带来的后果是相当严重的：企业之间的资金拖欠若数额过大、波及面过广，就会严重影响企业生产经营的正常进行，更加难以扩展生产；巨额的、未清偿的债务拖款使企业无法向银行申请贷款，或是难以申请到信贷；越来越多的企业会陷入债务死扣之中，每一个企业不愿意偿债，它的债权也无法得到清偿。

除此以外，"三角债"还会造成经济信息的混乱：一是遍地负债，越是经济效益好的企业越是面临着被拖欠的问题，难以实现利润。结果，企业效益好与差之间的清晰界限变得模糊不清，就整个经济而言，会反映成亏损面进一步扩大；二是由于拖欠，企业普遍缺少流动资金，那么在短期信用拆借市场与投资市场上，资金价格进一步受到黑市操纵。在我国，当时很多企业也深深地陷于"三角债"的危机之中。20世纪80年代初期和中期，当时的乡镇企业家被一些国有大企业的厂长经理们嘲笑是"流氓企业家"，而乡镇企业家也反讥国有大企业的厂长经理是养尊处优的"波斯猫"。1985年，政府开始抽紧银根，企业账户上"应收而未收款"与"应付而未付款"的额度就大幅度上升。在20世纪80年代后期，高层领导人呼吁"把乡镇企业的经营机制引人到国有企业中来"的时候，当国有企业、特别是国有大企业已被"三角债"搞得焦头烂额的时候，民营中小企业的确风光了一段时间。但好景不长，很快"三角债"的困扰终于降临到民营企业的头上。在1991—1992年，"三角债"的规模曾发展到占银行信贷总额三分之一的地步。

民营企业如今也成为深陷债务危机的一员，这种现象的出现，透露出许多深层次的问题。

首先，在市场经济中，商品和货币两者缺一不可，只有商品的往来没有货币在其中的市场是不健全的，而依靠举债度日或赖债发财的行为更不应该是一个企业家所为。

其次，败坏了商德和社会风气。债务使整个市场的参与者充满着欺诈和猜疑，做生意就像搞阴谋活动一样，影响了正常的交易结果。在经营活动中，伪造假印章、假营业执照、假承兑汇票、假信用证明、假报关单等行为泛滥成灾。一些民营企业者甚至不惜动用黑势力收账，非法绑架、拘押的事件常有发生。而一些老板恶意欠账，最后一走了之的事件在中国各地也屡见不鲜。这些都极大地增加了社会不安定因素。

国外的一些经济学家们则提出了"经济周期说"与"经济体制说"，他们把企业拖欠归因于中央银行信贷的周期性收缩与消费结构的周期性变化，普遍认为利率过低以及经济交易过程中缺乏惩罚制度都会使商业交易中的净负债者有利可图，而使偿债缺乏应有的刺激机制。

如何解决"三角债"？经济学家们提出了三种解决办法：一是成立"清债中心"；二是把债权转化为股权；三是改革资金市场，建立正常的惩罚制度以确保商业信用的发展。这三个方案都有一定的道理，但都有结合实际情况有针对性地推进的必要。

（1）成立"清债中心"，是否意味着能顺利解决"三角债"？人们仍然应当弄清，在什么条件下，"清债中心"可以有效地达到目的？

（2）把债权转化为股权，这一方案乍看之下，确实可以使部分债务锁链迅速消失，但如果推广这个办法，又会产生新的问题：对于净债权企业来说，其出借债务的决策并不等于投资决策，一旦债权转化为股权，将引起资源误置；另外，这个方案并不能缓解流动资金被占用的问题，"三角债"中被拖欠的款项大量是商业信用，占用的主要是企业的流动资金，因此，一旦转化成了股权，净债权企业仍然没有得到其急需的流动资金用于正常生产。

最后，改革资金市场与建立惩罚制度的方案更是显得遥遥无期，远水解不了近渴，它有赖于企业制度的真正改革。

总之，三角债问题值得关注，在一定程度上它已成为阻碍民营企业发展的一大因素。如果任由其蔓延，那么谁都可能成为牺牲者。

第3章　看透了钱的本质，你就了解了金融的真谛

——每天学点货币知识

货币究竟是什么东西

在第二次世界大战期间，在战俘集中营中流通着一种特殊的商品货币：香烟。当时的红十字会设法向战俘营提供各种人道主义物品，如食物、衣服、香烟等。由于数量有限，这些物品只能根据某种平均主义的原则在战俘之间进行分配，而无法顾及每个战俘的特定偏好。但是人与人之间的偏好显然是会有所不同的，有人喜欢巧克力，有人喜欢奶酪，还有人则可能更想得到一包香烟。因此这种分配显然是缺乏效率的，战俘们有进行交换的需要。

但是即便在战俘营这样一个狭小的范围内，物物交换也非常不方便，因为它要求交易双方恰巧都想要对方的东西，也就是所谓的需求的双重巧

合。为了使交换能够更加顺利地进行，需要有一种充当交易媒介的商品，即货币。那么，在战俘营中，究竟哪一种物品适合做交易媒介呢？许多战俘营都不约而同地选择香烟来扮演这一角色。战俘们用香烟来进行计价和交易，如一根香肠值10支香烟，一件衬衣值80支香烟，替别人洗一件衣服则可以换得两支香烟。有了这样一种记账单位和交易媒介之后，战俘之间的交换就方便多了。

在过去多年的时间里，无政府主义者，甚至那些极端的保守分子和嬉皮士，他们都曾经梦想废除货币。那么一个没有货币的世界会是什么样子呢？

在现代社会中，每一个家庭或个人、各类经济单位几乎每天都要接触货币；任何商品都需要用货币来计价，任何购买都要用货币来支付。但是回到最开始的地方，假设这里是一个没有货币的世界，那么，人们的生活又会是什么样的呢？

现在笔者就来复活一下古老的交易方式：一个村子里住着养羊的人、种麦子的人、打铁的人。现在养羊的人想要一把斧头，但是打铁的人却固执地只愿意接受面包，那么养羊的人会怎么做呢？在和种麦子的人讨价还价之后，他会让对方牵走一只羊，然后换来50个面包，接下来，他再和铁匠商量，最终用20个面包换来自己需要的一把斧头。

在货币出现之前，人们采取的就是这种物物交换形式，这样直接的物物交换是极其麻烦的，人们不得不花费大量的时间为最琐碎的结果而讨价还价，而且这种交换往往还会带来一些不快。

但是随着人口增加，物产增多，商品流通规模也随之增大。在这种情况下，单纯的物物交换已经无法满足需求，而为了加快贸易的速度，人们发明了"钱"。在上面的例子中，一只羊最终可以换来一把石斧。但是有时候受到用于交换的物资种类的限制，不得不寻找一种能够为交换双方都能够接受的物品。这种物品就是最原始的货币。牲畜、盐、稀有的贝壳、珍稀鸟类羽毛、宝石、沙金、石头等不容易大量获取的物品都曾经作为货

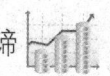

币使用过。

按照现代经济学的解释，货币是交易的手段，制度化的信用象征，它能有效降低交易的成本。当人们将货币引入经济系统之后，任何商品的价格都可以用这个自由度来表示，由此经济系统发生了翻天覆地的变化。《荷马史诗》就记载着这样的内容：当时的人们经常用牛来代表物品的价值，一个工艺娴熟的女奴值4头牛，而第一名角斗士的奖品值12头牛。但是需要明白的是，流通的货币就好像一条公路，尽管它们可以流通，可以把所有的牧草和谷物从农村带到市场上，但货币本身不会产生任何东西。

总之，笔者简单总结一下货币的功能：

（1）计价单位。所有的交换都以货币为媒介，于是人们拥有了一项衡量任何一种商品的标准了。

通过货币，人们可以轻松地将一种商品或服务同其他商品或服务联系起来，由此诞生了伟大的价格体系，人们能够从经济的角度计算得失：一辆汽车大概价值60盎司黄金，而一间房子价值180盎司黄金，也就是说一间房子能换来三辆汽车。瞧，这非常简单明了！

（2）流通手段。货币的引入消除了物物交换中的各种弊端，货币充当商品交换的中介，为商品和服务交换提供便利，不仅提高了交换的效率，也提高了人们的生活水平。

货币源于流通，服务于流通。作为商品交换的媒介，任何形式的货币运动的最终归宿都是交换，无论是借、贷、存、贮、汇等运动，最终的目的都是为了消费（即交换），它的终点总是商品，否则货币就失去了意义。

（3）价值贮藏。货币可以作为社会财富的代表被贮藏起来，即"把现在的购买力转变为未来的购买力"。

作为价值的载体，货币的运动就是价值的运动，货币的贮藏也就是价值的贮藏。一般来说，纸币的稳定性比较实物货币相对要差一些。因为纸币的价值及其发行是央行人为决定的，具有无限扩大的可能。而且现代政府和央行也喜欢这种凭空创造财富的机制，总是具有扩大发行的冲动。纸币的价值稳定性比较商品货币要差得多，因此削弱了纸币的价值贮藏职能，在极端情况下，纸币变成了白纸一张，完全失去了价值，不具备货币真正的职能，比如津巴布韦的100万亿纸币。

（4）支付手段。货币的转移就意味着价值的转移，这种转移就是支付过程。

以货币为媒介的商品交换，无论是由商品转化为货币，还是由货币再转化为商品从而最终完成商品间的交换都包含两个方面的内容。其一为商品的转移，即交货的过程，卖的过程；其二为货币的转移，即付款的过程，买的过程。买或卖的过程以交货及付款的完成而结束。其中付款的过程就是支付的过程。货币作为支付手段的职能是货币充当交易媒介的必要条件。

（5）世界货币。货币在世界市场上执行一般等价物的职能。由于国际贸易的发生和发展，货币流通超出一国的范围，在世界市场上发挥作用，于是货币便有世界货币的职能。作为世界货币，必须是足值的金和银，而且必须脱去铸币的地域性外衣，以金块、银块的形状出现。原来在各国国内发挥作用的铸币以及纸币等在世界市场上都失去作用。

在国内流通中，一般只能由一种货币商品充当价值尺度。在国际上，由于有的国家用金作为价值尺度，有的国家用银作为价值尺度，所以在世界市场上金和银可以同时充当价值尺度的职能。后来，在世界市场上，金取得了支配地位，主要由金执行价值尺度的职能。

国际货币充当一般购买手段，一个国家直接以金、银向另一个国家购买商品。同时作为一般支付手段，国际货币用以平衡国际贸易的差额，如偿付国际债务、支付利息和其他非生产性支付等。国际货币还充当国家间财富转移的手段，货币作为社会财富的代表，可由一国转移到另一国，例如，支付战争赔款、输出货币资本或由于其他原因把金银转移到外国去。

在当代，世界货币的主要职能是作为国际支付手段，用以平衡国际收支的差额。

劣币驱逐良币与良币驱逐劣币

美国加州大学经济学教授乔治·阿克洛夫曾经举过这样一个例子：有一个二手车市场，里面的车虽然表面上看起来都一样，但其质量有很大差别。卖主对自己车的质量了解得很清楚，而买主则没法知道车的质量。假设汽车的质量由好到坏分布比较均匀，质量最好的车价格为50万元，买方会愿意出多少钱买一辆他不清楚质量的车呢？最正常的出价是25万元。那么，卖方会怎么做呢？很明显，价格在25万元以上的"好车"的主人将不在这个市场上出售他的车了。这样一来，进入恶性循环状态，当买车的人发现有一半的车退出市场后，他们就会判断剩下的都是中等质量以下的车了，于是，买方的出价就会降到15万元，车主对此的反应是再次将质量高于15万元的车退出市场。依此类推，市场上的"好车"数量将越来越少……

请思考一下：为什么质量较差的车反而会战胜质量较好的车，成为二手车市场上的主流呢？

这个问题可以用一个著名的定律解释。400多年以前，英国财政大臣格雷欣发现了一个有趣的现象，两种实际价值不同而名义价值相同的货币同时流通时，实际价值较高的货币，也就是"良币"，必然退出流通——它们被收藏、熔化或被输出国外；实际价值较低的货币，也就是"劣币"，却充斥市场。人们称这种现象为"格雷欣法则"，也就是"劣币驱逐良币规律"。

在铸币时代，当那些低于法定重量或者成色的铸币——"劣币"进入流通领域之后，人们就倾向于将那些足值货币——"良币"收藏起来。最后，良币将被驱逐，市场上流通的就只剩下劣币了。在金银复本位制度下，由于金和银本身的价值是变动的，这种金属货币本身价值的变动与两者兑换比率相对保持不变产生了"劣币驱逐良币"的现象，使复本位制无法实现。比如说当金和银的兑换比率是1：15，银由于其开采成本降低而降低其价值时，人们就按上述比率用银兑换金，将其贮藏，最后使银充斥于货币流通，排斥了金。如果相反，即银的价值上升而金的价值降低，人们就会用金按上述比例兑换银，将银贮藏，流通中就只会是金币。

事实上，劣币驱逐良币规律不难理解，因为这种情况在生活中也广泛存在。比如在公共领域，当潜规则盛行时，守规矩的人肯定争不过不守规矩的人。如排队购物或上车，文明程度低的城市，规矩排队者总是被挤得东倒西歪，几趟车也上不去，而不守秩序的人倒常常能够捷足先登，争得座位或抢得时间。最后遵守秩序排队上车的人越来越少，车辆一来，众人都争先恐后，每次乘车苦不堪言。

回归正题，劣币驱逐良币这种现象到底是怎样产生的呢？

经济学家亚当·斯密说："我相信，世界各国的君主，都是贪婪不公的。他们欺骗臣民，把货币最初所含的金属分量，次第削减。"在欧洲，从罗马时代到17世纪，铸币的历史几乎就是一部不断贬值的历史。臣民不能拒绝贬值的货币，因为那将被视为对王权的挑战。

在中国，汉武帝曾经把禁苑里的白鹿皮做成钱币，规定一块白鹿皮币值40万钱，强行卖给王侯宗室。在欧洲，对政府铸造的金币、铜币，也总有人想办法从边缘弄下一些边角余料，这降低了货币的实际价值，但由于是法定货币，它们仍然能得以流通。总之，在每一个大规模的劣币驱逐良币的案例中，都能看到"法定货币"的身影。

如果再进一步探讨，为什么货币都是国家"垄断"呢？私人为什么不能铸币呢？

其实在最初的时候，铸币行业与其他行业没有什么区别，19世纪初，

铸币权都是分散的，每一个铸币者生产最讨顾客喜欢的钱币——大小或形状讨顾客喜欢，其价格经市场自由竞争后确定。古希腊几乎每个城邦都有自己铸造的货币，在中世纪的德国，各封建领主的铸币机构有600多所。

人类用货币欺骗的历史和人类最早使用金币的历史一样久远。在坦桑尼亚，牛曾经被用来当作货币，可不幸的是，人们发现交易中所支付的牛都是瘦弱的病牛，因为价格只是用牛的数量来表示，价格在优质牛和劣质牛之间没有区别，因此将劣质牛作为货币，而将优质牛保留起来。即使在纳粹集中营里，劣币也会驱逐良币，手工卷烟很快就将机器卷烟驱逐了出去。

在古罗马时期，人们曾铸造仅含白银2%的银币。渐渐的，那些足值的货币离开市场。

为了避免劣币充斥市场，人们开始反对私人铸币，他们更愿意信赖政府铸币，并相信政府能够防止或者惩罚那些私人铸币的欺诈行为。于是，政府渐渐地垄断了铸币权。

可是政府就真的值得信赖吗？

在16世纪的英国，贵金属不够造币使用，必须在新铸造的货币之中加入其他金属成分，因此当时市场上就有两种货币，一种是原先不含杂质的货币，另一种是被加入其他金属的货币。虽然两种货币在法律上的价值相等，但人们却能加以辨认，并且储存不含杂质的货币，将含杂质的货币拿去交易流通。市面上的良币就渐渐被储存而减少流通，市场上就只剩下劣币。

公元1世纪，在臭名昭著的尼罗皇帝时期，这些铸币的贵金属含量开始减少，金币和银币中越来越多地掺进了合金，紧接着用这种计量单位表示的价格出现了前所未有的上涨，罗马帝国的衰落也就从通货膨胀开始了。

但是很多时候，经济生活中也存在"反格雷欣法则"的现象，也就是说良币驱逐劣币。

人们拿着100元在菜市场买菜，当认真检视找回来的50元钱时，是否意识到自己在做什么？人们检查收到的是否是假钞的行为，套用经济学术语：驱逐劣币。

没错，在市场竞争的条件下，劣币则不能驱逐良币，因为每一天都有无数的人在自发地驱逐劣币。买主固然倾向于使用劣币支付，但他们未必能够得逞。因为卖主和买主一样精明，他们会拒绝接受劣币。买主要想买到商品，只好把藏起来的良币投入使用。

每个人既是买主又是卖主，当他作为买主被卖主拒绝劣币之后，他做卖主时，自然也会拒绝劣币。人们为什么反复检查出租车司机找回的钱？因为人们知道如果收到假币，就很难把它花出去。长期下来，劣币就将退出流通。因此，在市场竞争条件下，总是良币驱逐劣币，而不是劣币驱逐良币。

比如在我国钱庄、票号流行的时期，哪家的信用好，哪家的银票就"坚挺"。山西的四大恒票号信用卓著，四家的银票同时通行全国，连慈禧太后也得使用。而那些信用成问题的钱庄票号，它们的银票就会被迅速抛离市场，充分体现了良币驱逐劣币的威力。红顶商人胡雪岩的阜康钱庄，信用出问题后也是落得个被抛弃的命运。银元时代，墨西哥鹰洋和袁大头由于其优质的成色，一直作为良币稳占市场，从来没有被驱逐之忧。

也就是说，当金融货币被银行券或纸币替代后，"格雷欣法则"就被倒置了，即良币驱逐了劣币。这是因为，金融货币与商品相交换时，体现的是一种"钱货两清"的等价交易；而纸币本身没有价值，它与商品的交换体现的是一种债权债务的信用关系，商品生产者售出商品接受纸币，以信任纸币发行人的信用为前提。因此，"好"的纸币发行人发行的纸币必然受到欢迎，而"差"的纸币发行人发行的纸币必然遭到抵制，于是良币驱逐了劣币。

纸币是让一个国家繁荣的最好方法

约翰·劳是18世纪欧洲的一个金融家，他以推行纸币而闻名。当时，欧洲各国货币还是采用金属本位，市场上不是金币就是银币，没有纸币。因为欧洲人民都觉得跟黄金与白银相比，纸币太不可靠了。但是，约翰·劳先生说："不，纸币是一个国家繁荣的最好方法。"他的信念就是："要繁荣，发纸币"。

1715年，法王路易十四去世。这个死去的国王生前喜欢奢侈品，倡导高消费，使法国到了财政濒于破产的地步。在他死后掌管法国的摄政王奥尔良公爵，为了还清他哥哥生前留下的财政窟窿，伤透脑筋。这时约翰·劳先生出现了，他说纸币可以带来繁荣，可以轻松地还清债务。奥尔良公爵立刻听从了这个建议，授权劳这个英国人组建法国历史上第一家银行，发行纸币。在开业初期，约翰·劳先生坚守承诺，他的任何银行发行的纸币都可以立刻兑换相当于面值的金币。老百姓因此相信他的纸币是有价值的，争相持有。可是，到了后来，法国政府顶不住增发纸币的诱惑，纸币泛滥成灾。终于在1720年的某一天，人们发现纸币的面值已经超过了全国金属硬币总和的1倍还多，于是纸币崩溃了，法国不得不全数被折价收回，重新流通金属硬币。无数人遭受巨大损失，法国差点爆发革命。约翰·劳先生逃到了意大利，这位曾经的全法国最大的红人，1729年无声无息地死在威尼斯的一个贫民窟里。

这位约翰·劳先生是货币史上的一位大名鼎鼎的人物，他发行纸币这个观念本身并没有错。那么，约翰·劳先生为什么会失败呢？他的错误又是什么呢？

约翰·劳最初的成功在于，他发现当商品货币短缺时，可以通过发行信用或纸币来从新达到最优，这样就弥补了货币不足对经济的影响。但约翰·劳后来的错误在于，他将创造货币等同于创造财富。然而，对于国家而言，重要的不是创造货币，而是创造财富。

纸币作为货币的价值符号，现在已经在全世界流通，如中国的人民币、美国的美元等都是一个国家的法定货币，由这个国家的中央银行统一发行、强制流通，以国家信用作保障，私人不能印制、发行货币。纸币本身没有金属货币那种内在价值，纸币本身的价值也比国家确定的货币价值要小得多，它只是一种货币价值的符号。

如果单从纸币本身的质地看，它自身的价值几乎可以忽略不计。但是，纸币不仅可以交换任何商品，而且连昔日的货币贵族——黄金也可以交换。这是为什么呢？要回答这个问题，还得从纸币的历史说起。

世界上最早的纸币出现在中国。北宋时期，四川缺铜，流通中主要使用铁钱。铁钱易腐烂、价值低，10单位铁钱只相当于1单位铜钱，用起来极为笨重。比如，买一匹布需要铁钱2万，重达500斤。为了解决这个问题，一些富有的商人就开起了"交子铺"，人们可以把笨重的铁钱交给交子铺保管，同时换取交子铺开出的纸票——交子，然后拿着轻便的交子去买卖货物，交子铺则收取一定比例的保管费。最早的交子印有密码、花押，以防伪造，金额是兑换时临时填写的。后来，有些富商联合起来，共同发行数额已经写好的标准化交子。

有了交子和交子铺，人们可以随时把钱币换成交子用于买卖，也可以随时凭交子从交子铺兑换现钱，确实便利了很多。但是问题出现了，如果发行交子的商人不讲信用，或者因经营亏损而拿不出别人要兑换的现钱，甚至是弄虚作假，就会导致交子票无法兑现，持有交子的人就会和开交子铺的富商打官司。后来，北宋政府不得不进行干预，禁止私人发行交子，改由政府印制发行官方交子，称为钱引。可惜的是由于种种原因，这种纸币未能持续流通。

纸币诞生后，在很长的时期内只能充当金属货币（主要是黄金，也有的国家是白银）的"附庸"，就像影子一样，不过是黄金的价值符号。国家以法律形式确定纸币的含金量，人们可以用纸币自由兑换黄金，这种货

币制度也被称为金本位制。在很长的历史时期里，金本位制是人类社会的基本货币制度，但它存在着先天无法克服的缺陷。

困扰金本位制的就是纸币与黄金的比价和数量问题。当依据黄金发行纸币的时候，必须确定一个比价，而此后不论是黄金数量发生变化还是纸币数量发生变化，原先的比价都无法维持，金本位制也就无法稳定运行。

英国最早实行金本位制，国家规定纸币与黄金的固定比价，纸币可以自由兑换黄金。第一次世界大战期间，英国为了筹措军费大量发行纸币，同时从美国购买军用物资，支付了大量的黄金。纸币发行量剧增，黄金储备量急剧下降，原先纸币和黄金的比价无法维持。英国不得不在战时停止英镑兑换黄金，暂时放弃金本位制。在1929—1933年世界经济危机中，英国的金本位制彻底崩溃。

这个问题在后来的布雷顿森林体系中仍然存在，并最终导致了布雷顿森林体系的崩溃。

金本位制最终崩溃并退出历史舞台表明，纸币再也不能直接兑换成黄金，也就是不能直接兑换回金属货币，纸币这个金属货币的"附庸"终于走上了舞台的中央，成为货币家族的主角。纸币成为本位货币，以国家信用作保障，依靠国家的强制力流通。

第二次世界大战期间，美国黄金储备居世界第一。1944年，各国在布雷顿森林市召开会议，决定确定美元与黄金的固定比价（35美元=1盎司），各国货币再与美元确定固定比价。这个新的货币体系也被称为布雷顿森林体系。此后，为了适应日益繁荣的国际贸易，美国大量发行美元，远远超过黄金储备量，人们对美元逐渐失去信心，黄金抢购狂潮不断。1971年8月，美国不得不宣布停止以美元兑换黄金，金本位制彻底退出历史舞台，从此纸币大行其道。

电子货币：货币史上的飞跃

货币的每一次演变都让人惊奇。电子货币更是货币史上一次神奇的改变。近年来，随着网络商业化的发展，电子商务化的网上金融服务已经开始在世界范围内开展。

某年6月，北京正值盛夏，一直热衷于网购的小岩在客厅里一边吃西瓜，一边在线浏览琳琅满目的商品。这一次，在澳大利亚的一个网站上，她看上了一款澳洲本地产的羊皮袄，通过"海外宝"的几步简单点击操作，便很快将它收入囊中。2008年6月11日，国内独立第三方支付平台——支付宝公司（www.alipay.com.cn）与澳大利亚领先的在线支付公司——Paymate公司建立的中文购物平台"海外宝"正式上线。Paymate公司将澳大利亚实体店铺商家的商品放在平台上，由于这个平台支持支付宝作为支付工具，通过统一的物流派送，所以中国的消费者可以和在国内购物网站上购买商品一样的方式，方便地购买到来自澳大利亚的各种商品。

人们足不出户，就可以坐在家里在网上商店购买商品，鼠标一点就可以完成货币支付。走进商场购物，也不需要带上厚厚的现金，只要带一张薄薄的磁卡，轻轻一刷后输入密码就可以完成交易。甚至出国旅行，也只需要带上一张小小的磁卡就可以了，这就是电子金融服务。它的特点是通过电子货币在网络上进行及时电子支付与结算。通过它，人们可随时随地完成购物消费活动，进行货币支付。

网购实际上就是网上金融服务的一种，此外还有，网上消费、家庭银行、个人理财、网上投资交易、而这一切，全都依赖于电子货币的产生和发展。

电子货币是指以金融电子化网络为基础，以商用电子化机具和各类交易卡为媒介，以电子计算机技术和通信技术为手段，以电子数据形式存储在银行的计算机系统中，并通过计算机网络系统以电子信息传递形式实现

流通和支付功能的货币。

电子货币的出现方便了人们外出购物和消费。电子货币通常在专用网络上传输，通过设在银行、商场等地的ATM机器进行处理，完成货币支付操作。电子支付手段大大减少了经济运行的成本。

长期以来，欧洲人采取的都是直接转账的方式，由银行直接为消费者支付账单转移资金。尤其芬兰和瑞典等互联网用户比例所占较高的国家，三分之二的交易都是通过电子方式完成的。芬兰和瑞典等国家网络银行客户的比例也超过了世界上其他的国家。

就现阶段而言，大多数电子货币是以即有的实体货币（现金或存款）为基础存在的具备"价值尺度"和"流通手段"的基本职能，还有"价值保存""储藏手段""支付手段""世界货币"等职能。由于电子货币使用十分方便，几乎所有的支付都可以用电子支付的方式完成，于是，人们提出一个构想：未来是否会进入一个无现金的社会？1975年，《商业周刊》曾经预言："电子支付方式不久将改变货币的定义，并将在数年后颠覆货币本身。"但电子货币由于缺乏安全性和私密性，短时间内并不能导致纸币体系的消亡。

正如美国作家马克·吐温所说："对现金消亡的判断是夸大其词了。"作为转移支付手段，大多数电子货币不能脱离现金和存款，只是用电子化方法传递、转移，以清偿债权债务实现结算。因此，现阶段电子货币的职能及其影响，实质是电子货币与现金和存款之间的关系。

虚拟货币真的不是钱吗

说到虚拟货币，大家往往觉得那是一种不"实在"的东西，但实际上，公众都曾或多或少地与它打过交道。比如，银行电子货币就是一种初级阶段的虚拟货币，但是它只具有虚拟货币的形式，如数字化、符号化，而不具有虚拟货币最重要的特质——个性化。

虚拟货币种类虽然繁多，但就其本质而言不外乎三个种类：

1. 大多数人比较熟悉的游戏币

游戏玩家可用游戏币购买各种游戏道具以及各种装备，但不与现时流通的法定货币发生直接兑换关系。在互联网建立起门户和社区、实现游戏联网以后，虚拟货币便有了"金融市场"，玩家之间可以交易游戏币。

2. 门户网站或者即时通信工具服务商发行的专用货币

这种虚拟货币可用于购买该网站内的服务。其中使用最广泛的要数腾讯公司的Q币，Q币可用来购买会员资格、QQ秀等增值服务。

3. 虚拟货币

这种网络虚拟货币对金融系统的冲击较大。最典型的例子是美国贝宝公司发行的一种网络货币，这种货币可用于网上购物，消费者只要向公司提出申请，就可以将银行账户里的钱转成贝宝货币。实际上，这跟银行卡付款并没有太大区别，而且服务费要低得多，更重要的是，在进行国际交易时，交易者甚至不必考虑汇率。目前，西方类似贝宝这样的公司还有几家，不过我国还没有出现这类公司。

如今，网络虚拟货币已经越来越多地引人关注，随着腾讯公司QQ的普及，Q币也进入了公众的网络生活，成为使用最广泛的一种虚拟货币。现在在网上，Q币甚至可以用来购买其他游戏的点卡、虚拟物品，甚至一些影片、软件的下载服务等。在腾讯公司的网络游戏里，Q币可以兑换游戏币，它的使用甚至超出腾讯公司当初的预期。当然，同其他专用虚拟货币一样，Q币也存在线下的交易平台。既然存在线下交易，笔者就不禁要问：Q币，你到底值几个钱？

其实对Q币真实价值的质疑，也是对于虚拟货币价值怀疑的一个缩影。

首先，虽然从表面上来看，虚拟货币似乎具有货币的某些特征，但人们并没有把它们当作真的货币来看待。货币的本质是流通的，而且是一般

等价物，Q币等虚拟货币只是作为等价物的特殊商品而已。有交换功能不等于就是货币，虚拟货币作为特殊商品或许可以无条件用人民币来兑换，但它们本身不可以无条件地兑换成人民币。这说明它们与人民币的交换条件并不对等。

其次，货币具有保值功能，这是因为货币有贵重金属作为抵押。而虚拟货币是一种没有贵重金属作为抵押的信用凭证，它只能用服务商的商誉作为抵押，因此是不可靠的。

最后，也是最重要的一点，货币不光具有价值，而且是价值尺度；而虚拟货币不具有价值，并不能充当价值尺度。虚拟货币既不存在利率那样的资本价格水平尺度可以调节价值，也不存在存款准备金比率那种的通货价格水平尺度可以调节价值。

因此，目前虚拟货币还无法成为统一的"网络硬通货币"，即使Q币成为统一的虚拟货币，也无法脱离网络。

1年后的1元钱已不同于今天的1元钱

一个虔诚的教徒有一天遇见了上帝，就问："上帝啊，对你而言，100年意味着什么？"上帝回答说："不过一瞬间而已。"教徒又问："那100万元呢？""不过1元钱而已。"于是教徒很高兴地说："上帝呀，请给我100万元钱吧！"上帝给了他一个让人绝望的回答："没问题，请等我一瞬间。"

会心一笑后请读者认真思考一下，这个小幽默揭示了一个什么样的道理呢？

请读者回答这样一个问题：相同的1元钱在今天和将来的价值是否相同？很多人都会说是的，但经济学家说："不同"。为什么？因为人们具有时间偏好——人们在消费时总是抱着赶早不赶晚的态度，认为现期消费产生的效用要大于对同样商品的未来消费产生的效用。因此，即使相同的1元钱在今天和未来都能买到相同的商品，其价值却不相同——因为相同的商品在今天和未来所产生的效用是不相同的。正是人们的时间偏好使货币具有了时间价值。这也正是上面那个小幽默的寓意所在：货币是具有时间价值的。今天的1元钱到明年可能就不是1元钱了，通常今天1元钱的价值要多于明天的1元钱。

所谓货币的时间价值，就是指货币经历一定时间的投资和再投资后所增加的价值。换句话说，货币用于投资并经历一定时间后会增值，增值部分即为时间价值。今天的1元钱和一年后的1元钱的潜在经济价值是不相等的，前者要大于后者，因为现在的1元钱在1年之后，可以超过1元钱。因为如果把这1元钱用于投资，从社会的角度分析，投资会有一个收益，而这个收益就是时间的价值。如果从投资者角度分析，投资就是将目前的消费推迟到将来，把这1元钱用于投资而不是用于消费，投资是要求报酬的，这个报酬就是货币时间价值。当然也可以这样考虑，由于投资者消费时间向后推迟，货币的时间价值就可以理解为是对投资者牺牲当前消费的一种补偿。

相信每个人对时间价值都有一定的生活体验，只是有些人没有注意。如1年期定期存款的利率为5%，那么把1元钱存入银行，1年之后就可以获得1.05元，这0.5就是货币的时间价值。如果银行存款利率为5%，那么，只要现在存入$1 \div (1+0.05)$元，1年之后就可以得到$1 \times (1+0.05) \div (1+0.05)$元，这就表明，1年之后的1元钱只相当于现在的$1 \div (1+0.05)$元钱。这个原理构成了投资学分析的基础，不管多么复杂的定价公式，其分析模型都是建立在这一基础上的。

在货币的时间价值计算中，有两种计算方式：单利和复利。

单利是指在计算利息时，每一次都按照原先融资双方确认的本金计算利息，每次计算的利息并不转入下一次本金中。比如，张三借给李四1000

元，双方商定年利率为5%，3年归还，按单利计算，则张三3年后应收的利息为150元（3×1000×5%）。

在单利计算利息时，隐含着这样的假设：每次计算的利息并不自动转为本金，而是借款人代为保存或由贷款人取走，因而不产生利息。

复利是指每一次计算出利息后，即将利息重新加入本金，从而使下一次的利息计算在上一次的本利和的基础上进行，说白了也就是利滚利。上例中，如张三与李四商定双方按复利计算利息，那么张某3年后应得的本利和计算如下：

第1年利息：1000×5%=50；

转为本金后，第2年利息：（1000+50）×5%=52.5；

转为本金后，第3年利息：（1050+52.5）×5%=55.125；

加上本金，第3年的本利和：1050+52.5+55.125=1157.625。

从上面的例子中看到，复利带来了巨大利润。事实上对于财富来说，复利是最大的奇迹。

还记得那个24美元买下曼哈顿岛的故事吗？这笔交易确实很划算，但如果读者换个角度来重新计算一下呢？如果当初的24美元没有用来购买曼哈顿，而是用来投资呢？假设每年8%的投资收益，不考虑中间的各种战争、灾难、经济萧条等因素，这24美元到2004年会是多少呢？说出来吓一跳：4 307 046 634 105.39约是4307亿美元。这不但能够购买曼哈顿，如果考虑到"9·11"事件后纽约房地产贬值的话，买下纽约也是不在话下的。

回到前文上帝与教徒的例子。假设公众将1元钱投资到股票市场，每次收到的红利都进行再投资，如果每年投资能获得15%的收益率，根据科学计算，1元钱连续投资100年后的收益将近120万元。

不知你是否意识到，这就是货币的时间价值在起作用。

投资可以获得收入，银行存款可以给储户带来利息，今天收到的1元钱比明天收到的1元钱更值钱。笔者用一个简单的例子来说明。如果将现在的100元存入银行，存款利率假设为5%，那么1年后将可得到105元。这5元就是货币的时间价值，或者说货币的时间价值是5%。

假设1年后，笔者继续把所得的105元按同样的利率存入银行，则又过1年后，笔者将获得110.25元。第二年的利息比第一年多出0.25元，这是由第一年5元利息创造的利息。这就是通常所说的复利计算或者利滚利。以此方式年复一年地存款，则当初的100元将会不断地增加，年限够长的话，到时可能是当初的几倍或几十倍。通过科学计算，如果将100元存入银行连续50年，假设每年利率维持在5%，50年后笔者将有1146.74元！

回到前文上帝与教徒的例子。假设笔者将1元钱投资到股票市场，每次收到的红利都进行再投资，如果每年投资能获得15%的收益率，根据科学计算，1元钱连续投资100年后的收益将近120万元，因此上帝的说法也许并不夸张。

时间就是金钱。货币的时间价值对个人理财很重要的启示是：理财要尽早计划、尽早行动，这样才能使财富不断增值。

社会运转需要多少钱

在一个小海岛上住着三个人：一个农民、一个铁匠、一个养牛人，岛上流通的货币为一种珍稀的海贝。假设每个人有2个海贝，以便购买他人产品使用。假设第一年农民生产3份粮食，铁匠生产3份铁具，养牛人出栏3头牛。这样这个社会是经济平衡的：农民卖出2份粮食给铁匠和养牛人，留一份自己使用，铁匠、养牛人也是如此。那么这一年下来，农民自己享用了自己生产的一份粮食和一份铁具、一头牛，并且仍有2个海贝，铁匠、养牛人也是如此。这样货币流通次数也只是一次。第二年他们同时扩大生产，将产品数量增加到以前的两倍，但是生产成本也增加了，如农民以前只用一份铁具就可以完成3份粮食生产，但他需增加消耗2份铁具才能实现6份产量的目标，其余类推。因为他只有2个海贝，所以他不能同时购买2份铁具和2头牛，他需要4个海贝，那他能怎么办呢？第一种情况：他先各买一份，安排生产，等生产出来产品，卖出后再买第二份，安排下一步生产。铁匠、养牛人也是如此。这时货币的流通速度为2次。假使农业生产是春种秋收，不能按半季来算，那么这个农民要增加生产，他必须一下买到2份铁具和2头牛。于是有了第二种情况：他只能先借铁具和牛各一份。那么这就产生了货币需求。第三种情况：分别再给他们3个人各2个海贝，那么货币需求平衡了。

这就涉及一个货币需求量的问题。那么，维持一个文明社会健康运转又需要多少货币呢？货币需求量与什么有关呢？

货币需求其实是一个存量的概念。它考察的是在特定时点和空间范围内社会各部门在其拥有的全部资产中愿意以货币形式持有的数量或份额。说得再简单一点，就是一个国家在一定时点上社会各部门所持有的货币量。

事实上，经济学家关注货币需求量要比关注货币供给问题早得多，而这个问题也曾在很长的一段时间内让经济学家感到困惑。比如早期的经济学家们曾经天真地认为：对于一个国家来说足够的货币是指多得可以支付所有英格兰土地半年的租金和一个季度的房租，所有人1周的花费以及约所有出口商品价值的1/4。

对货币数量的需求计算是复杂的，欧文·费雪重新整理了商品与货币的交易关系，给出了一个简明的货币方程：MV=PQ。

其中：M＝货币供给；V＝货币流通速度；P＝商品与服务的价格；Q＝商品与服务的数量。

货币数量论表达了这样的内容：在其他条件不变的情况下，物价水平的高低和货币价值的大小由一国的货币数量所决定。货币数量增加，物价随之正比上涨，而货币价值则随之反比下降。反之则相反。也就是说，在货币数量变动与物价及货币价值变动之间存在着一种因果关系，假定其他因素不变，商品价格水平涨落与货币数量成正比，货币价值的高低与货币数量的多少成反比。

对货币数量理论这一公式的争议很严重，但不管怎么说，这毕竟是学者第一次明确地将货币现象与物价水平联系起来。

随着经济学的发展，凯恩斯提出了一个著名的有效需求理论。他的观点很明确：货币的供给与货币的需求决定了利息率的高低，而利息率的高低同时支配着投资需求。利息越高人们持有货币在手中所付出的代价越大，利息越低人们持有的货币的数量越多。

凯恩斯主张政府通过大幅度增加公共开支来弥补有效需求的不足，同时为了刺激投资以及减少人们手中持有的货币量，储备系统应增加货币供应量以降低利率。第二次世界大战以后，西方国家曾经长期实行凯恩斯主义，不幸的是这种货币政策造成了严重的经济后果，出现了"滞胀"的局面。

为此经济学界中出现了众多的"反凯恩斯学派"，一个重要的代表人物就是美国的M.弗里德曼。他认为，货币数量论不是关于产量、货币收入或价格水平的理论，而首先是一种货币需求理论。他看来，由于货币需求函数是极为稳定的，因而物价的变动决定于货币的供给。从货币供给的变动去研究对物价的影响是货币数量论的特点。

比如说货币供应量的增加会使名义收入增加，导致人们各种消费的增加，包括消费支出以及投资支出，这样能促使社会产出的增加也包括物价水平的上涨。至于货币供应量增加多少影响产出，多少影响物价，则是一个没有解决的问题。

笔者再来介绍第二个问题：货币需求量与什么因素有关。

货币需求量应该与国家的GDP（国内生产总值）成正向关系。国家的GDP越大，国家需要的货币就越多，应该比较接近正比例关系，对于同一个国家基本是正比例关系。比如，对于同一个国家，国内流通的货币总

量，与国家经济总量具有一致性。

对于不同国家，在相同GDP总量时，国内需要流通的货币数量并不相同。原因是，各国的货币流通速度差异不小。各国的货币流通速度主要取决于国民性格与金融政策及其他国家政策，关于这一点，后文还会进行探讨。

总之，按照理想状态来说，市场对货币的需求量肯定是由市场自己来解决。不过在纸币本位制时代，这个需求量就未必是市场的客观要求，而是跟本国的经济政策有很大关系。

货币流通速度快与慢

统计数据显示，我国货币流通速度与一些国外发达国家相比较低。1993年，美国名义GDP为65 530亿美元，M1余额为11 284亿美元，V1是5.81，而中国为2.12，差两倍多；1993年美国V2是中国的1.5倍多。中国货币流通速度V2与日本相当，略低于英国，与美国和韩国差距较大。同时，发达国家如美国的货币流通速度的波动很小，1993—1999年V2的方差仅为0.0026，这也从一定程度上说明了美国的金融发展程度较高和经济的稳定性较强。

各国货币流通速度有如此大的不同，那么货币流通速度主要受什么因素影响呢？

人们在回答这个问题之前，还应解释一下什么是货币流通速度。货币流通速度是指单位货币在一定时期内的周转（或实现交换）次数。商品实现交换后，一般会退出流通，进入生产或生活消费；而货币作为实现商品交换的媒介手段，是处在流通中不断地为实现商品交换服务。在一定时间内，多种商品交换活动不断继起，同一单位货币就可以为多次商品交换服务，从而实现多次周转。举个例子可能会更明了。在一定时间内，甲用10元向乙买苹果，乙用这10元向丙买橘子，丙又用它向丁买葡萄，这10元货币在一定时间内实现了30元的商品价值，其流通速度是3次。

货币流通速度与社会经济状况有一种定性关系：在经济扩张时期，货币流通速度往往会上升；在经济紧缩时期，货币流通速度倾向于下降。一般而言，货币流通速度的变动量是与收入和货币量的变动规模直接联系在一起的。以美国为例。与1929—1933年货币流通速度的急剧下降相反的是，一战期间货币流通速度急剧上升，并伴随着货币存量和货币收入的迅速增加；而在经济平缓发展阶段，货币流通速度的变动也比较温和。

除此之外，货币流通速度还与消费习惯有关系。

热爱消费的民族或国家，货币流通速度应该比较快。这些国家容易产生通货膨胀现象。因为这样的国家，对货币增加的敏感度比较大，一旦增加货币供应，乐于消费的国民，会使这些增加的货币产生很大的放大效应。

而热爱储蓄或节俭的民族构成的国家，货币流通速度一般比较慢。这些国家不容易产生通货膨胀现象。这样的国家，对货币增加的敏感度比较小。这样的国家，对新增加货币的放大系数比较小，自然不容易产生通货膨胀现象。

国民自我感觉的财富拥有量（包括固定资产与金融资产以及现金），也会影响国民的消费行为。国民自我感觉的财富越多，一般越有利于增加国民的消费行为。国民自我感觉的财富越多，国民就会越及时地把自己手中的现金消费掉，货币的流通速度就会加快。

比如，股票价格的上涨，会导致股民自我感觉的财富增加，导致股民的日常消费增加。

房子价格的上涨，虽然可以导致国民感觉的财富增多，但是，部分国民需要购买房子，日常就必须少消费一些，多储蓄一些钱才能购买房子。房子价格上涨，在绝大部分国民都有房子时，会导致国民总体日常消费增

多，导致货币流通速度增加。如果较大一部分国民没有自己的房子，就很难说了。

国民福利的增多，也有利于国民增加日常消费。国民福利的增多，等效于国民财富增多，日常消费增加一些也是正常的。国民福利减少了国民的某些后顾之忧，不需要过多地储蓄了，自然也有利于增加国民日常消费。

最后，存款准备金率也会影响货币总体的流通速度。较高的存款准备金率等效于把较多的货币囤积起来，不参与市场流通。减少了市场的货币供应，等同于减少了全部货币的流通速度。

但是，部分国民会自己储存货币，不进行消费。这些货币自然也难以流通。而银行的存在，可以使这些货币方便转借给愿意的消费者。就是考虑准备金的存在，银行促进了社会的消费行为，促进了货币的流通速度，减少了社会需求的货币。

银行的存在，对社会消费会有促进作用。其促进作用大小与存款准备金比率大小成反向关系。如果存款准备金比率不大，银行的存在可以增加货币流通速度，减少社会对货币的需求量。

货币危机：金融体系中的多米诺骨牌效应

一、货币危机

20世纪20年代，随着第一次世界大战的结束，世界经济进入衰退时期，欧洲各国的货币都开始贬值。在这个时期，法国政府成功地捍卫了法郎的稳定。

法郎危机也是伴随着第一次世界大战开始的。法国政府在"一战"中花掉了大笔军费，这个数字是1913—1914年所有主要参战国军事费用的两倍。"一战"结束后，法国财政出现了62亿法郎的缺口，而且还有巨额贷款。1926年，法郎的汇率开始下滑。人们相信，法郎将会面临和德国马克一样的命运。当时的法国政府内阁束手无策，物价不停上涨，法郎持续贬值。这时，时任总理雷蒙·恩加莱开始掌权。他通过提高短期利率把短期借款转为长期借款，提高税收和削减政府支出，同时从美国摩根大通银行借来了一笔巨额贷款，使法国银行的现汇得以补充。一系列措施恢复了人们对法郎的信任，法郎币值开始走稳，法国经济和政局也渐趋稳定。

货币危机的概念有狭义和广义之分。狭义的货币危机与特定的汇率制度（通常是固定汇率制）相对应，其含义是，实行固定汇率制的国家，特殊情况下（如在恶化的情况下，或者在遭遇强大的投机攻击情况下），对本国的汇率制度进行调整，转而实行浮动汇率制，从而使自由市场决定的汇率水平远远高于原来的官方汇率，这种情况就是货币危机。广义的货币危机泛指汇率的变动幅度超出了一国可承受的范围，通常情况表现为本国货币的急剧贬值。

当代国际经济社会很少发生一桩孤立的货币动荡事件。在全球化时代，由于国民经济与国际经济的联系越来越密切，一国货币危机常常会波及别国。

二、影响因素

随着市场经济的发展与全球化的加速，经济增长的停滞已不再是导致货币危机的主要原因。经济学家的大量研究表明：定值过高的汇率、经常项目巨额赤字、出口下降和经济活动放缓等都是发生货币危机的先兆。就实际运行来看，货币危机通常由泡沫经济破灭、银行呆账、坏账增多、国际收支严重失衡、外债过于庞大、财政危机、政治动荡、对政府的不信任等引发。

1.汇率政策不当

经济学家普遍认同这样一个结论：固定汇率制在国际资本大规模、快速流动的条件下是不可行的。固定汇率制名义上可以降低汇率波动的不确

定性，但是自20世纪90年代以来，货币危机常常发生在那些实行固定汇率的国家。因此，近年来越来越多的国家放弃了曾经实施的固定汇率制，比如巴西、哥伦比亚、韩国、俄罗斯、泰国和土耳其等。然而，这些国家大多是由于金融危机的爆发而被迫放弃固定汇率，汇率的调整往往伴随着自信心的丧失、金融系统的恶化、经济增长的放慢以及政局的动荡。也有一些国家从固定汇率制成功转轨到浮动汇率制，如波兰、以色列、智利和新加坡等。

2. 银行系统脆弱

在大部分新兴市场国家，包括东欧国家，货币危机的一个可靠先兆是银行危机。资本不足而又没有受到严格监管的银行向国外大肆借款，再贷给国内的问题项目，由于币种不相配（银行借的往往是美元，贷出去的通常是本币）和期限不相配（银行借的通常是短期资金，贷出的往往是长期资金），因此积累的呆账、坏账越来越多。如东亚金融危机爆发前几年，马来西亚、印度尼西亚、菲律宾和泰国信贷市场的年增长率均在20%～30%，远远超过了工商业的增长速度，由此形成的经济泡沫越来越大，银行系统也就越发脆弱。

3. 外债负担沉重

泰国、阿根廷以及俄罗斯的货币危机，与所欠外债规模巨大且结构不合理紧密相关。如俄罗斯在1991—1997年共吸收外资237.5亿美元，但在外资总额中，直接投资只占30%左右，短期资本投资约70%。在货币危机爆发前的1997年10月，外资已掌握了股市交易的60%～70%、国债交易的30%～40%。1998年7月以后，俄政府财政部发布"8·17联合声明"，宣布"停止1999年年底前到期国债的交易和偿付"，债市崩溃，直接引发卢布危机。

4. 财政赤字严重

在发生货币危机的国家中，或多或少都存在财政赤字问题，赤字越庞大，发生货币危机的可能性也就越大。财政危机直接引发债市崩溃，进而导致货币危机。

5. 政府信任危机

民众及投资者对政府的信任是货币稳定的前提，赢得民众及投资者的支持，是政府有效防范、应对金融危机的基础。如墨西哥比索危机很大一部分归咎于其政治上的脆弱性，1994年总统候选人被暗杀和恰帕斯州的动乱，使墨西哥社会经济处于动荡之中。新政府上台后在经济政策上的犹豫不决，使外国投资者认为墨西哥可能不会认真对待其政府开支与国际收支问题，信任危机引起金融危机。

6. 经济基础薄弱

强大的制造业、合理的产业结构是防止金融动荡的坚实基础。产业结构的严重缺陷是造成许多国家经济危机的原因之一。如阿根廷一直存在着严重的结构性问题，20世纪90年代虽然实行了新自由主义改革，但产业结构调整滞后，农牧产品的出口占总出口的60%，而制造业出口只占10%左右。在国际市场初级产品价格走低及一些国家增加对阿根廷农产品壁垒之后，阿根廷丧失了竞争优势，出口受挫。

7. 危机跨国传播

由于贸易自由化、区域一体化，特别是资本跨国流动的便利化，一国发生货币风潮极易引起邻近国家的金融市场发生动荡，这在新兴市场尤为明显。泰国、俄罗斯、墨西哥、巴西等反复印证了这一多米诺骨牌效应。

第4章　谁在负责处理公众的"钱"
——每天学点金融机构知识

银行：金融家族的"老大哥"

一、银行的诞生

在我国，"银行"一词与我国经济发展的历史相关。在我国历史上，白银一直是主要的货币材料之一。"银"往往代表的就是货币，而"行"则是对大商业机构的称谓。把办理与银钱有关的大金融机构称为银行，最早见于太平天国洪仁玕所著的《资政新篇》。

银行是通过存款、贷款、汇兑、储蓄等业务，承担信用中介的金融机构。它是金融机构之一，而且是最主要的金融机构，它主要的业务范围有吸收公众存款、发放贷款以及办理票据贴现等。

西方银行起源于货币经营业。而货币经营业主要从事与货币有关的业务，包括金属货币的鉴定和兑换、货币的保管和汇兑业务。当货币经营者手中大量货币聚集时，就为发展贷款业务提供了前提。随着贷款业务的发展，保管业务也逐步改变成存款业务。当货币活动与信用活动结合时，货币经营业便开始向现代银行转变。1694年，英国英格兰银行的建立，标志着西方现代银行制度的建立。

二、银行的基本职能

银行是经营货币的企业，它的存在方便了社会资金的筹措与融通，它是金融机构里面非常重要的一员。前文已经介绍了中央银行的职能，本篇以商业银行为例，探讨一下商业银行的主要职能。商业银行是指以经营工商业存、放款为主要业务，并以利润为主要经营目标的企业法人（金融企业法人）。我国的商业银行主要有中国工商银行、中国农业银行、中国银行、中国建设银行、交通银行。商业银行的职能是由它的性质所决定的，商业银行有以下四个基本职能。

1. 信用中介职能

信用中介是商业银行最基本、最能反映其经营活动特征的职能。这一职能的实质，是通过银行的负债业务，把社会上的各种闲散货币集中到银行里来，再通过资产业务，把它投向各经济部门；商业银行作为货币资本的贷出者与借入者的中介人或代表，以实现资本的融通，并从吸收资金的成本与发放贷款利息收入、投资收益的差额中，获取利益收入，形成银行利润。商业银行通过信用中介的职能实现资本盈余和短缺之间的融通，并不改变货币资本的所有权，改变的只是货币资本的使用权。

2. 支付中介职能

银行除了作为信用中介，融通货币资本以外，还具有货币经营业的职能。通过存款在账户间的转移，代理客户支付；在存款的基础上，为客户兑付现款等，成为工商企业、团体和个人的货币保管者、出纳者和支付代理人。

3. 信用创造职能

商业银行在信用中介职能和支付中介职能的基础上，产生了信用创造职能。商业银行通过信贷活动创造和收缩活期存款，而活期存款是构成贷市供给量的主要部分，因此，商业银行就可以把自己的负债作为货币流通，具有了信用创造职能。

4. 金融服务职能

随着经济的发展，工商企业的业务经营环境日益复杂化，许多原来属于企业自身的货币业务转交给银行代为办理，如发放工资、代理支付其他费用等。个人消费也由原来的单纯钱物交易，发展为转账结算。现代化的社会生活，从多方面给商业银行提出了金融服务的要求。

5. 调节经济职能

银行通过其信用中介活动，调剂社会各部门的资金短缺，同时在央行货币政策和国家宏观政策的指引下，实现经济结构、消费比例投资、产业结构等方面的调整。此外，商业银行通过在国际市场上的融资活动还可以调节本国的国际收支状况。

商业银行：银行体系的主体

一个小岛上生活着几百户居民，这个小岛与世隔绝，人与人之间依赖交换物品过活，但有时候居民手里用来交换的东西不一定就是对方想要的，怎么办？人们就用都喜欢的金银作为交换的东西，于是交换方便了。但金银要磨损，携带也不方便，当交换活动频繁时，人们发现这个东西太烦琐，限制了交换活动，为了解决这个问题，他们想了一个办法，就是由岛上的管理者发明一种符号，用它来代替金银，于是钞票出现了。

刚开始这种钞票可以随时兑换金银。人们都很放心，因为钞票就是金银。可是岛上金银的产量太少，当人们的交换活动更加频繁时，钞票不够用了，只能暂停交换。暂停交换的后果就是人们不生产别人想要的东西了，因为虽然别人使用，但交换不出去，即经济发展减速了。

后来有聪明人想了一个办法，成立一家钱庄，这个钱庄是公众的，由钱庄来发行钞票，印出的钞票借给想用钱的人，然后等这个人有钱了再还给钱庄，于是银行就出现了。

几乎每个人都要与商业银行打交道，人们是否知道商业银行的定义是怎样的？它到底能为人们提供哪些服务呢？

虽然东西方对商业银行的提法不一样，但是对商业银行这一概念大致可理解为：商业银行是以经营工商业存、放款为主要业务，并以获取利润为目的的货币经营企业。请注意一下定义中的几个要点：第一，商业银行是一个信用授受的中介机构；第二，商业银行是以获取利润为目的的企业；第三，商业银行是唯一能提供"银行货币"（活期存款）的金融组织。

目前我国有5家国有商业银行（中、农、工、建、交），12家中小型股份制商业银行（平安、中信、华夏、招商、光大、民生、浦发、渤海、广发、兴业、恒丰、浙商），110家城市商业银行，20多家村镇银行以及农村商业银行和乡村银行。这些商业银行覆盖全国，已经成为国民经济发展不可或缺的部分。

下文就具体地说一下商业银行能够为人们提供的服务。银行的业务主要表现在资产、负债、中间业务等三个方面。

一、资产业务

这是反映商业银行从事金融活动，形成资金占用的业务。它也是银行业务中最重要、最核心的业务。主要有：

（1）现金资产。这是银行最具有流动性，并可随时用于银行支付的资产，被视做银行的一级准备。主要由库存现金、中央银行存款、存放同业、托收中现金四部分构成。

库存现金，即银行业务中金库的现钞和硬币。主要用于客户取现金和银行日常开支。

中央银行存款，即按规定比率提缴的存款准备金。主要用于人民银行

控制货币、执行国家政策、调控商业银行信贷扩张能力等。这一点，近两年来大家可能感觉非常明显。举个例子，2009年，外贸骤减，投资萧条，企业资金短缺，国家为了抵御危机所以采取宽松的货币政策，没有调整法定准备金率，即低准备金率和低存款利率，加大银行放贷，提高市场流动，促进消费，以促进国民经济的复苏；2010年国家为了抑制通货膨胀，人民银行又先后四次调高了法定准备金率，收缩了信贷投放。

存放同业，即在其他银行或在金融机构开立的存款账户，主要用于同业之间结算收付。

托收中现金，即本行通过对方银行向外地付款单位或个人收取的票据。这类须向其他付款银行收款的支票就称为托收中现金。

（2）贷款资产。这是银行的核心资产业务，是运用资金取得利润的主要途径。银行贷款即指银行以一定的利率将资金贷放给资金需要者，并约定期限归还的一种经济行为。银行贷款的种类繁多，划分标准也各不相同。一般来说，主要有以下几类：

按贷款期限的长短，可将贷款分为短期贷款和中长期贷款。

按贷款的用途不同，可将贷款分为流动资金贷款、固定资金贷款、科技开发贷款、个人住房按揭贷款、个人汽车消费贷款等。

按贷款有无担保品，可将贷款分为信用贷款、担保贷款和票据贴现。

按贷款利率的不同，可将贷款分为固定利率贷款、浮动利率贷款、优惠利率贷款。

按贷款有无风险，可将贷款分为正常贷款、关注贷款、次级贷款、可疑贷款、损失贷款，即国际上通用的贷款五级分类。

（3）投资业务。这是指银行购买有价证券（债券、股票）的活动，其目的是获取利益、分散风险、增加流动性。银行投资的对象按照发行人来划分大致可分为：政府证券（国库券、中期债券、长期债券）、政府机构证券（如国家专业投资公司、石油部、铁道部等发行的债券）、地方政府证券和公司证券四大类。

（4）外汇买卖。银行在各种国际业务的经营中，必然涉及两种以上货币的收付、兑换、买进或卖出。这类业务不仅是银行为客户所提供的必要业务，而且也是银行外汇头寸的调拨和经营国外短期甚至长期资本投资和买卖有价证券所必需的活动。因此，可以说外汇买卖是银行一切国际业务经营的基础。

二、负债业务

负债业务是形成商业银行主要资金来源的业务，是银行资产业务的前提和条件。银行全部资金来源中90%以上来自于负债。商业银行负债业务主要包括资本金业务、存款业务和非存款业务。

（1）资本金业务。这是指银行自身拥有的或者能永久支配的资金。

（2）存款业务。这是指银行接受客户存入的货币资金，客户可以随时或按约定时间支取款项的一种传统信用业务。吸收存款是银行重要的筹资业务活动，是对存款客户的一种负债，占银行资金来源的70%~80%，为银行开展资产业务提供了基础。银行存款的种类很多，根据不同的标准可以划分出不同的种类，主要有：

活期存款，即支票账户或交易账户，主要用于交易和支付用途的款项，包括支票、本票、汇票、电话转账等。

定期存款，是指存款客户与银行事先约定存款期限，并支付较高利息，到期才能支取的存款。

储蓄存款，是指居民个人为货币收入积蓄成货币资产并获取利息的一种存款。主要分为活期储蓄、定期储蓄、定活两便储蓄、零存整取储蓄、教育储蓄、其他储蓄等。

（3）非存款业务。是指银行以各种方式从金融市场上借入资金的业务，其目的是满足流动性需求。主要有以下几种：

向中央银行借款。主要方式有再贷款和再贴现。再贷款是银行直接向中央银行的借款，以解决其季节性或临时性的资金需求。再贴现是指银行在资金紧张、周转发生困难时，将已贴现未到期的票据向中央银行申请再次贴现的票据转让行为。

同业拆借。这是指商业银行之间及商业银行与其他金融机构之间的短期资金融通。除同业拆借外，还有转抵押和转贴现。

回购协议。这是指商业银行出售有价证券（主要是短期政府债券）获得资金的同时，承诺在未来某个时期按约定价格再购回所出售有价证券的一种协议。银行采用回购协议方式融通资金，实际上是以有价证券作为担保的借贷行为，是一种新的负债方式。

发行金融债券。这是指商业银行为筹集中长期资金而向社会公开发行金融债券的一种融资方式。金融债券持有人享有到期收回本金和获得利息的权利。

向国际市场借款。即向国际金融市场筹集资金来弥补资金的不足。

三、中间业务

中间业务是指商业银行在资产业务和负债业务的基础上，利用技术、信息、机构网络、资金和信誉等方面的优势，不运用或较少运用银行的资财，以中间人和代理人的身份替客户办理收付、咨询、代理、担保、租赁及其他委托事项，提供各类金融服务并收取一定费用的经营活动。在资产业务和负债业务两项传统业务中，银行是作为信用活动的一方参与；而中间业务则不同，银行不再直接作为信用活动的一方，扮演的只是中介或代理的角色，通常实行有偿服务。按功能与性质可把中间业务分为以下九类：

（1）支付结算类中间业务，指由商业银行为客户办理因债权债务关系引起的与货币支付、资金划拨有关的收费业务，如支票结算、进口押汇、承兑汇票等。

（2）银行卡业务，是由经授权的金融机构向社会发行的具有消费信用、转账结算、存取现金等全部或部分功能的信用支付工具。

（3）代理类中间业务，指商业银行接受客户委托、代为办理客户指定的经济事务、提供金融服务并收取一定费用的业务，包括代理政策性银行业务、代收代付款业务、代理证券业务、代理保险业务、代理银行卡收单业务等。

（4）担保类中间业务，指商业银行为客户债务清偿能力提供担保，承担客户违约风险的业务。包括银行承兑汇票、备用信用证、各类保函等。

（5）承诺类中间业务，是指商业银行在未来某一日期按照事前约定的条件向客户提供约定信用的业务，包括贷款承诺、透支额度等可撤销承诺和备用信用额度、票据发行便利等不可撤销承诺两种。

（6）交易类中间业务，指商业银行为满足客户保值或自身风险管理的需要，利用各种金融工具进行的资金交易活动，包括期货、期权等各类金融衍生业务。

（7）基金托管业务，是指有托管资格的商业银行接受基金管理公司委托，安全保管所托管的基金的全部资产，为所托管的基金办理基金资金清算款项划拨、会计核算、基金估值、监督管理人投资运作。

（8）咨询顾问类业务，是商业银行依靠自身在信息和人才等方面的优势，收集和整理有关信息，结合银行和客户资金运动的特点，形成系统的方案提供给客户，以满足其经营管理需要的服务活动，主要包括财务顾问和现金管理业务等。

（9）其他类中间业务，包括保管箱业务以及其他不能归入以上八类的业务。

政策性银行：期待一个华丽转身

第二次世界大战后的德国民生凋敝百废待兴，人民急需重建家园。为了筹集巨额重建资金，1948年，德国政府出资10亿马克组建德国复兴开发银行（KFW）。德国复兴开发银行成立以后，立即通过发行中长期债券筹措巨额款项，为德国人民在废墟上重建家园提供了大量资金。德国复兴开

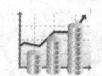

发银行为战后德国的复兴立下了汗马功劳，它也因此与美丽的莱茵河一样闻名遐迩。

那么，政策性银行与商业银行有何不同呢？政策性银行的职能是什么呢？政策性银行又将走向何方呢？

说起政策性银行，可能很多人都会感到陌生。政策性银行就是指那些由政府创立、参股或保证的，不以营利为目的，专门为贯彻、配合政府社会经济政策或意图，在特定的业务领域内，直接或间接地从事政策性融资活动，充当政府发展经济、促进社会进步、进行宏观经济管理工具的金融机构。我国的三大政策性银行分别是中国进出口银行、国家开发银行、中国农业发展银行。

政策性银行成立多年来对中国经济发展起到了积极的作用，三家政策性银行在落实国家产业政策、推动经济结构调整，特别是支持瓶颈行业的资金投入、出口创汇、企业出口贸易发展方面起到很大作用。中国农业发展银行在粮棉油收购方面也起到很大作用，有人说它最大的作用就是不打白条。

在现代市场经济条件下，商业性金融和政策性金融相互补充、相互配合，共同构成一个国家或地区完整的、均衡的、稳定的、高效的、统一的金融体系。商业性金融在促进经济发展、推动社会进步中发挥着极为重要的作用，政策性金融也同样在优化资源配置、均衡经济增长、构建和谐社会中发挥着商业性金融不可替代的功能。

政策性银行与商业银行和其他非银行金融机构相比，也有共性的一面，如要对贷款进行严格审查，贷款要还本付息、周转使用等。但作为政策性金融机构，也有其特征：

资本来源不同。政策性银行多由政府出资建立，业务上由政府相应部门领导。商业银行多采取股份制的形式，业务上自主经营、独立核算。

资金来源不同。政策性银行一般不接受存款，也不从民间借款。而商业银行以存款作为其主要的资金来源。

经营目的不同。政策性银行是为了支持某些部门的发展而专门成立的，不以赢利为目的，与相应的产业部门关系密切。而商业银行则以利润最大化为经营目的，业务范围广泛。

上文说过的我国三大政策性银行是在1994年建立的，这三家银行各有侧重，共同发展。

设立国家开发银行的主要目的是：一方面为国家重点建设融通资金，保证关系国民经济全局和社会发展的重点建设顺利进行；另一方面把当时分散管理的国家投资基金集中起来，建立投资贷款审查制度，给予开发银行一定的投资贷款决策权，并要求其承担相应的责任与风险，以防止盲目投资，重复建设。

而随着我国对外经济贸易的扩大，运用补贴以施加特殊保护、促进出口的办法已经过时。为了按国际惯例运用出口信贷、担保等通行做法，扩大机电产品，特别是大型成套设备和高新技术、高附加值产品的出口，合理促进对外贸易的发展，创造公平、透明、稳定的对外贸易环境，我国成立了中国进出口银行。

农业是国民经济的基础。我国农业基础薄弱，地区差异大。农业的发展，尤其是落后地区农业的发展，粮、棉、油等主要农产品的生产、收购、储备和销售，在相当程度上需要国家的支持。为了集中财力解决农业和农村经济发展的合理的政策性资金需要，促进主要农产品收购资金的封闭运行，于是又成立了中国农业发展银行。

但是随着政策性银行引进市场操作的概念，效益日渐提升，商业银行由于在贷款业务领域与政策性银行出现交叉，出现了"政策性银行染指商业银行业务领域"的争议，国家开发银行为人们所关注。此外，政策性银行发展过程中也暴露出一些问题，主要表现在三家政策性银行负债规模增长过快，负债规模和资本金比例不合理，政策性金融机构和商业性金融机构出现部分交叉、重合。三家政策银行自身发展也是不平衡的。有的政策性银行缺乏约束和激励机制，分支机构很不合理，管理链条非常长，经营成本很高。有的政策性银行缺乏利益补偿机制和有效的风险防范机制，准备金的缺口非常大，潜在的风险也很大。那么政策性银行将走向何方呢？

现在社会上主要有三种看法：第一种是强化论，认为政策性金融不可或缺、不可替代，政策性银行应该集中精力做政策性业务，执行政府的意图；第二种是保留论，认为政策性银行改革的核心是强化考核和监管，促使其以市场化的方式来完成政策性任务；第三种是转型论，认为应该是按照国字开发银行的模式，彻底走商业化道路。

总之，政策性银行在我国经济发展中确实起到了积极的推动作用，尽管有这样或那样的问题，笔者还是希望政策性银行能在改革中华丽转身，成为金融发展的中流砥柱。

中央银行：国家的银行

还记得前文讲到的关于小岛上银行的故事吗？那个故事还可以继续讲下去：银行出现后，能保证交换活动更持续地进行，大家都拼命地生产，岛上的东西越来越多，银行根据产品的生产数量，不停地印制钞票，以保证交换能更深入地进行。

后来人们的交换活动更频繁了，一家钱庄太少了，于是出现了很多钱庄，总要有个管钱庄的吧，于是指定一家钱庄管理其他钱庄，并且钞票只能由这家钱庄印刷，然后通过其他钱庄借给用钱的人，中央银行就这么也出现了。

从故事中可以看到，中央银行就是管理一般商业银行的银行，那么，一国的中央银行是干什么的？它是怎么产生的？中央银行有什么作用？它为什么会有这么大的权力呢？

每当商业银行利息发生变动的时候，人们总是听到报道说中央银行宣布在什么时候降息多少、升息多少，或者在某些时候宣布提高法定存款准备金率等，从这里可以看到中央银行是为了保证一个国家货币的稳定与金融系统的安全而存在的，它不以赢利为目的。

办理"存、放、汇"，仍是中央银行的主要业务内容，但是请注意，中央银行的业务对象可不是一般企业和个人，而是商业银行与其他金融机构。作为金融管理的机构，这一职能具体表现在集中存款准备、最终贷款人、组织全国的清算三个方面。

经济学教科书上对中央银行的描述如下。

中央银行是"发币的银行"，对调节货币供应量、稳定币值有重要作用。

中央银行是"银行的银行"，它集中保管银行的准备金，并对它们发放贷款，充当"最后贷款者"。

中央银行是"国家的银行"，它是国家货币政策的制订者和执行者，也是政府干预经济的工具；同时为国家提供金融服务，代理国库，代理发行政府债券，为政府筹集资金；代表政府参加国际金融组织和各种国际金融活动。

中央银行的主要业务有：货币发行、集中存款准备金、贷款、再贴现、证券、黄金占款和外汇占款、为商业银行和其他金融机构办理资金的划拨清算和资金转移的业务等。

中央银行是国家的银行。这一职能主要表现在以下几个方面：代理国库；代理国家债券的发行；向国家给予信贷支持；保管外汇和黄金准备；制订并监督招待有关金融管理法规。此外，中央银行还代表政府参加国际金融组织，出席各种国际会议，从事国际金融活动以及代表政府签订国际金融协定；在国内外经济金融活动中，充当政府的顾问，提供经济、金融情报和决策建议。

作为银行的银行，它只接受银行的存款，也只对银行进行贷款。商业银行在需要资金时可以向中央银行借。人们把中央银行的这一作用叫做

"最后的贷款人"。也就是说，当出现资金短缺危机时，中央银行是最后的救命稻草了。由于中央银行不与公众或者公司直接打交道，所以你几乎见不到它的网点。

但是中央银行不可忽视的一个作用就是保护你我作为储户的利益，同时维持金融系统的安全。那么再追问一句，中央银行怎么防止这种现象发生、怎么保护储户的利益呢？

首先，就是加强对商业银行的监管。作为上级机关，中央银行可以随时对商业银行的经营进行检查。如果商业银行严重违法，中央银行可以吊销它们的营业执照。

其次，就是为储户的存款提供保险。比如在美国，作为中央银行存在的美联储就规定，储户的存款保险额是10万美元。2008年，美国发生金融危机，为了防止挤兑导致银行大量倒闭，美联储将保险额临时提高到了25万美元。

最后，是为商业银行设定一个法定存款准备金率。所谓法定存款准备金率就是，中央银行规定，银行不能把储户的存款全部贷出去，必须按比例将其中的一部分作为准备金，强制性地存放在中央银行，以便储户来取款时，银行有钱付给他，人们把按此例强制性存入中央银行的这笔钱叫法定存款准备金。这个比例到底是多少呢？中央银行随时可以调整。

金融体系：组织、监管、市场

一、什么是金融体系

从一般性意义上看，金融体系是一个经济体中资金流动的基本框架，它是资金流动的工具（金融资产）、市场参与者（中介机构）和交易方式（市场）等各金融要素构成的综合体。同时，由于金融活动具有很强的外部性，在一定程度上可以是准公共产品，因此，政府的管制框架也是金融体系中一个密不可分的组成部分。

金融体系包括金融调控体系、金融企业体系（组织体系）、金融监管体系、金融市场体系、金融环境体系五个方面。

1. 金融调控体系

金融调控体系，既是国家宏观调控体系的组成部分，包括货币政策与财政政策的配合、保持币值稳定和总量平衡、健全传导机制、做好统计监测工作、提高调控水平等；也是金融宏观调控机制，包括利率市场化、利率形成机制、汇率形成机制、资本项目可兑换、支付清算系统、金融市场（货币、资本、保险）的有机结合等。

2. 金融企业体系

金融企业体系，既包括商业银行、证券公司、保险公司、信托投资公司等现代金融企业，也包括中央银行、国有商业银行上市、政策性银行、金融资产管理公司、中小金融机构的重组改革、发展各种所有制金融企业、农村信用社等。

3. 金融监管体系

金融监管体系（金融监管体制）包括健全金融风险监控、预警和处置机制，实行市场退出制度，增强监管信息透明度，接受社会监督，处理好监管与支持金融创新的关系，建立监管协调机制（银行、证券、保险及与央行、财政部门）等。

4. 金融市场体系

金融市场体系（资本市场）包括扩大直接融资，建立多层次资本市场体系，完善资本市场结构，丰富资本市场产品，推进风险投资和创业板市场建设，拓展债券市场、扩大公司债券发行规模，发展机构投资者，完善交易、登记和结算体系，稳步发展期货市场。

5. 金融环境体系

金融环境体系包括建立健全现代产权制度、完善公司法人治理结构、建设全国统一市场、建立健全社会信用体系、转变政府经济管理职能、深化投资体制改革。金融体系不是这些部分的简单相加，而是各部分相互适应、相互协调的结果。

世界各国具有不同的金融体系，很难应用一个相对统一的模式来进行概括。从直观上看，发达国家金融制度之间一个较为显著的区别体现在，不同的国家中，金融市场与金融中介谁更为重要。

在德国，几家大银行起支配作用，金融市场不重要，起小作用；而另一个极端是美国，金融市场作用很大，而银行的集中程度很小。在这两个极端之间的是其他一些国家，例如日本、法国，它们传统上是以银行为主的体制，但是近年来金融市场发展很快，而且作用越来越大；加拿大与英国的金融市场比德国发达，但是银行部门的集中程度要高于美国。

二、我国的金融体系

我国的金融体系主要包括以下四类主体。

1. 中央银行

中国人民银行是我国的中央银行，于1948年12月1日成立。中国人民银行是政府的银行、银行的银行、发行货币的银行，不办理具体存贷款业务。

2. 金融监管机构

中国银行保险监督管理委员会；中国证券监督管理委员会，简称中国证监会。

3. 政策性金融机构

我国的政策性金融机构包括三家政策性银行：国家开发银行、中国进出口银行和中国农业发展银行。

4. 商业性金融机构

我国的商业性金融机构包括银行业金融机构、证券机构和保险机构三大类。

（1）银行业金融机构主要包括国有商业银行（中国工商银行、中国农业银行、中国银行、中国建设银行）、股份制商业银行（交通银行、中信实业银行、中国光大银行、华夏银行、中国民生银行、广东发展银行、深圳发展银行、招商银行、兴业银行、上海浦东发展银行、恒丰银行等）、城市商业银行、农村商业银行以及住房储蓄银行、外资银行和中外合资银行。信用合作机构包括城市信用社和农村信用社。非银行金融机构主要包括金融资产管理公司、信托投资公司、财务公司、租赁公司等。

（2）证券机构包括证券公司、证券交易所、证券登记结算公司、证券投资咨询公司、基金管理公司等。

（3）保险机构。指专门经营保险业务的机构，包括国有保险公司、股份制保险公司和在华从事保险业务的外资保险分公司及中外合资保险公司。

金融市场：资本和货币交易的地方

一、金融市场的含义

金融市场是指资金供应者和资金需求者双方通过信用工具进行交易而融通资金的市场。它是实现货币借贷和资金融通、办理各种票据和有价证券交易活动的市场。一个完备的金融市场，包括四个基本要素：

（1）资金供应者和资金需求者。包括政府、金融机构、企事业单位、居民、外商等，既能向金融市场提供资金，也能从金融市场筹措资金。这是金融市场得以形成和发展的一项基本因素。

（2）信用工具。这是借贷资本在金融市场上交易的对象。如各种债券、股票、票据、可转让存单、借款合同、抵押契约等，是金融市场上实现投资、融资活动必须依赖的标的。

（3）信用中介。这是指一些充当资金供求双方的中介人，起着联系、媒介和代客买卖作用的机构，如银行、投资公司、证券交易所、证券商和经纪人等。

（4）价格。金融市场的价格是指它所代表的价值，即规定的货币资金及其所代表的利率或收益率的总和。

二、金融市场体系的分类

金融市场体系包括货币市场、资本市场、外汇市场和黄金市场，而一般根据金融市场上交易工具的期限，把金融市场分为货币市场和资本市场两大类：

（1）货币市场。货币市场是融通短期资金的市场，包括同业拆借市场、回购协议市场、商业票据市场、银行承兑汇票市场、短期政府债券市场、大面额可转让存单市场。

（2）资本市场。资本市场是融通长期资金的市场，包括中长期银行信贷市场和证券市场。中长期信贷市场是金融机构与工商企业之间的贷款市场，证券市场是通过证券的发行与交易进行融资的市场，包括债券市场、股票市场、保险市场、融资租赁市场等。

三、金融市场的功能

（1）融通资金的"媒介器"。通过金融市场使资金供应者和需求者在更大范围内自主地进行资金融通，把多渠道的小额货币资金聚集成大额资金来源。

（2）资金供求的"调节器"。中央银行可以通过公开市场业务，调剂货币供应量，有利于国家控制信贷规模，并有利于使用市场利率，由资金供求关系决定，促进利率作用的发挥。

（3）经济发展的"润滑剂"。金融市场有利于促进地区间的资金协作，有利于开展资金融通方面的竞争，提高资金使用效益。

金融中介机构：投资银行、保险、财务公司

一、金融中介机构的定义

2007年纽约的冬天格外寒冷。2007年11月，华尔街最大的证券公司美林和全球第一金融财团花旗CEO相继易人。华尔街乃至整个金融界为之震惊。

当美林和花旗都在紧锣密鼓地寻找CEO接班人时，他们不约而同地把目光锁在了同一个人身上。此人便是华尔街上颇富传奇色彩的人物——约翰·塞恩。

约翰·塞恩最终走进了困境重重的美林证券。可是不到1年的时间，这位华尔街颇富传奇色彩的金融人物就亲手将一家有着94年历史的投资银行送进了历史书。2008年9月，约翰·塞恩以500亿美元的价格将位列美国投资银行前五名的美林集团全部让出，接盘者为美国银行。

这一收购价只是美林1年前市值的66%左右，仅为该行2007年年初市值顶点的一半。不过，这仍然是华尔街让人较为宽慰的事情，要知道另外一家华尔街投行雷曼兄弟已经宣告破产了。

从上面一段文字可以看到金融中介机构在商业发展过程中所占有的分量。上文中涉及的金融中介机构，如美林、雷曼兄弟等都是世界上著名的金融中介机构。那么金融中介机构到底指的是什么呢？

金融中介机构指从资金的盈余单位吸收资金提供给资金赤字单位以及提供各种金融服务的经济体，金融中介机构的主要手段有信用创造、清算支付、资源配置、信息提供和风险管理等方面。

二、金融中介机构的分类

根据是否发行货币间接请求权，笔者把金融中介机构分为：

（1）存款货币机构。包括商业银行、专业银行与基层合作金融中介机构等。其中，专业银行包括中小企业银行、工业银行与农业银行等，而基层合作金融中介机构则包括信用合作社等。

（2）非存款货币机构。包括信托投资公司、保险公司等。

三、金融中介的功能

（1）金融中介节约了交易费用。如果没有金融中介，单个的资金结余者与单个渴望获得资金的彼此去接洽，会极大地提高交易成本。

（2）金融中介提高了资金的配置效率。金融中介通过一套科学的配置体系，评估资金的收益和风险，从而提高了资金的使用效率。

（3）金融中介发展推动了企业组织的发展，使企业的经营机制获得了资金从而得到了极大发展。

世界银行：世界上最大的发展援助机构

世界银行（the World Bank），原名国际复兴开发银行（the International Bank for Reconstruction and Development），是联合国下属机构，专门负责长期贷款的国际金融机构。目前，世界银行集团有189个成员国，员工来自170多个国家，在130多个地方设有办事处。

世界银行是根据1944年，美国布雷顿森林会议上通过的《国际复兴开发银行协定》成立的。如今它是一个大的集团，一个独特的全球性合作伙伴，拥有五家分支机构——国际复兴开发银行（IBRD）、国际开发协会（IDA）、国际金融公司（IFC）、多边投资担保机构（MIGA）、国际投资争端解决中心（ICSID）。

其中，国际复兴开发银行（IBRD）和国际开发协会（IDA）共同构成世界银行，主要与政府合作，向发展中国家的政府提供资金、政策咨询和技术援助等，支持各种以减贫和提高发展中国家人民生活水平为目标的项目和计划。

国际复兴开发银行向中等收入国家和借贷信用好的较贫困的国家提供

贷款和发展援助。其投票权与成员国的认缴股份额挂钩，而认缴股份额则根据每个成员国的相对经济实力确定。国际复兴开发银行以在国际资本市场上发债作为其主要资金来源。

国际开发协会在世界银行履行其减贫使命方面起着重要作用。国际开发协会的援助对象是世界上最贫困的国家，向他们提供无息贷款和其他服务。国际开发协会的主要资金来源是较富裕的成员国，也包括部分发展中国家的捐款。

世界银行的业务计划高度重视推进可持续的社会和人类发展，高度重视加强经济管理，并越来越强调参与、治理和机构建设。

世界银行还帮助借款国政府推进社会保障和养老金制度改革，建立社会安全网，保护那些最容易受经济结构重组影响伤害的群体。除贷款外，世界银行也通过对国家贫困状况的深入评估、国别援助战略、公共支出研究等方式提供技术援助和政策咨询，从而帮助各国政府为实现经济增长制定完善和长期的战略。

私营部门是带动长期增长的火车头。稳定和开放的经营环境、获取贷款的渠道和健全的金融体制，这些对于私人企业家的产生，对于企业的兴旺发达，对于增强本国人民和外国投资者的投资信心，对于创造财富、收入和就业机会都是至关重要的。世界银行集团的其他三个机构——国际金融公司（IFC）、多边投资担保机构（MIGA）和国际投资争端解决中心（ICSID）的重点是加强发展中国家的私营部门。世界银行集团通过这三家机构向私营企业、包括金融机构提供资金、技术援助、政治风险担保和争端调解等服务。

国际金融公司通过为私营部门提供投资资金，为政府和企业提供技术援助和咨询服务，促进发展中国家的经济增长。国际金融公司联合私人投资者向发展中国家的商业性企业提供贷款和股本融资。

多边投资担保机构通过向外国投资者提供非商业性风险担保，促进发展中国家的外国投资。多边投资担保机构也协助政府传播有关投资机会的信息。

投资争端国际中心通过调停或仲裁的方式协助解决外国投资者与东道国之间的投资争端。

虽然五家机构各有成员国、理事会和章程，但它们作为一个世界银行集团为伙伴国家服务。世界银行集团认为，只有将私营部门纳入解决方案，才有可能应对当今的发展挑战。但公共部门要奠定有利于私人投资和允许其发展壮大的基础。这些机构发挥相辅相成的作用，赋予世界银行集团集聚全球金融资源满足发展中国家需求的独特能力。

如今，世界银行是世界上最大的发展援助机构之一。世界银行利用其资金、高素质的人才和广泛的知识基础，帮助各发展中国家走一条稳定、可持续和平衡的发展之路。

亚洲基础设施投资银行：新型多边开发银行

亚洲基础设施投资银行（Asian Infrastructure Investment Bank），简称亚投行（AIIB），是由中国倡议创立的多边金融机构，总部设在中国北京，法定资本为1000亿美元，中国出资50%，为最大股东。作为一个愿意向亚洲国家和地区的基础设施建设提供资金支持的政府间性质的亚洲区域多边开发机构，亚洲基础设施投资银行成立的目的是促进亚洲区域的互联互通建设和经济一体化的进程，并且加大中国与其他亚洲国家和地区的合作力度。

2013年10月2日，中国主席习近平在雅加达同印度尼西亚总统苏西洛举行会谈，倡议筹建亚洲基础设施投资银行，促进本地区互联互通建设和经济一体化进程，向包括东盟国家在内的本地区发展中国家基础设施建设提供资金支持。同月，国家总理李克强出访东南亚时，紧接着再提出筹建亚投行的倡议。

2014年10月24日，包括中国、印度、新加坡等在内21个首批意向创始成员国的财长和授权代表在北京正式签署《筹建亚投行备忘录》，共同决定成立亚洲基础设施投资银行，标志着这一中国倡议设立的亚洲区域新多边开发机构的筹建工作将进入新阶段。

2016年1月16日，亚洲基础设施投资银行正式开业，标志物"点石成金"寓意它将不断创造奇迹，推动亚洲乃至世界经济可持续发展。

亚投行的成立具有极大的现实意义，一是在全球化背景下，区域合作在推动亚洲经济体持续增长及经济和社会发展方面具有重要意义，也有助于提升本地区应对未来金融危机和其他外部冲击的能力；二是，基础设施发展在推动区域互联互通和一体化方面具有重要意义，也有助于推进亚洲经济增长和社会发展，进而为全球经济发展提供新动力；三是亚洲基础设施投资银行通过与现有多边开发银行开展合作，将更好地为亚洲地区长期的巨额基础设施建设融资缺口提供资金支持；四是作为旨在支持基础设施发展的多边金融机构，银行的成立将有助于从亚洲域内及域外动员更多的亟需资金，缓解亚洲经济体面临的融资瓶颈，与现有多边开发银行形成互补，推进亚洲实现持续稳定增长。

因此，亚投行宗旨在于：通过在基础设施及其他生产性领域的投资，促进亚洲经济可持续发展、创造财富并改善基础设施互联互通；与其他多边和双边开发机构紧密合作，推进区域合作和伙伴关系，应对发展挑战。

为履行其宗旨，亚洲基础设施投资银行职能如下：

（1）推动区域内发展领域的公共和私营资本投资，尤其是基础设施和其他生产性领域的发展；

（2）利用其可支配资金为本区域发展事业提供融资支持，包括能最有效支持本区域整体经济和谐发展的项目和规划，并特别关注本区域欠发达成员的需求；

（3）鼓励私营资本参与投资有利于区域经济发展，尤其是基础设施和其他生产性领域发展的项目、企业和活动，并在无法以合理条件获取私营资本融资时，对私营投资进行补充；

（4）为强化这些职能开展的其他活动和提供的其他服务。

经过两年的努力，亚洲基础设施投资银行交上了一份令人满意的答卷。截至2018年5月2日，亚投行成员数由成立之初的57个增至86个，参与投资的基础设施建设项目数近30个，涉及十多个国家，贷款总额超过42亿美元。北京"煤改气"工程、中东最大经济特区阿曼杜库姆经济特区建设、巴基斯坦M4高速公路、印度古吉拉特邦农村公路项目……亚投行的项目融资充分展示了绿色、开放、合作的理念，有力促进了区域经济的发展，受益人口逾千万，受到世界各界的高度评价。

亚投行的融资项目点亮了各方发展繁荣的大道，是构建人类命运共同体的生动实践。随着我国"一带一路"建设的推进，面对基础设施领域广阔合作前景，亚投行将乘风破浪，为构建人类命运共同体注入更大活力。

第5章　谁来保护"钱"，关注"看不见的手"

——每天学点金融监管和调控知识

当亚当·斯密遇上凯恩斯

伦敦一个大雾弥漫的早上，一名男子已经醒了，但他仍躺在床上、衣衫不整。他在和他的经纪人通话，在为他自己、一所大学、一个辛迪加的巨大投机业务作决定。

这人就是著名经济学家约翰·梅纳德·凯恩斯男爵，他不但开辟了宏观经济学的研究阵地（他的两本主要著作给他带来了巨大且历久不衰的声誉），还担任过大学司库和剑桥大学学监、政府官员和顾问等。凯恩斯男爵还是一位富有的投资者。凯恩斯的经济理论影响了几代人，在目前的经济政策制定中仍然起着举足轻重的作用，并将继续影响未来的经济思想。

有一次，凯恩斯和一个朋友在阿尔及利亚首都阿尔及尔度假，他们让一群当地小孩为他们擦皮鞋。凯恩斯付的钱太少，气得小孩子们向他们扔

石头。他的朋友建议他多给点钱了事，而凯恩斯，这个世界上最伟大的经济学家，回答道："我不会贬低货币的价值。"

他是现代西方经济学最有影响的经济学家之一，他创立的宏观经济学与弗洛伊德所创的精神分析法和爱因斯坦发现的相对论一起并称为20世纪人类知识界的三大革命。不过，他的国家干预主义却和古典经济学的鼻祖亚当·斯密的"看不见的手"不断发生碰撞，那么孰是孰非呢？

在由美国"次贷危机"引发的世界金融风暴中，人们似乎抛弃了亚当·斯密的"看不见的手"，各国政府这只"看得见的手"反倒是伸展得更长。于是，"看得见的手"与"看不见的手"之争又起。简单地说，亚当·斯密属于自由主义经济学派，不主张过多干预经济运行，而是靠市场和价格这只"看不见的手"自发地调节经济运行。凯恩斯主义属于政府干预主义，就是在市场失灵的情况下，政府主动出手，采取一系列财政税收政策干预经济运行，刺激经济，扩大就业，使经济恢复到健康发展的轨道。

在讨论两者的优劣之前，读者不妨先具体地了解一下双方各自的主张。

亚当·斯密是英国古典政治经济学最伟大的代表，是工场手工业和产业革命前夕的集大成的经济学家，经济自由主义理论的主要创建者。1776年，苏格兰格拉斯哥大学教授亚当·斯密发表了经济学奠基之作《国富论》。《国富论》中，亚当·斯密提出了"看不见的手"学说，分析了市场制度为什么能把追求各自目标的个人自由同经济领域里生产我们的衣、食、住所必需的物品广泛结合起来。亚当·斯密最重要的见解是：参加一项交易的双方都能得到好处，而且，只要合作是严格自愿的，如果交易双方得不到好处，就不会有任何交易。在大家都能得到好处的情况下，不需要任何外力强制和对自由的侵犯来促使人们合作。亚当·斯密指出，"这就是为什么一个'只盘算他自己的得益'的个人'受一只看不见的手'指引，去达到一个同他的盘算不相干的目的。对于社会来说，同他的盘算不相干并不总是坏事。他在追求他自己的利益时促进社会的利益，常常比他实在想促进时还更有效果。我没听说过，那些装作是为公众的利益做交易的人做了多少好事。"

亚当·斯密认为在自由竞争的市场经济中,国家只扮演一个极其简单的被动的角色——充当"巡夜警察"。凡是个人依靠自己的力量能够做到的事,凡是在市场经济体制作用下由个人做效率更高的事,就不应当由国家来干。国家仅仅执行某些必不可少的最重要的任务,如保护私人财产不受侵犯等,不应直接插手干预经济运行。也就是说,在自由市场经济体制中,国家只是一个外生变量,它只存在于经济体制的外部,作为一种环境因素外在地影响着自由市场经济体制的运行。国家的职能被严格限定在三个方面:"第一,保护社会,使其不受其他独立社会的侵犯。第二,尽可能保护社会上各个人,使其不受社会任何其他人的侵犯和压迫,也就是说,要设立严正的司法机关。第三,建设并维持某些公共事业及某些公共设施。"

"看不见的手"学说的政策主张是自由市场的经济制度,主张以个人的尊严和个人的自由作为基本价值观的基础,充分发扬人所共有的功利主义(以最小的牺牲换取最大的利益的心理结构)和合理主义(为了达到功利主义的目的而进行的最佳手段选择),设立任何人都可以自由出入的市场,在里面进行自由的经济交换。同时,尽量抑制既非生产者又非消费者的第三者——国家和政府对经济的干预。这看起来会因为无政府、无秩序而陷入混乱,但实际上由于"看不见的手"的引导,资源能够得到合理的配置,经济社会会自然而然地处于调和状态。这就是作为一个制度上的发明的亚当·斯密的自由放任的市场经济思想。

在当时的18世纪,亚当·斯密"看不见的手"学说是个惊人的思想,很受推崇。有一次亚当·斯密去参加一个政治家的聚会,一进门大家都起立欢迎,站着不动,亚当·斯密请他们坐下,首相皮特说:"不,你坐下来,我们再坐,我们都是您的学生。"

直至第二次世界大战以前,资本主义国家一直依靠这只"看不见的手"来调节社会生产,并取得了令人瞩目的经济成果。但是经济危机的到

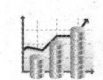

来破坏了这一切，资本主义国家发现依靠这只"看不见的手"来调节生产并不那么灵敏。1929年，席卷世界的大危机打破了自由竞争的资本主义是最理想的社会制度的神话，亚当·斯密的"看不见的手"被现实中个人利益与社会利益的冲突、繁荣的危机两把利刃斩断。

经济危机的事实说明，仅在无人干预的市场机制调控下，供求会发生严重脱节，繁荣背后隐藏着经济危机的威胁。因此，为实现经济的快速平稳增长，资本主义国家在战后努力寻求其他办法来弥补"看不见的手"的缺陷。

在这个过程中，凯恩斯出现了，他的国家干预理论不仅帮助人们完成了这样一种国家观的转变，而且还为公共部门和政府的经济政策规定了怎样以及如何进行扩张和紧缩的固定规则。凯恩斯提出的对策是：要用政府这只"看得见的手"参与国家经济，用国家的力量推动经济的运转。凯恩斯还专门给富兰克林·罗斯福写了一封信，表达了自己的观点。在信中他对罗斯福说：您已经成为各国力求在现行制度范围内运用明智试验以纠正我们社会弊病的人们的委托人。

凯恩斯的经济观点是什么呢？现代市场经济的一个突出的特征，就是国家不再仅仅扮演"巡夜警察"的角色，而是用"看得见的手"协调经济运行中总量平衡以及某些重大的结构性矛盾，即国家进入经济体制内部，成为现代市场经济体制中的一个基本角色。

把凯恩斯的政策主张再简化一下，就是抛弃自由放任原则，运用财政政策与货币政策，实施国家对经济的调节和干预，以确保足够的总需求，实现经济的稳定增长。实现充分就业，必须刺激有效需求，即刺激消费和刺激投资。它导致了西方国家经济从自由主义向国家干预主义的转折，被称作"凯恩斯革命"。凯恩斯的这一套理论观点和政策主张被后人称为"凯恩斯主义"。

凯恩斯的《通论》出版后，很快风靡西方经济学界，成为居于主流地位的一大经济学流派。富兰克林·罗斯福的"新政"开创了市场经济的新模式。在这种模式中，市场规律这只"看不见的手"和政府干预这只"看得见的手"联合起来，共同影响经济，市场的作用和政府的作用同时得以发挥。

第二次世界大战以后，资本主义各国把"凯恩斯主义"作为国策长期奉行，促成了资本主义经济发展史上的"黄金时期"的出现。以至于凯恩斯信徒把战后这一时期称为"凯恩斯时代"，把凯恩斯说成是"资本主义的救星"和"战后繁荣之父"。

其实，可以把亚当·斯密和凯恩斯的学说看作一个事物的两个方面，各有各的道理，各有各的适用条件，不能绝对化地说哪个是绝对真理。它们都是人类社会不断应对经济变化总结出的宝贵经验，应根据具体情况做取舍。

财政政策与宏观调控

2006年统计数据显示，我国前三季度农民人均现金收入2762元，实际增长11.4%，保持了比较快的增长。那么，农民的增收是从哪里来的呢？如果具体分析的话，可以发现，在农民收入增加的因素里，除了外出务工、农产品收入和第二、第三产业的收入之外，最直接的增收因素是中央财政的转移支付和各种财政补贴。

2006年以来，中央财政采取农村税费改革专项转移支付、完善粮食"三补贴"、发放农资综合补贴、推进农村义务教育经费保障机制改革、扩大新型农村合作医疗改革试点范围、支持农村金融改革、推进支农资金整合等政策措施，仅前三个季度，国家就已经向农村投入财政资金1500亿元左右。国家统计局新闻发言人说的农民人均现金收入中的142元，就是其中的一部分。

　　财政政策也是宏观调控的一部分，但是它常常会被人忽略，因为它的调控总是默默无声。那么财政政策调控都包括哪些内容呢？

　　财政政策的定义很宽泛，它是指国家根据一定时期政治、经济、社会发展的任务而规定的财政工作的指导原则，通过财政支出与税收政策来调节总需求。增加政府支出，可以刺激总需求，从而增加国民收入，反之则压抑总需求，减少国民收入。税收对国民收入是一种收缩性力量，因此，增加政府税收，可以抑制总需求从而减少国民收入；反之，则刺激总需求增加国民收入。

　　有一点比较特别的是，某些情况下财政政策无需政府预先作出判断和采取措施就会自行发挥作用。财政政策的这种自动稳定发挥作用模式被称为"自动稳定器"，其作用工具主要包括累进所得税、社会福利支出和农产品价格维持。下文笔者逐个进行分析。

　　第一，累进所得税。一般来说，当经济运行处于通货膨胀时，应当增加税收，从而减少社会总需求；当经济运行趋于衰退时，应当减少税收，从而扩大社会总需求。累进所得税制度就具有这种自动调节社会总需求的内在稳定机制。

　　个人所得税，具体来说，在经济萧条时期，由于经济衰退，个人收入会降低，符合纳税规定的人数相应减少，税基相对缩小，适用的累进税率也相应下降，税收就会自动减少。由于税收的减少幅度会超过个人收入的减少幅度，税收便会产生一种推动力，防止消费与投资需求过度紧缩，减缓经济的萎缩程度，从而达到防止经济进一步衰退。这一点后文还会提到，在这里就不再详述。

　　公司所得税，具体来说，在经济萧条时期，由于经济衰退，企业利润会降低，符合纳税规定的企业相应减少，因而税基相对缩小，适用的累进税率相对下降。税收就会自动减少。由于税收的减少幅度大于企业利润的减少幅度，税收便产生一种推力，防止企业投资需求过度减少，减缓经济萎缩程度，从而发挥反经济衰退的调节作用。而在经济繁荣时期，由于经济高涨，企业利润会增加，符合纳税规定的企业相应增多，因而税基相对扩大，适用的累进税率相对上升，税收就会自动增加。由于税收的增加幅度会大于厂商利润的增加幅度，税收便产生一种阻力，防止企业投资需求过度膨胀，从而发挥反通货膨胀的调节作用。

增值税对投资也具有不同的调节作用。生产型增值税不允许纳税人在计算增值额时，扣除外购固定资产的价值。因此，对这部分价值存在重复征税问题，客观上可以起到抑制固定资产投资的作用。

第二，社会福利支出。社会福利支出包括失业救济金以及各种福利支出。失业救济金，其发放有一定的标准，发放的多少主要取决于失业人数的多少。在经济萧条时期，随着国民收入的下降，失业人数的增多，失业救济金的发放趋于自动增加，从而有利于抑制消费支出的持续下降，防止经济的进一步衰退。在经济繁荣时期，随着国民收入上升，失业人数减少，失业救济金的发放就趋于自动减少，从而有利于抑制消费支出的持续增加，防止发生严重的通货膨胀。

各种福利支出，其发放也有一定的标准，发放的多少取决于就业与收入状况。在经济萧条时期，个人收入下降，随着符合接受福利支出条件的人数增加，作为转移性支出之一的福利支出趋于自动增加。这样，有利于抑制私人消费支出的持续下降，防止经济衰退的进一步加剧。在经济繁荣时期，就业增加，个人收入上升，随着符合接受福利支出条件的人数的减少，作为转移性支出之一的福利支出趋于自动减少。这样，有利于抑制私人消费支出的持续增加，防止发生严重的通货膨胀。

第三，农产品价格的自动稳定作用。按照市场经济国家的通行做法，政府要把农产品的价格维持在一定水平上。高于这一价格水平时，政府抛出农产品，压低农产品价格；低于这一价格水平时，政府收购农产品，提高农产品价格。这种农产品价格维持制度对经济活动的波动也较为敏感。在经济萧条时期，随着农产品价格下降，政府收购剩余农产品的支出自动上升。这样，就会增加生产者的收入，维持生产者既定的收入和消费水平。在经济繁荣时期，伴随着通货膨胀，农产品价格上升，政府抛出农产品。这样，既可以抑制农场主收入和消费的增加，又可以稳定农产品价格，防止通货膨胀。

拉弗曲线：画在餐桌上的抛物线

1974年的一天，经济学家阿瑟·拉弗和一些著名记者及政治家坐在华盛顿的一家餐馆里。他拿来一张餐巾并在上面画了一幅类似倾斜的抛物线的图，向在座的人说明税率与税收收入的关系：税率高到一定程度，总税收收入不仅不增长，反而开始下降。这便是著名的拉弗曲线。

那么，拉弗曲线的含义是什么呢？对于整体经济调控有什么意义呢？

"拉弗曲线"试图说明的是这样一个问题，税收并不是随着税率的增高在增高，当税率高过一定点后，税收的总额不仅不会增加，反而还会下降。因为决定税收的因素，不仅要看税率的高低，还要看课税的基础即经济主体收入的大小。过高的税率会削弱经济主体的经济活动积极性，因为税率过高企业只有微利甚至无利，企业便会心灰意冷，纷纷缩减生产，使企业收入降低，从而削减了课税的基础，使税源萎缩，最终导致税收总额的减少。当税收达到100%时，就会造成无人愿意投资和工作，政府税收也将降为零。

拉弗曲线出现后，并没有多少国家的实践证明拉弗的这一假设，但经济学家们大都相信：税收会造成社会总经济福利的减少，过高的税率带给政府的很可能不是税收增加的美好前景。

在1980年的总统竞选中，里根将拉弗所提出的"拉弗曲线"理论作为"里根经济复兴计划"的重要理论之一，并以此提出一套以减少税收、减少政府开支为主要内容的经济纲领。里根执政后，其减税的幅度，在美国的历史上实为罕见，经济增长也出现当时少有的景气，可以说"拉弗曲线"理论立下了汗马功劳。

但是拉弗曲线也存在很多问题，比如说从理论上看，拉弗曲线缺乏体系的完整性，它仅是解决"滞胀"的一种对策而已，具有一定的局限性，主要表现在以下几点：

第一，拉弗曲线的成立必须满足一定的前提条件。必须满足五个条件："私有制生产关系和市场体系、封闭经济背景、国民收入的预算分配效应低于企业和私人的分配效应、储蓄转化为投资、不存在税负转嫁。"笔者将其归纳为两点：完全竞争市场体系和封闭经济环境。然而，在现实经济中这两个前提都不存在。完全竞争市场是一种理想的市场体系，在现实生活中难以找到。在开放经济条件下，在国际较易自由流动的是资本要素，而不是劳动力。资本天生具有追逐剩余价值的特性，投资者会选择税率低的国家和地区，低税率给资本输入国家和地区带来就业和税收收入的大幅增长。资本的低税率"比较优势"，使开放经济的税率与税收的函数关系表现为一条单调递减的曲线。而劳动力受国家政策、文化环境、历史背景等多方面因素的影响，在国际上流动很困难。在这点上，拉弗曲线最多只能为降低企业所得税提供理论依据，而无法为降低个人所得税提供理论依据。

第二，拉弗曲线描述的是长期经济条件下税率对税收和经济的影响。在短期，各项政策从制定到实施，再到结果，具有一定的"时滞性"。正是这种"时滞作用"，使短期税率与税收的函数关系表现为一条单调递增的曲线。

第三，拉弗曲线忽视了阶层分析方法，只注意了收入与赋税的关系，而忽视了收入后面不同收入阶层的人群，把不同收入的人简单地抽象为"人们"。累进税分为超额累进税和全额累进税两种，各国一般采用超额累进所得税。累进税意味着，收入越多、征税的比例越大。低收入者并不负担高税率，因而不会受高累进税率的伤害。真正负担高税率的只是高收入者额外高的那部分收入，所以高税率只对这部分收入产生较大的副作用。

第四，拉弗曲线的工作观是功利的，不能完全解释人们努力工作的原因。高累进税率影响工作的结果包括：一种是拉弗曲线所预言的，一些高收入者宁愿要更多的闲暇而不是更多的工作；另一种情况是一些人会更努力工作，以便赚更多的钱来弥补赋税的损失。

第五，拉弗曲线将个人收入全部视为劳动收入，而忽视了非劳动收入。根据拉弗曲线理论，边际税率越高，闲暇的代价就越小，因而旷工增加，加班减少，人们用于提高技术水平的时间也相对减少，因此，高边际税率妨碍人们的工作积极性，劳动生产率下降。"合理的税率应当既能获得财政收入，又能刺激生产，因而不易过高，这也是西方国家20世纪70年代之后经常使用减税政策的原因。"这种说法看上去理由充分，但是，个人所得分为劳动收入和非劳动收入，征收对象不同，税率对劳动供给的影响亦不同。随着个人所得税率的逐步增加，理性人将通过增加劳动时间来增加收入，直至工作极限；然后，增加闲暇时间，减少工作时间，个人收入也随之减少。因此，对劳动收入轻征税、对非劳动收入重征税，有助于鼓励劳动者的工作积极性。

充当调控主角的存款准备金

银行（bank）起源于板凳（bench）。起初只是兑换货币，后来增加新业务，替有钱人保管金银，别人把金银存放在他的保险柜，它给人开张收据，并收取一定的保管费。天长日久，有聪明人看出其中门道，虽然每天都有人存，有人取，但他们的保险柜里，总有些金银处于闲置状态，很少有保险柜被提空的情况。于是兑换商玩起"借鸡下蛋"的把戏，别人每存一笔钱，他们只在手中保留一部分，剩下的则悉数贷出去。被兑换商保留在手里的那部分金银，就是后来的存款准备金。

人们是否理解存款准备金作为调控手段的意义呢？

人们常听到经济新闻里提到存款准备金，那么存款准备金是做什么的呢？金融机构必须将存款的一部分缴存在中央银行，这部分存款叫作存款准备金；存款准备金占金融机构存款总额的比例则叫作存款准备金率。举个例子，如果存款准备金率为7%，就意味着金融机构每吸收100万元存款，要向央行缴存7万元的存款准备金，用于发放贷款的资金为93万元。倘若将存款准备金率提高到7.5%，那么金融机构的可贷资金将减少到92.5万元。

准备金本来是为了保证支付的，但它却带来了一个意想不到的"副产品"，就是赋予了商业银行创造货币的职能，并最终成为中央银行货币政策的重要工具。金融制度演进到今天，原来的"副产品"已经成为"拳头产品"，其上升到了主要地位。准备金保支付的作用倒不那么明显了，因为随着金融市场的发展，商业银行融通资金的渠道越来越宽，应付客户提款，已经不像早期那样过分依赖准备金了。

在存款准备金制度下，金融机构不能将其吸收的存款全部用于发放贷款，必须保留一定的资金即存款准备金，以备客户提款的需要，因此存款准备金制度有利于保证金融机构对客户的正常支付。最简单地说，就是各家银行需要交给人民银行保管的一部分押金，用以保证将来居民的提款，而如果押金交得比以前多了，那么银行可以用于自己往外贷款的资金就减少了。

随着金融制度的发展，存款准备金逐步演变为重要的货币政策工具。当中央银行降低存款准备金率时，金融机构可用于贷款的资金增加，社会的贷款总量和货币供应量也相应增加；反之，社会的贷款总量和货币供应量将相应减少。

央行决定提高存款准备金率是对货币政策的宏观调控，旨在防止货币信贷过快增长。近年，我国经济快速增长，但经济运行中的突出矛盾也进一步凸显，投资增长过快的势头不减。而投资增长过快的主要原因之一就是货币信贷增长过快。提高存款准备金率可以相应地减缓货币信贷增长，保持国民经济持续快速协调健康发展。一般来说，存款准备金率这一货币工具被认为是比较猛烈的货币政策手段。

那么上调存款准备金会给中国的经济带来什么样的影响呢？

首先是银行。一方面，存款准备金减少，贷款利润会减少，这对于目前仍然以存贷利差为主要利润来源的银行的业绩有一定影响；另一方面，会催促银行更快向其他利润来源跟进，比如零售业务、国际业务、中间业务等，这样也会进一步加强银行的稳定性和赢利性。

其次是企业。由于资金紧张，银行会更加慎重选择贷款对象，倾向于规模大、盈利能力强、风险小的大企业，这会给一部分非常依赖于银行贷款的大企业和很多中小企业的融资能力造成一定影响，强者更强。

最后是股市。一方面，存款准备金率上调对股市的影响非常有限，幅度比预期低，而且就目前大部分银行的资金来说，都还比较充裕，这个比例对其贷款业务能力影响相当有限；另一方面，市场很早就已经预期到人民银行的紧缩性政策，所以股市在前期已经有所消化，只是在消息出台时的瞬间有所反映。

个人所得税：收入分配调节器

来自福建省的一条新闻：2009年福建省共有近6万名年所得12万元以上的纳税人进行了个税自行申报，共申报年所得207.64亿元。其中，有近2万人申报了财产性收入所得。具体说有14 840人申报了利息、股息、红利所得，5113人申报了财产转让所得和租赁所得，他们共申报年所得近88亿元，人均财产性收入近44万元。得益于对个人转让上市公司限售股所得征收个人所得税政策，福建省第一季度限售股个税净增8278万元。受此影响，该省财产转让所得个人所得税增长了270.5%。

这条新闻的主题就是个人所得税，那么个人所得税在我国是怎样执行的呢？

个人所得税是以个人（自然人）取得的应税所得为征税对象所征收的一种税。个人所得税作为直接参与个人收入分配的重要税种，它最早于1799年在英国创立，目前已是世界各国普遍开征的一个税种，并成为一些国家特别是西方发达国家最主要的税收来源。而且随着生产力水平的提高和个人所得税制度的不断完善，个人所得税收入在税收收入中的比重也迅速增加，在许多国家尤其是发达国家已确立了主体税种的地位，成为财政收入的主要来源。

由于它不仅具有组织财政收入的功能，而且承担着对国民收入进行再分配、缩小社会收入分配差距、缓解社会矛盾的职能，所以它有着其他税种所无法替代的地位和作用。因此，个人所得税被广泛认为是各税种中最能体现公平的"良税"，备受各国政府的青睐。

美国就是个人所得税征收非常成熟的国家。美国人有句俗话："世上有两件事你逃不过：一件是死亡，另一件就是缴税。"税收是美国政府赖以生存的财政基础，而个人所得税（简称个税）则是整个税收最重要的部分。在近几年美国联邦财政总收入中，平均约有43%来自个人所得税，而公司所得税只占7%。因此，上至美国总统，下到平民百姓，纳税成为每个人的义务和职责。据统计，美国全部个人收入的40%要交给税务局。

在美国，除了小孩外，几乎每个成年居民都要缴纳个人所得税。根据税法的规定，只要是美国公民或绿卡持有人，美国政府就要对收入征税；即使拿了绿卡后不住在美国，也必须为在海外的收入向美国缴纳个人所得税。据美国国内收入局统计，2005年约有1.83亿美国人申报2004年度的个人所得税，按全美约2.9亿人口来算，即约2/3的美国人要缴纳个人所得税。

从高收入者纳税额的比例也可以看出美国税法的公平原则。虽然美国几乎每个成人都要纳税,但年收入在10万美元以上群体所缴纳的税款占全部个人所得税总额的60%以上,是美国税收最重要的来源。也就是说,美国政府每年巨大的财政收入主要是占人口少数的富人缴纳的,而不是占纳税总人数绝大部分的普通工薪阶层。

我国个人所得税超过50%是来自于普通的工薪阶层,这与经济学中的"二八定律"(即通常来说20%的富人应该缴纳80%的个人所得税)相去甚远。因此,如何提高高收入者个税监管的针对性一直是我国税务机关面临的一道难题。凡在中国境内有住所,或者无住所而在中国境内居住满一年的个人,从中国境内和境外取得所得的,以及在中国境内无住所又不居住或者无住所而在境内居住不满一年的个人,从中国境内取得所得的,均为个人所得税的纳税人。

从收入分配制度改革方向和要求看,大幅度增加居民在国民收入中的比重,让普通百姓吃到更多"蛋糕"应该是改革目的和方向。因此,无论财政收入现状和收入分配改革方向都要在税收上对民众实行减税让利政策。

但是现在我国出现两种倾向:中低收入者纳税、缴费不少并且一个也跑不了,而暴富者、高收入者纳税偏低并且偷税漏税现象既严重又普遍。统计数据显示的我国个税征收工薪阶层贡献最大就是例证。因此,减税是现阶段税改主基调,但从调节贫富悬殊、调控房地产市场等方面讲,应是对多数人减税、对少数人增税。如收入分配的税收调节,先要对个人所得税涉及的多数人减税,再是对富裕人口、特富人口增加新的调节税种。

财政赤字:影响国家经济的债务

我国财政部发布的2008年财政收支情况显示,财政收入增速为

19.5%，财政赤字1110.13亿元。专家认为相比西方国家赤字率，我国依然较低。

2008年1~12月全国财政收入累计为613 16.9亿元，同比增长19.5%，这低于2007年32.4%的增速水平。其中2008年10、11两个月，财政收入出现多年不见的负增长。10月同比下降0.3%，11月下降至3.1%。以绝对值来看，2008年第4季度各月接连下降，延续了全年收入增幅前高后低、逐月快速下降趋势。

2008年前11个月，我国实现了1.224万亿元的盈余，并且2007年也有财政盈余。但为刺激经济，2009年年底我国实行了积极财政政策。2009年12月，全国财政支出16 601.69亿元，同比增长30.8%。综合统计，2009年全国财政支出执行初步统计数为62 427.03亿元，同比增长25.4%。据此计算，2009年我国出现了1110.13亿元的财政赤字。

财政赤字指的是什么呢？它对我国整体经济有什么影响呢？

所谓财政赤字，是指一个财政年度中，政府财政收入入不敷出，出现了收支差额。为什么叫赤字呢？了解会计常识的人都知道，这种差额在进行会计处理时，需用红字书写，这也正是"赤字"的由来。赤字的出现有两种情况：一是有意安排，被称为"赤字财政"或"赤字预算"，它属于财政政策的一种；二是预算并没有设计赤字，但执行到最后却出现了赤字，也就是"财政赤字"或"预算赤字"。

当一个国家财政赤字累积过高时，就好像一家公司背负的债务过多一样，对国家的长期经济发展而言，并不是一件好事，对于该国货币亦属长期的利空，且日后为了要解决财政赤字只有靠减少政府支出或增加税收，这两项措施，对于经济或社会的稳定都有不良的影响。一国财政赤字若加大，该国货币会下跌，反之，若财政赤字缩小，表示该国经济良好，该国货币会上扬。

而当国家出现了财政赤字，就会通过政府的开支，对整个宏观经济产生影响。这种影响有两个方面：一是财政赤字的规模，赤字规模越大，给宏观经济带来的影响也越大;二是同样规模的财政赤字,采用不同的弥补方式,对宏观经济产生的影响也不一样。

一国政府的财政收入,主要来自税收、国有资产经营收益、政府收费和国债。自然,政府可以用新增的税收、收费或国有资产经营收益,来消除赤字。但是,这些方式或者"远水解不了近渴",或者实行起来会受到各种条件的制约。

那么最可行的消除赤字的方法有哪些呢?

第一,动用历年结余。动用历年结余就是使用以前年度财政收入大于支出形成的结余来弥补财政赤字。

财政出现结余,说明一部分财政收入没有形成现实的购买力。在我国,由于实行银行代理金库制,因此,这部分结余从银行账户上看,表现为财政存款的增加。当动用财政结余时,就表现为银行存款的减少。因此,只要结余是真实的结余,动用结余是不会存在财政向银行透支的问题。但是,财政结余已构成银行的信贷资金的一项来源,随着生产的发展而用于信贷支出。

财政动用结余,就意味着信贷资金来源的减少,如果银行的准备金不足,又不能及时通过适当地收缩信用规模来保证财政提款,就有可能导致信用膨胀和通货膨胀。因此,财政动用上年结余,必须协调好与银行的关系,搞好财政资金与信贷资金的平衡。

第二,增加税收。增加税收包括开增新税、扩大税基和提高税率。但它具有相当的局限性,并不是弥补财政赤字稳定可靠的方法:

首先,由于税收法律的规定,决定了不管采用哪一种方法增加税收,都必须经过一系列的法律程序,这使增加税收的时间成本增大,难解政府的燃眉之急。

其次,由于增加税收必定加重负担,减少纳税人的经济利益。所以,纳税人对税收的增减变化是极为敏感的,这就使得政府依靠增税来弥补财政赤字的意图往往受到很大的阻力,从而使增税可能议而不决。

最后，拉弗曲线标示增税是受到限制的，不可能无限地增加，否则，必将给国民经济造成严重的恶果。

第三，增发货币。增发货币是弥补财政赤字的一个方法，至今许多发展中国家仍采用这种方法。但是增发货币并不是让印钞厂加班加点，多印些货币。从长期来看，通货膨胀在很大程度上取决于货币的增长速度，但是过量的货币发行必定会引起通货膨胀，将带来恶性后果。因此，用增发货币来弥补财政赤字只是一个权宜之计。

第四，发行公债。通过发行公债来弥补财政赤字是世界各国通行的做法。政府发行国债，政府成了债务人，企业和个人成了债权人，这样做，只是资金使用权发生了转移，流通中的货币总量并没有增加，所以，一般不会引发通货膨胀。

从债务人的角度来看，公债具有自愿性、有偿性和灵活性的特点；从债权人的角度来看，公债具有安全性、收益性和流动性的特点。因此，从某种程度上来说，发行公债无论是对政府还是对认购者都有好处，通过发行公债来弥补财政赤字也最易于为社会公众所接受。但是政府发行公债对经济并不是没有影响的：大多数经济学家认为在货币供给不变的情况下，公债发行会对私人部门投资产生"挤出效应"。当中央银行和商业银行持有公债时，通过货币乘数会产生通货膨胀效应。因此，政府以发行公债来弥补财政赤字并不意味着一国经济由此而避免了通货膨胀压力。

总之，赤字无法避免，但赤字不能像滚雪球一样，无限增大，需要掌握一个度。这个限度既取决于自身状况，如国家的经济状况、财政实力，也要依据经验数据，进行科学分析。目前，国际上评价财政赤字的常用指标有两个：一是赤字率，即赤字在GDP中的比重；二是负债率，也就是国债余额占GDP的比例。经验表明，赤字率在3%以内，负债率控制在60%以内，财政赤字就基本是安全的。

金融统计：为宏观经济"把脉"

　　福州金融业是近代史上较为发达的行业之一，其统计产生也较早。在清道光年间（1821—1850年），金融业之一的典当开始兴盛，统计随之建立。福建官钱局有光绪二十六年至三十四年（1900—1908年）每年发行银元票数量统计。

　　1913年，据私营保险统计，私营保险公司有外商在福州设的26家，其中英国16家，美国3家，日本4家，荷兰、挪威、丹麦各1家。1915年，华商保险公司还经营财产保险、人寿保险。其他保险分类统计，有保户花名册及收付登记。

　　上面列出的都是金融统计，或者说是金融统计的雏形。那么金融统计有什么意义呢？

　　金融统计是国家统计体系中的一个重要组成部分，它以其综合、灵敏、及时、准确、系统的特点，为国家宏观调控、制定货币政策、促进国民经济协调发展提供了可靠的金融统计数据。

　　当经济出现明显波动时，人们在日常生活中很容易感觉出来。比如遇到通货膨胀，什么东西都变贵了，钞票不值钱了；当有通货紧缩时，什么生意都不好做了，工作不好找了。但当经济异常只是刚露出苗头时，人们的感觉就不那么灵敏了，昨天的菜价跌了，今天东边的楼盘又涨了，人们怎么判断这就是通货膨胀或是通货紧缩？这时金融统计的作用就显现出来，它把成千上万个微观主体的经济活动分门别类地加以整理、记录、统计和汇总：这个月全国增加了多少存款，发放了多少贷款，货币供应量有多少……人们通过这些数据的变化，以及它们之间的关联性的分析，就能够判断当前的经济运行状况，能对未来较短时期内的经济走势有一个相对明确的预期。

　　央行制定政策，要以金融统计数据作为依据。举例来说，2003年，统计数据显示货币供应量明显增长偏快，中国人民银行开始发行央行票据，提高法定存款准备金率，回笼基础货币、冻结商业银行的流动性。2006年，统计数据显示信贷投放过快，商业银行在第一季度3个月内就完成全年信贷投放计划的一半，这引起相关部门的高度重视。中国人民银行在2006年4月27日召开"窗口指导"会议，在当年4月28日上调贷款基准利率，在当年8月19日再次上调人民币存贷款基准利率，出台这些政策的意图就是为了控制贷款投放节奏，适度抑制过度投资。

那么，金融统计数据是怎样形成的呢？

每年全国各地不知有多少人去银行开户、存款、贷款，不知有多少企业在与银行发生着资金往来。但用不了几天，全国存款规模、贷款规模、货币供应量等指标的年度数据就摆在决策者的案头。别小看那些小小的数字，它们就是金融统计数据的初始来源。中国人民银行要得出最后数字，需依靠各类金融机构为它报送以各种实际业务为基础的数据。数据只有标准一致才方便汇集加总，中国人民银行为此专门建立了通行的统计制度，统一科目，统一数据指标，规范数据源，制定编码规则。在计算机的帮助下，各类数据被分门别类、井井有条地加工处理，最后的统计结果很快就能显示出来。

当然，中国人民银行还会开展的几项制度性统计调查：

企业景气调查。对象为工业企业，调查涉及27个行业，包括月度企业财务状况调查和季度企业问卷调查的部分内容。

储户问卷调查。中国人民银行按季度在全国50个大中城市调查约20 000名储户，内容涉及人们对未来的收入和物价的预期，当前及未来的消费、储蓄以及投资的意愿等，以此反映人们的储蓄、消费、投资行为及心理预期的变动。

银行家问卷调查。对全国各类银行机构负责人进行的季度问卷调查。

企业商品价格调查。调查对象是在国内生产并且在国内销售的物质商品，反映批发物价水平的月度变动情况。这项调查及上述几项调查，是中

央银行判断经济形势从而制定金融宏观政策的重要依据。

现阶段，我国的金融统计体系还不够成熟，依然存在一些问题：

比如金融统计与地方经济统计和国民经济统计的关联度差。金融统计一向孤立地就金融数据而分析金融数据，与地方及国民经济统计相脱节，货币指标与财政指标、经济指标缺乏比照和关联，这种单一的数据能够说明的内容很少，辖内的金融运行到底是否适应当地的经济发展无从分析，地方经济对金融的制约和影响也无从预测。

再比如在日常统计工作中存在重报表、轻分析，重数据收集、轻成果运用的不良倾向。统计工作本应注重数理分析，整合孤立、零散的数据为工作服务，不幸的是，在实际工作中，大部分统计人员的最终成果只是形成厚厚的统计表，日复一日，简单重复，不愿从数字中去挖掘其所代表的内涵，报表一成，万事大吉，分析报告往往是老生常谈、照搬照套，造成数据和结论两张皮，统计成果没有得到有效运用，不能发挥统计对金融运行的参照、校正、改进功能。

但是作为普通投资者，人们也应该学会去解读金融统计数据，因为几个简单的金融统计数字背后，往往隐藏了中国金融运行的真实态势。

财政货币政策：经济刺激组合拳

奥巴马于2009年2月17日在美国西部城市丹佛签署了总额为7870亿美元的经济刺激计划。

奥巴马说经济刺激计划将是重振美国经济的一个起点，将"为美国经济实现持久发展和繁荣奠定基础"。

经济刺激计划几乎涵盖美国所有经济领域，资金总额中约35%将用于减税，约65%用于投资。在减税项目中，每个美国劳动者最高可获得400

美元退税，每个美国家庭最高可获得800美元的退税；在投资项目上，基础设施建设和新能源将是两大投资重点。该计划将为美国保住和创造约350万个工作岗位。

为确保这些资金得到透明使用，白宫当天专门开通一个相关网站，公布经济刺激计划所有资金使用详情。官员表示民众可以通过该网站查询到每笔资金的具体流向。

7870亿美元经济刺激计划是第二次世界大战以来美国政府最庞大的开支计划，舆论普遍认为，在上台不到一个月时间内，这一计划即获得通过，是奥巴马的一个重大胜利。

每当社会经济面临衰退的时候，政府总会站出来抛出一揽子经济刺激计划，这是因为在一个市场经济中，消费和投资是由无数个体的家庭和企业决定的，他们在衰退时期不可能无缘无故地增加开销。而在这个时候，政府就应该当一个大买家，政府出资去投资。市场受到这个巨大的"新主顾"的刺激，就会终止不景气，转入兴旺。

央行处理通货膨胀问题，就是通过所谓的货币政策。但是央行是如何操作的？它把公众手上多余的钱收回来。每一个老百姓手里的钱都是潜在的需求，大家都用这个钱去买自己想要买的东西。比如，大家都去买猪肉，猪肉价格就会上升，大家都去买矿泉水，矿泉水的价格就会上升，那怎么办？最好的办法就是这个钱不要花掉。公众不花钱，物价就不会上升。但是让老百姓不花钱，那就需要政府使用货币政策进行调控。

货币政策是一个很宽泛的概念，它包括了以下几项：

第一是存款准备金政策。存款准备金是指金融机构为保证客户提取存款和资金清算需要而准备的资金，金融机构按规定向中央银行缴纳的存款准备金占其存款总额的比例就是存款准备金率。存款准备金制度是在中央银行体制下建立起来的，美国最早以法律形式规定商业银行向中央银行缴存存款准备金。存款准备金制度的初始作用是保证存款的支付和清算，之后才逐渐演变成为货币政策工具，中央银行通过调整存款准备金率，影响金融机构的信贷资金供应能力，从而间接调控货币供应量。

假如银行有100元存款，银行借给别人，才有利息，才有钱赚。银行怎么赚钱？通过息差赚钱，比如，银行通过息差赚取2%的利息。银行不能100%放贷。如果老百姓存了100元钱，银行全都放贷了，但是当人取钱时，银行没钱给人怎么办？这就会造成金融危机。因此，中央银行要求每一家银行必须要保存一定的存款准备金，这样才能防止出现别人来取钱时，没有钱的状况。存款准备金如果是20%，那就是20%的存款留在银行，供提款人提取现金。也就是说，如果银行有100元钱的存款，他就只能放贷80元，那么，企业就只有80元钱来购买产品原材料。这样，社会的通货膨胀压力就小很多，所以提高存款准备金的目的，就是把多余的钱收回来。

第二是利率政策。这是我国货币政策的重要组成部分，也是货币政策实施的主要手段之一。中国人民银行根据货币政策实施的需要，适时地运用利率工具，对利率水平和利率结构进行调整，进而影响社会资金供求状况，实现货币政策的既定目标。

近年来，中国人民银行加强了对利率工具的运用。利率调整逐年频繁，利率调控方式更为灵活，调控机制日趋完善。随着利率市场化改革的逐步推进，作为货币政策主要手段之一的利率政策将逐步从对利率的直接调控向间接调控转化。利率作为重要的经济杠杆，在国家宏观调控体系中将发挥更加重要的作用。

提高利率对老百姓来说是一个很好的政策，提高利率的好处是使得老百姓存在银行里面的钱的利息增加了。如果老百姓把钱存到银行里面去，就不会花钱，老百姓不花钱就不会给物价造成压力。但是，提高利率更重要的作用，就是抑制消费。如果作为企业领导，要想扩大投资，他就要向银行借钱。借钱之后，就会去买原材料，买生产设备，这又涉及花钱问题。钱花了之后，很可能又给控制物价造成压力。政府如何能让企业不花钱，利用货币政策提高利率，让企业借钱的成本上升。过去是6%的贷款利率，现在利率变10%了，企业领导借钱就多还4%，于是，很多人就不会去借钱了。如果没有人借钱就不会购买生产原料，就不会去购买别的产品，因此通货膨胀压力就减轻了。所以，利率是控制通货膨胀的手段之一。

第三是政府发行公债。公债是由政府发行的，可以把老百姓的钱收回来，让老百姓不花钱。老百姓不花钱，就不会对控制物价施加压力，这就是目前中央银行的做法。货币政策包括利率政策、存款准备金率政策和发行公债。

运用货币政策的具体做法是，当经济繁荣时，中央银行采取紧缩性的货币政策，即在金融市场上卖出政府债券，提高贴现率和准备金率，减少货币供给量，提高利率，减少投资，抑制需求。当经济衰退时，中央银行采用扩张性的货币政策，即在金融市场上买进政府债券，降低贴现率和准备金率，增加货币供给量，降低利率，增加投资，刺激需求。

第6章 搅动世界的那些人

——每天了解一点国际金融巨头

富过八代的罗斯柴尔德家族

  滑铁卢战役真正的赢家是谁？不是拿破仑，也不是威灵顿公爵，而是梅耶·罗斯柴尔德。滑铁卢战役是拿破仑与反法联军之间的战役，战争的时候，拿破仑因为指挥出错，而且士兵人数不足，反法联军又来了支援，必败无疑。这个时候，没有人看见有一个人从战场上离开，那个人马不停蹄地前往内森·罗斯柴尔德居住的小镇，把战况说给内森·罗斯柴尔德听。马上，持有大部分英国国债的内森·罗斯柴尔德抛出所有的英国国债，其他人也跟着抛出，不到半日，英国国债跌到低谷。第二天，内森·罗斯柴尔德用最低价购进绝大部分国债，并稳稳地持有。大约几天后，反法联盟胜利的消息传来，英国国债的价格呈几何倍数上升。从中，内森·罗斯柴尔德赚了很多钱，而后才有了众所周知的他的60万亿美元的家产。

以上是罗斯柴尔德家族发迹史的一个小片段。罗斯柴尔德家族是欧洲乃至世界久负盛名的金融家族，号称欧洲"第六帝国"。那么这个家族是怎样搅动世界金融风云的呢？

货币战争让很多人都知道了罗斯柴尔德家族，目前罗斯柴尔德家族已经是第八代了，尽管财富与权势相对而言不如19世纪时，但仍然是一个超级富豪家族。

罗斯柴尔德家族是19世纪欧洲最富有、最神秘的家族。当时德国诗人海涅就说："金钱是我们时代的上帝，而罗斯柴尔德则是上帝的导师。"可是，250年前第一代罗斯柴尔德开始创业的时候，他只不过是法兰克福的一个普通犹太商人，仅仅用了不到100年的时间，罗斯柴尔德家族控制了整个欧洲的金融命脉，在其鼎盛时期，势力范围遍布欧美，所控制的财富甚至占了当时世界总财富的一半，达到50万亿美元，世界主要经济体的国债由他们发行，每天黄金交易的开盘价由他们来确定，世界各国的股市都随着罗斯柴尔德资金的走向而波动，他们被称为当时欧洲凌驾于英国、法国、德国、俄国和奥地利之上的第六帝国，他们五箭齐发的族徽也成了世界金融权力的象征。

19世纪初，罗斯柴尔德家族建立了自己的战略情报收集和快递系统。就像前文小故事中提到的，在滑铁卢大战中，罗斯柴尔德家族在公债投机中一天狂赚20倍，一举成为英国政府最大的债权人，获得的财富甚至超过了拿破仑和威灵顿在几十年战争中所得到的总和。

主宰英国金融业后，罗斯柴尔德家族并没有停下征战的脚步，他们随后便征服法兰西，问鼎奥地利，甚至把持德意的财政。其家族产业不仅遍布欧洲，甚至通过扶植摩根财团牵制美国，并力图全面控制美国。此外，当时的花旗、摩根和美国第一、第二国民银行都处于罗斯柴尔德家族的间接控制下。"第一次世界大战"时期，罗斯柴尔德家族达到了自己的最高峰——控制了全球金融命脉。

但是罗斯柴尔德家族还是衰落了。在第一次世界大战和第二次世界大战中它的许多位于德国、法国和意大利的资产被摧毁了，其中位于法国的办公室甚至在第二次世界大战结束后被国有化了。作为犹太人家族，罗斯柴尔德在纳粹统治下受到的打击是惨重的，虽然英国总部基本没有损失，但欧洲大陆的家族势力基本被消灭了。冷战期间，罗斯柴尔德家族在东欧的许多资产又被苏联接管了，结果可想而知，这些资产是不会退回来的。

当然，导致衰落的原因还有经营上的错误：首先，罗斯柴尔德家族在1865年出现战略判断失误，认为美国经济不会大幅度发展，于是把它在美国的分行都撤销了。这是一个致命失误，直接导致了摩根家族的兴起；其次，罗斯柴尔德坚持家族产业，也阻碍了它的继续发展。从1960年开始，欧美的大银行纷纷上市，筹集了大量资金。罗斯柴尔德则还是用自有资金发展，速度缓慢，逐渐落伍了。

可能很多人更关心罗斯柴尔德家族现状如何。

现在罗斯柴尔德银行集团的业务主要是并购重组，就是帮助大企业收购兼并其他的企业，或者对其资产结构进行重组。罗斯柴尔德的并购重组业务主要在欧洲，在2006年世界并购排行榜上可以排到第13位。而罗斯柴尔德银行集团一年的营业额不到100亿美元，利润不到30亿美元，估计其资本总额不会超过300亿美元。罗斯柴尔德在亚洲有一个办公室，位于中国香港，不过，这个办公室的正式名字叫作"荷兰银行—罗斯柴尔德"，因为它在亚洲的业务处于荷兰银行的控股之下，自己的发言权不大。甚至某些人事权，都是由荷兰银行主管的。

但如果人们据此认为怀疑罗斯柴尔德家族已经没落了，那就错了。在金融海啸来袭时，正因为保守稳健的投资风格，罗斯柴尔德家族却毫发无伤，在金融新时代再度书写传奇。无论是固定资产还是投资，罗斯柴尔德家族都没有受到任何损失。而正当国际投行们疲于应付金融海啸"后遗症"之时，罗斯柴尔德却协助吉利完成了对沃尔沃的收购。这也是中国最大一宗海外汽车业收购案。事实上，根据汤森路透数据，除了吉利收购沃尔沃的交易，罗斯柴尔德在过去12个月中共承接了总价值高达892.5亿美元的汽车业并购交易，远超其他银行。近期客户包括大众汽车、宝马和英国、美国政府。

而吉利收购沃尔沃，对于罗斯柴尔德来说，既不是一个开始也不是一个结束。媒体信息显示，中海油收购优尼科、南京汽车和上海汽车的合并，都有罗斯柴尔德的参与。在中国接手财务项目时，罗斯柴尔德还不吝于接手来自各行业的项目，几乎是"大小通吃"。就像人们看到的，就算褪去了金融帝国的光环，罗斯柴尔德家族仍然不容小视。

还有一点小趣闻要和读者分享：罗斯柴尔德家族不仅在财富上登峰造极，而且在其他方面也同样优秀。有153种或次种类昆虫、58种鸟、18种哺乳动物、14种植物、3种鱼、3种蜘蛛和2种爬行动物被冠以"罗斯柴尔德"之名。爱好红酒的人当然都知道拉菲，这种酒出自罗斯柴尔德名下的拉菲葡萄庄园。

打上世界财富标记的洛克菲勒财团

洛克菲勒家族到底多有钱？1975年，尼尔森·洛克菲勒在得克萨斯州购买了1.8万英亩土地，仅仅是作为"室外活动场地"。在他的另一处山庄，随时待命的各类家政工人，包括清洁工、保安、厨师和园丁等超过500人，位于哈伯的一所度假庄园有仆人45人，尼尔森一所私宅雇仆人15人。不完全的统计中，洛克菲勒家族仆人已超过2500人。洛克菲勒家族人人爱旅行，行踪随意不定，因此所有庄园场所都保持在随时可以使用的完美状态，预备任一位主人兴之所至大驾光临。

而洛克菲勒财团经营的投资资产就更多了：股票类有价值8500万美元的加利福尼亚标准公司，7200万美元的IBM；超过1000万美元的公司股票计有大通曼哈顿银行、美孚石油、通用电气、得克萨斯仪器、明尼苏达矿业制造等。

洛克菲勒财团声名显赫，一度成为财富的象征。那么洛克菲勒家族史怎样发迹的呢？

当人们谈论金融史或者是当代美国史时，很难避开洛克菲勒这个家族的姓氏：标准石油公司、洛克菲勒基金会、大通银行、现代艺术博物馆、洛克菲勒中心、芝加哥大学、洛克菲勒大学，还有在"9·11"中倾倒的双塔。

而当人们在回顾洛克菲勒家族的发家史时，发现正是由于这个家族几代人的不懈努力才成就了辉煌的洛克菲勒财团。

第二次世界大战结束不久，战胜国决定成立一个处理世界事务的联合国。可在什么地方建立这个总部，一时间颇费思量。地点理应选择在一座繁华的城市，可在任何一座繁华都市购买可以建立联合国总部这样庞大楼宇的土地，都需要一笔巨资，这笔款项从何而来？这令各国首脑感到十分为难。洛克菲勒家族听说了这件事，立刻出资870万美元在纽约买下了一大块地皮，无条件地捐赠给了联合国。这令世人大感惊诧。

联合国大楼建起来后，四周的地价立即飙升起来，而洛克菲勒家族在买下捐赠给联合国的那块地皮时，也买下了与这块地皮毗邻的全部地皮。洛克菲勒家族的慷慨这时才表现出其深谋远虑的超人智慧：凭借毗邻联合国的地皮，它获得了不知多少个870万美金。

洛克菲勒财团的创始人约翰·洛克菲勒（1839—1937年）最初在俄亥俄州克利夫兰的一家干货店干活，每周挣5美元。后来他创建了标准石油公司，实际上就是美国石油业的开始。

1910年，当约翰·洛克菲勒在发现自己名下的财富已经达到近10亿美元时，他开始考虑如何运用这笔财富。由于他对购买法国庄园或苏格兰城堡没有兴趣，又不屑于购买艺术品、游艇或中世纪韵味的西服以及所有富人们所津津乐道的东西，他就把自己收入中的很大部分投资于煤矿、铁路、保险公司、银行和各种类型的生产企业，其中最出名的是铁矿生意。

如果约翰·洛克菲勒现在还在世，他的身价折合成今天的美元约有2000亿——根据2003年的《福布斯》亿万富翁排行榜，当时世界首富比尔·盖茨的身价为407亿美元。

劳伦斯·洛克菲勒在华尔街开始自己的职业生涯，他成为现代风险投资的开拓者，也把从洛克菲勒家族继承来的财富成功翻了数倍。在纽约证券交易所数十年供职期间，他经常用他与生俱来的商业本能做出下一个重要决定。他不满足于单纯地赚更多钱，而是希望能让金钱生产出具有长久意义的东西。小约翰·洛克菲勒现在唯一健在的儿子大卫·洛克菲勒这样评价他的哥哥："我很佩服他在生意场上表现出来的非凡才能，在风险资本领域我总是跟着他做事。他在这一领域确实是真正的先锋。"

大卫·洛克菲勒，1915年6月12日出生于一个具有2个世纪以来最有影响力的姓氏之家——洛克菲勒家族。他是这个经济帝国的第三代掌门人。作为美国第一家族的后代，大卫有其他人没有的机会，可以接触全世界最有影响力的经济学家、最有权势的家族、影响整个欧美政局的政治家、每一届美国总统，参与了很多改变世界格局的重要访问。他在冷战时期造访苏联，跟赫鲁晓夫和戈尔巴乔夫都有过面对面交流，他也是第一批在1973年到访中国的资本家，还是在改革开放之初跟中国密切接触，并成功开展商务活动的国际金融家。

1931年，小约翰·D.洛克菲勒不顾笼罩在北美和西美上空经济萧条的乌云，决定要实施久已怀抱的宏图：要在曼哈顿中心建造一群建筑，使之成为经典娱乐中心。洛克菲勒中心是一个包括19幢大楼、占地22英亩的建筑群。全国电视节目播送基地大都在这儿，国际许多公司的总部也设在这儿。地下的商店和餐馆，把各个大楼连在了一起。地下广场引人瞩目，那是城市的和平绿洲，飘扬着联合国的159面彩旗。小广场的周围有带状街心花园，供人们小憩，并经常举办各种展览。中心的各个建筑物之间都有地下通道连接。建筑群的主体是GE大厦，70层，高259米。外观强调垂直线条，是板式高层建筑的雏形。整组建筑群布局紧凑，建筑密集有序。这里有NBC新闻网总部，时代华纳等美国主要出版社，以及全世界最大的新闻中心——美联社。

每天在这里上班的总人数达65 000人。这里的餐厅、药店、理发店、银行、电影院、书店等设施样样齐备，俨然是一个浓缩的小社会。由于工作、休闲功能建筑的综合搭配，晚上10点，这里的夜生活才刚刚开始。从1932年起，每年圣诞节前夕，洛克菲勒中心广场都要竖立一棵纽约市最大的圣诞树，这里的圣诞夜景是来纽约的游客必看之处。

如今，老洛克菲勒的遗产依然支配着世界石油产业，他本人也堪称今天无所不在、无所不能的西方石油工业的人格化象征。

1973年能源危机以后，石油输出国组织国家同美国垄断资本展开了针锋相对的斗争，给洛克菲勒财团以沉重打击。该财团采取各种措施挽回这种不利的局面，参与美国国内石油的开发，争取国内沿海地区近海油田的租赁权，1976年获得阿拉斯加和大西洋沿岸中部的石油租赁地130万英亩，又与英荷壳牌石油公司共同开发英国北海油田，它还渗入了能源工业的其他有关部门。此外，它还大力向石油化学工业发展。

洛克菲勒财团不但在经济领域里占统治地位，在政府中也安插了一大批代理人，左右着美国政府的内政外交政策。它还通过洛克菲勒基金会、洛克菲勒兄弟基金会等组织，向教育、科学、卫生以至艺术和社会生活各方面渗透，以扩大其影响。

经历了1个多世纪的洛克菲勒家族，仍在续写着辉煌的历史，约翰·D.洛克菲勒的后代们没有整天躲在房间里计划如何守住自己的财富，不让金钱落入别人口袋，而是积极地参与文化、卫生与慈善事业，将大量的资金用来建立各种基金，投资大学、医院，让整个社会分享他们的财富。

金融海啸背后的操纵人高盛公司

敌意收购在美国刚刚开始出现的时候，有一天高盛的合伙人弗莱德曼在一家律师行和人讨论一个案子。这个时候那家律师行的一个工作人员拿着第二天《纽约时报》的小样走了进来请自己的老板过目，那上面印着某个敌意收购方第二天准备用来启动针对盖洛克纸业公司的要约收购的广告。弗莱德曼得知后，匆忙走出会议室，打电话告诉自己的同事："给盖洛克打电话，告诉他们两件事：第一，他们明天将被敌意攻击；第二，我们准备好了帮助他们。"从那以后，高盛负责并购业务的团队每天晚上10点都会有人专门打出租车到离《纽约时报》印刷点最近的地方，等待新鲜出炉的第二天的报纸。在他们看来，一个交易是交给自己还是让给自己的竞争对手，可能差的就是这先人一步的几十分钟。

这就是高盛，从小故事中引以看到高盛强韧的一面，高盛由弱到强就是这样一步步走来的。

大名鼎鼎的高盛也曾经无比弱小，也曾经作为一家由犹太人所经营的公司因而只能在很狭窄的范围内开展业务，也曾经是一个有很多弱点，仅仅在大宗交易、商业票据以及风险套利这三个独立业务上拥有明显优势的二流企业，也曾经在多项投资和决策中失误并且付出高昂代价……但是，最终，这家起源自地位卑微家族的家族型企业，却发展成为了世界上最著名的投资银行以及现在的金融业巨头。

1869年，48岁的德国犹太人后裔马库斯·戈德曼在纽约曼哈顿南部松树街一间狭窄的小屋里挂出了"马库斯·戈德曼公司"的招牌。这就是高盛的前身，主营业务是倒卖商业本票。当时，一些缺钱的企业会从富裕的珠宝商和皮革商那里借钱，并立下借款字据，到还款期限时再凭字据还钱。这种字据是可以转让的，到期时，谁手中持有字据，企业就把钱还给谁，这种字据就是商业本票。

渐渐地，戈德曼开始意识到，本票倒卖这种不起眼的经营手段远比不上股票和债券承销业务所能创造的利润。为了把公司做大，1882年，戈德曼邀请女婿塞缪尔·萨克斯加入公司，成为公司合伙人，并将公司更名为"戈德曼和萨克斯公司"，即高盛。3年后，他的儿子亨利·戈德曼也进入公司并成为合伙人。当时的高盛，是一家以血缘和姻亲关系为纽带、实行合伙人制度的小型家族企业，即由家族中的几个人合伙并共同拥有公司股份、分享经营利润。比高盛更早成立的罗斯柴尔德金融集团、摩根公司以及雷曼兄弟公司等，也都是采用这种合伙人经营机制。

20世纪初期的美国，投资银行业务迅猛发展，在经济甚至政治领域都扮演着非常重要的角色。以摩根为代表的大财团，影响力甚至一度与美国总统平起平坐。处于相对弱势的高盛，没有错过难得的发展机遇，30年里联合雷曼兄弟公司，为56家企业完成了114次证券承销业务。

值得注意的是，高盛公司一直实行合伙人制，在高盛的等级体制中，能成为合伙人是升迁的重要步骤。在高盛全球2万多员工中，只有200多人能成为合伙人，他们年薪可达60万美元以上，并可参与公司分红。合伙人每两年就重新评选一次，竞争非常激烈，大多数合伙人的任期都很短暂。这一竞争正在加剧。在20世纪80年代，高盛合伙人平均任期达10年，而现在仅有8年。激烈的竞争使得高盛职员工作起来格外卖力。往往是当华尔街其他银行想到要拜访某客户时，高盛早就拜访过了。

在这样的制度下，两年一次的合伙人选拔就成为一件非常严肃的事情，往往一选就是7个月。2.4万名员工都想成为1200名中层中的一员，而1200人又个个想成为300名合伙人之一。而这300人，年薪60万美元以上，还可以参与公司分红。这一机制的特点，很好地保证了所有高盛员工一面努力赚钱，一面对共同利益进行高度监督。

一位合伙人曾经这样解释高盛的合伙人制度："高盛公司看起来就像有五六十个小部门在运营，并且他们有充分的自由去做他们想做的事情，在这个组织里，获得声望的唯一途径就是业务上的成功，得到经济利益和精神利益的手段则是相互合作。"就这样，高盛在合伙制下成功地运转了很多年。但是，1998年，当金融市场的合并使高盛处于不利的竞争地位，而高盛业务的发展需要更多的资金、需要更好的融资渠道时，高盛适时地放弃了合伙制而转变成为上市公司。

近几年来高盛为人所熟知，大多是因为各种麻烦与控诉，比如美国证券交易委员会向高盛提出控告，指控后者在金融危机中扮演了一个不光彩的角色，在次级债金融衍生品交易中涉嫌欺诈投资者，造成投资者损失约10亿美元。最后高盛欺诈案也与证交会达成和解。

最终高盛同意，向美国财政部和几家潜在受害方支付5.5亿美元的罚款和赔偿，以了结美国证券交易委员会（SEC）对其提出的"欺诈门"指控，这也创下了华尔街单个公司领受罚单的新纪录。对高盛来说，5.5亿美元只能算是"小钱"，更值得担心的是，高盛的商业模式受到压力。对利益冲突的密集调查将导致该公司无法像从前一样在客户和自身利益之间游刃有余，因为它不再能一方面作为客户的顾问、金融家和做市商，另一方面又为自己积极投资。美国金融改革法案中关于证券化利益冲突的条款就是为高盛量身定做。

在2008年9月22日，美国联邦储备委员会采取了一项非同一般的措施，批准摩根士丹利和高盛集团从投资银行转型为传统的银行控股公司。这是华尔街，也是全球金融市场一个历史性的转折点——这意味着，全球排名第一与第二的独立性投资银行，也将变成一个混业经营的银行机构。高盛作为投资银行百年的辉煌，在2008年的这个多事之秋成为一段历史。

摩根财团：华尔街的"拿破仑"

1861年，美国爆发南北战争，老摩根乘机向政府大肆推销各种枪支弹药，大赚了一笔，这些积累成为摩根财团日后四处扩张的资本。在第一次世界大战中，摩根公司利用其在国会中的关系，独家包办了美国对西欧的金融业务。摩根公司先后为英法政府筹措战债30亿美元，仅此一项的佣金就获利3000万美元。在第二次世界大战中，摩根财团是政府最大的军火承包商。

正是由于以摩根财团为首的军火商在国会的游说，才最后促成了美国政府通过对盟国的"租借法案"。在"第二次世界大战"中，美国依据租借法案向盟国提供了本息总计近万亿美元的武器和资源，谁又能知道，摩根财团在其中的进项有多少？在"第二次世界大战"后，摩根财团也从来没有停止过军火生意。美国政府战后在世界各地发动的大小战争中，到处都有摩根财团经手买来的武器，在越南战争爆发后，摩根财团下属的通用电气公司仅1967年一年就接受了14亿美元的订单。

之所以选择这样的故事开场，是因为这样的事情在摩根财团的发展史中多次出现。

权力和财富的关系从来就密不可分，摩根财团的政治冲动也总是和有利可图的机会完美地结合在一起。

摩根财团的创始人老摩根出生于一个金融世家，祖父和父亲都一直从事银行和保险业。150年来，老摩根和他的后代都是极善于利用政治和权术来达到经济目的的，从而使得摩根财团的规模得以迅速膨胀，成为主宰华尔街乃至全球的金融霸主：在两次世界大战中，摩根成为超脱交战双方的通吃赢家；在两次全球经济危机中，摩根两度使美国经济起死回生；在2008年全球金融风暴中，摩根扩张了自己的势力范围……

摩根让全球众多的总统和亿万富豪成为他们的棋子与工具；摩根开创了由家族成员之外的人担任CEO的先河，成为家族企业基业长青的范本；作为世界上第一个用电灯照明的家庭，装灯泡的电工是爱迪生本人；而老字号摩根总部，则一直无比低调地坐落在华尔街拐角处，至今连招牌也没有。

20世纪初，这一届罗斯福政府处处遵从摩根财团的指示。伍德罗·威尔逊也是得到摩根财团支持才得以压倒对手上台的。摩根财团后来促使这届美国政府参加了第一次世界大战。赫伯特·C.胡佛是摩根财团推上政治舞台的，最终也成为摩根财团的代言人。20世纪50年代，在杜鲁门政府中，先后的三个国务卿都与摩根财团有瓜葛。艾森豪威尔政府的三个国防部长都与摩根财团有密切关系。由于摩根财团在20世纪上半叶牢牢地控制了政府，才得以受到各种经济保护，并拿到源源不断的政府订单，从而牟取暴利。

摩根财团的主要势力集中在西欧和加拿大，但在19世纪及20世纪上半叶的殖民主义时代，摩根财团也将扩张的步伐迈进了那些落后的亚非拉国家。比如在我国清政府时期，它曾经取得广州至汉口的铁路建筑权，后因为我国群众发起声势浩大的抗议运动而作罢。但摩根财团还是乘机向清政府索取了600多万美元的赔偿。它属下的公司在当时上海设立的爱迪生灯泡厂、慎昌洋行、钢车公司，都是当时上海滩上赫赫有名的企业。当然，摩根财团在中国的经济利益和种种特权，随着1949年新中国的成立而烟消云散。

摩根财团利用1893年的经济危机，取得通往美国西部铁路的修筑专营权，从而控制了美国铁路总长度的30%。1901年，它又收购了13个钢铁企业，组成了世界上最大的钢铁工业垄断组织，当时世界上最大的一些钢铁公司（如美国钢铁公司）都在摩根财团的控制之下。到第二次世界大战前，它已经统治了美国的金融业和钢铁、电气、运输、电讯等部门，总资产达300亿美元之多，占当时美国最大八家财团总资产的一半，堪称巨无霸财阀，其势力发展到顶峰。

"第一次世界大战"结束后，伴随着美国成为大债权国，企业合并的浪潮又高涨起来。到1923年，这种浪潮更迅猛推进，在世界大恐慌开始的第一年（1929年），摩根体系金融资本又是怎么分配的呢？摩根家族体系包括银行家信托公司、保证信托公司、第一国家银行，总资本34亿美元。

摩根同盟总资本超过48亿美元，由国家城市银行、契约国家银行构成，摩根同盟与摩根家族系被总称为摩根联盟。摩根联盟中，以摩根公司为轴，进行董事连锁领导，五大金融资本以下，超过20万的主力金融机构互相联结，这样就构成结构庞大、组织严密的"摩根体系"。这一金融集团占有全美金融资本的33%，总值竟至200亿美元，还有125亿美元保险资本，占全美保险业的65%。

事实上，在摩根财团的发展史上，也曾经遇到数次经济危机，但是摩根财团不断恐慌中寻找"机遇"，结果不但安然度过危机，甚至还从中找到了牟利机会。

美国在1837年、1857年、1873年、1893年连续发生"经济恐慌"，就是由于"银行家们有规律地放松银根，等待经济过热产生严重泡沫后又收缩银根"制造的结果。金融寡头们在精确计算这次金融危机的时间和预计成果："首先是必须能够震撼美国社会，让事实说明，没有这样的中央银行，美国社会是多么的脆弱；其次能够挤垮和兼并中小竞争对手，特别是令人侧目的信托投资公司；最后就是得到垂涎已久的企业或行业"。

1907年危机爆发前的几个月，纽约的"摩根系"一直在伦敦与巴黎之间度假，会晤各大国际银行家。等他们回到纽约，即1907年10月，有关"几个重要投资公司破产"的流言迅速像病毒一样蔓延，出现"挤兑风潮"，现金严重短缺，银行也要求投资公司立即还贷，危机开始爆发，到1907年10月24日，纽约交易所几乎停盘。

这时摩根以救世主的身份出现。纽约证交会主席来到摩根的办公室，祈求他出手帮助解决资金困难，否则关闭股票市场，别无他法。经过开会，16分钟内摩根筹集2500万美元，以"高息发放借款，解决资金短缺"，挽救了"纽约证券交易所"。但是有8家银行和信托公司倒闭。摩根又到纽约清算银行，以"发放票据"作为临时货币，应对严重的现金短缺。

随后的1907年11月2日摩根以同样的手法，为拯救风雨飘摇中濒临倒闭"摩尔斯莱"公司（是田纳西矿业和钢铁公司的主要债权人，拥有田纳西、佐治亚、亚拉巴马周的铁矿和煤炭资源）提出"一揽子方案"，这将大大加强摩根控制下的"美国钢铁公司"垄断地位。但这个方案必须得到总统的批准，逃脱垄断法案的制约。于是1907年11月3日（星期日）晚上，摩根派人到华盛顿，劝说"对反垄断一点都不含糊"的老罗斯福："务必在11月4日纽约股票市场开盘之前，批准"拯救莫尔斯莱公司一揽子方案"生效。摩根的态度很明确，也就是必须按时批准。

结果，总统在巨大金融危机面前，顾及政治危机对总统宝座产生的危机，离周一开盘前5分钟被迫签署城下之盟。当天股市闻讯大振。

每一次金融危机都是蓄谋已久的精确定向爆破，崭新金融大厦总是建筑在成千上万的破产者的废墟之上。当时摩根以4500万美元超低价吃下"田纳西公司"，其实际市值在10亿美元以上。

现在的摩根财团在金融业方面依然拥有雄厚的基础。其主要支柱是J.P.摩根公司。摩根公司是世界最大跨国银行之一，在美国国内有10个子公司和许多支行，还有1000多个通信银行。在国外约20个大城市设有支行或代表处，在近40个国家的金融机构中拥有股权。其经营特点是大量买卖股票和经营巨额信托资产。它控制着外国37个商业银行、开发银行、投资公司和其他企业的股权。此外，还有制造商汉诺威公司、纽约银行家信托公司（也称美国信孚银行。1998年，德国最大的商业银行——德意志银行经美国联邦储备委员会批准，出资102亿美元兼并美国信孚银行）以及西北银行公司（1998年与富国银行合并）、谨慎人寿保险公司以及纽约人寿保险公司等。在工矿企业方面主要有国际商业机器公司、通用电气公司、美国钢铁公司以及通用汽车公司等；在公用事业方面则有美国电话电报公司（AT&T）和南方公司。

生产事业方面，全美35家主力企业中有摩根公司的47名董事。包括US钢铁、GM（通用汽车公司）、肯尼格特制铜公司、德州海湾硫黄公司、大陆石油公司、GE（奇异电器）等。

摩根公司在铁路上的渗入已是人尽皆知，同时，服务业方面它还拥有联合公司、ITT（国际电话电信公司）、全美电缆、邮政电缆、AT&T（美国电话电信公司）等。

摩根同盟的两大银行——国家城市银行和契约银行有510亿美元总资产，它们下属的亚那科达铜山、美国香芋、古巴及美国的砂糖、西屋电气、联合金属炭化物等主要托拉斯企业也属于摩根联盟。

花旗集团：无限风光的全能金融超市

20世纪70年代初的《美国银行控股法》禁止银行通过控股公司的形式从事证券业和保险业以及"与金融业无必然联系的业务"。但该法也有意无意地留下一个漏洞，即并未将只拥有一家银行的所谓单一银行控股公司列入监管范围。花旗银行迅速在美国特拉华州成立了单一银行控股公司——花旗公司，而把花旗银行置于该控股公司控制之下。这个花旗公司纯粹是块招牌，但花旗银行通过它却实现了向证券、保险及"与金融业无必然联系的业务"的渗透，绕过了1934年大萧条时期美国仓促通过的G-S法所严格分业经营的隔墙，这本身已是一项了不起的制度创新。瑞斯顿更是再接再厉，发动全体员工为拓展银行业务范围献计献策，共征集到可进一步开展的业务建议数十项。随即，花旗银行向联储局提出大量的新业务申请，有时甚至多达每天一项。花旗银行从此脱颖而出，成为了美国银行业的带头人。

那么，花旗银行近些年来的发展又如何呢？

2004年年底，英国《金融时报》公布的一项对全球1000名首席执行官的调查显示，花旗集团是全球最受尊崇的金融服务公司。

接受调查者普遍认为花旗集团庞大的规模及其在金融领域的辉煌成就

最为引人瞩目。

作为一个无比庞大的金融集团，花旗在全球一百多个国家有近两亿客户，包括个人、机构、企业和政府部门，提供广泛的金融产品服务——从消费银行服务到信贷、企业和投资银行服务，以至经纪、保险和资产管理，非任何其他金融机构可以比拟。

数十年来，花旗集团一直以其在借贷、交易和盈利方面咄咄逼人的进攻性策略而自豪。它比竞争对手更乐于接受新科技、引入新产品。2003年，作为当时世界最大的银行，花旗在全球六大洲的100多个国家营业，总收入为774亿美元，实现利润180亿美元，是美国盈利最多的企业之一。

当人们提到花旗银行时，就不得不说起沃尔特·瑞斯顿。沃尔特·瑞斯顿生于1919年。他的父亲亨利·瑞斯顿是颇具影响的历史和政治学专家，曾担任过美国常春藤名校之一布朗大学的校长。奇怪的是，这位历史学教授和他的妻子露丝，在新生儿沃尔特的摇篮旁边放着一部装帧考究的亚当·斯密的《国富论》。如果他们有心要儿子继承父业，放在摇篮边的更适合的书应该是希罗多德的《历史》才对。沃尔特没有辜负父母的期望，他一生的成就是在美国的银行业，而且他效力的是美国一家古老而华贵的银行——花旗银行。

当年轻的瑞斯顿刚刚涉足美国银行界时，金融巨头都是势力强大的白种人，他们社会地位举足轻重。架子十足又老派保守，怕冒风险，缺乏企业家的魄力和远见卓识，这些构成了当时银行业的主要特征。就是在这样的情况下，瑞斯顿锐意进取，极富创新精神，他的才华很快得到了管理层的赏识，被先后调入信贷部门和海外部，均做出不俗业绩。于是在不到20年间，瑞斯顿跃升为花旗总裁。

沃尔特·瑞斯顿在他的壮年居然执掌一家这样的银行达17年之久，而且具有决定意义地提升了花旗的国际地位和品牌价值，不仅为美国银行业所瞩目，也经常是全球关注的焦点。瑞斯顿过去长时期内是美国与世界无法绕开的风云人物。

在贷款业方面取得的成就为瑞斯顿的职业生活生计开辟了另一条施展才华的辉煌门路：花旗把获利最丰的海外营业部花旗银行网站交给了瑞斯顿来掌管。

当时的花旗海外部比美国国内各部掉队10年，虽有所获利但获利甚微，当时只能用"原始"二字来形容，但却建立了美国银行业在海外最大的银行谈判网络。花旗的海外营业是从拉丁美洲铁路贷款起头的，后来扩展到菲律宾、日本和欧洲。

瑞斯顿到任后，以非凡的胆魄和智慧在非洲建立了第一家外资银行——非洲南部分行，后来在非洲遍设分行，形成了花旗非洲海外部，又经过政治、外交、经济等各类渠道史无前例地在冷战期间的苏联和对垒的伊朗开设了分行。他恢复了花旗在神州的分行，用10年的时间使欧洲的分行网络遍及欧洲各国，澳洲的分行也获利颇丰。这些成绩的取得使瑞斯顿相信，花旗的使命是在全世界每一个可以获利的处所提供符合法律的银行服务。

作为美国最主要的房贷企业之一，花旗在2006年第4季度共发放贷款506亿美元，在美国房贷企业中排名第3。次贷危机爆发后，花旗集团资产水平也因此遭受重创。

由于坏账的影响，2007年第3季度花旗集团盈利比上年同期大跌57%。当年7月至9月，花旗盈利23.8亿美元，远低于上年同期的55.1亿美元。此外，由于当年9月份住房抵押贷款坏账加速增长，花旗第3季度抵押贷款债券业务损失15.6亿美元，高于此前市场预期。与此同时，随着消费信贷状况进一步恶化，花旗还增加了22.4亿美元的坏账准备金，这一支出也高于原先预期。这些因素导致普林斯随后引咎辞职。花旗集团股东还于此时期向曼哈顿联邦法院提起诉讼，控告普林斯及其他数位高管在次贷相关债券投资问题上不计后果，导致集团出现巨额损失。

2007年11月，花旗集团宣布，阿联酋主权基金阿布扎比投资管理局（ADIA）将投资75亿美元购入该集团4.9%的股权，以提高资本充足率。花旗集团表示，这笔资金将用来冲抵集团此前因抵押贷款和其他投资项目造成的损失。该笔资金的注入将使集团的资本充足率在2008年上半年重新回到监管目标之上。

而此后花旗仍未能摆脱次贷的"噩梦"。花旗集团2008年第3、第4财政季度连续亏损28.1亿、82.9亿美元。2007年全年，花旗净亏损187.2亿美元。

自金融危机以来，美国政府已3次对花旗伸出援手，购买了大量的花旗优先股，投入总计450亿美元资金及超过3000亿美元的资产担保。但花旗的经营业绩尚无起色。

集团拆分后，一部分公司命名为花旗银行，将专注于花旗集团在100多个国家的银行业务；另外一部分公司则为花旗控股，业务将包括资产管理和消费融资。花旗控股将主要集中于对风险和损失进行严格管理。

花旗集团能否走出金融危机的泥淖，重现往日光彩，值得人们期待。

从收购中起家的苏格兰皇家银行

苏格兰皇家银行首席执行官弗雷德爵士是一位电工的儿子，出生于格拉斯哥郊区的佩斯利。在他的领导下，苏格兰皇家银行在收购的道路上快步前行。

苏格兰皇家银行是一家拥有骄傲传统和较小资产负债表的银行——1727年，该银行获得了乔治一世国王颁发的皇家特许。但当竞争对手苏格兰银行向规模更大的NatWest发起敌意收购时，弗雷德爵士受到触动，觉得应该做出回应。经过一场旷日持久的竞购战，苏格兰皇家银行最终胜出。这笔交易让苏格兰皇家银行一举跻身银行业顶级阵营之列。它还让弗雷德爵士得以发挥自己的强项，由于他在担任规模较小的克莱德斯戴尔银行首席执行官期间在削减成本方面的成功，他得到了一个绰号："剪刀手弗雷德"。通过亲自负责苏格兰皇家银行承诺的111项成本削减计划，弗雷德爵士节省下来的成本超出了该银行的预期。投资者为此欢欣鼓舞，该银行股价随之飙升，这为苏格兰皇家银行收购英国保险集团和美国零售银行美隆金融公司扫清了道路。

作为一家国际银行，苏格兰皇家银行目前的发展状况如何呢？

苏格兰皇家银行集团建于1727年，总部设在英国的爱丁堡，是英国最古老的商业银行之一。经过自身不断地发展和收购，到1969年，苏格兰皇家银行成为拥有700家分行、40%当地市场份额的英国苏格兰地区的最大银行。该银行在英国的法人、个人及海外银行业中排名第一，在零售银行业及私人汽车保险业中排名第二。苏格兰皇家银行集团在英国和爱尔兰拥有2000多家分行，服务于1500多万客户。

在2000年以前，苏格兰皇家银行还是一个总部设在英国北部城市爱丁堡的地区性银行，在世界银行排名中处于200名以后。但到2004年6月30日，苏格兰皇家银行的资本市值已达到了490亿英镑，总资产增加到5190亿英镑，使该行成为拥有2200万客户和12.5万名员工、AA信用评级、英国和欧洲的第二大商业银行，世界上排名第五的大商业银行。从苏格兰皇家银行发展的历史可以看出，该行虽然是一个百年老店，但它的观念和思想并不保守，它不仅能够及时适应时代的变化，而且还能成为市场的领导者。1969年，苏格兰皇家银行通过兼并苏格兰商业银行，使自己成为苏格兰地区最大的商业银行；20世纪80年代，它先后创立了汽车保险公司、电话银行、网上银行，使苏格兰皇家银行成为英国最具活力的银行之一；20世纪90年代，它通过后台业务集中处理工程的实施，不仅降低了银行的经营成本，而且提高了该行的盈利能力和市场竞争力。

2000年2月，苏格兰皇家银行一举成功收购了比自己资本规模大3倍的国民西敏寺银行，使苏格兰皇家银行完成了跨入世界著名商业银行的关键一步。该项收购涉及金额达210亿英镑，创下了英国历史上银行业收购的最高金额记录。从这次成功收购的案例中，也可以看出苏格兰皇家银行的勇气、智慧以及创造性和执行力。

实际上，最早提出收购国民西敏寺银行的并不是苏格兰皇家银行，而是英国另外一家位于苏格兰的地区性银行——苏格兰银行。苏格兰银行与苏格兰皇家银行的共同特点就是资本规模较小，但经营管理非常好，费用收入率特别低。1993—1998年，苏格兰皇家银行的费用收入率由原来的56%下降至52%，苏格兰银行的费用收入率则一直保持在48%，而同期国民西敏寺银行的费用收入率则由66%上升至68%。因此，两家银行都认为，收购国民西敏寺银行将为自己银行的进一步发展拓宽空间。

起初，两家银行准备共同收购国民西敏寺银行，但由于在收购流程及收购成功后的管理等方面未达成一致意见，苏格兰皇家银行决定单独收购国民西敏寺银行。

苏格兰皇家银行做出这一大胆决定后，该行通过自上而下的收购总体益处分析、自下而上的分业务线盈利测试及管理人员能力分析，提出了一套发展战略清晰、操作细节可行的收购方案。由于收购方案准备得充分、详细、可行，苏格兰皇家银行不仅在收购国民西敏寺银行的竞标中一举获胜，而且在收购成功后，收购方案中的各项措施（如领导人员配备、职责分工、内部风险控制、报告制度、绩效评估等）迅速到位，并得到很好的贯彻执行。完成收购后的苏格兰皇家银行，实际成本降低额和收入增加额均远远超过了收购前的预期。

苏格兰皇家银行在收购国民西敏寺银行后，在公司和金融市场等服务公司、机构客户的业务方面，实行的是统一品牌战略，即将原来国民西敏寺银行的公司与机构业务统一用苏格兰皇家银行的品牌；在零售业务方面，为了减小对国民西敏寺银行原有个人客户的震动，在实现了零售业务产品统一、财务统一、风险管理统一的前提下，实行了多品牌战略，即保留了原国民西敏寺银行零售业务的品牌，形成了独特的多品牌零售业务架构。

但是在2008年，由于信贷和金融市场环境进一步恶化，苏格兰皇家银行在2008年全年出现70亿到80亿英镑（约118亿美元）的损失。如果算上商誉损失，亏损可能增加150亿到200亿英镑，后者主要与该行对荷兰银行的收购交易有关。

这也意味着，苏格兰皇家银行的累计亏损总额可达280亿英镑，约410亿美元，一举创下有史以来英国公司年度亏损的新纪录。此前，这一不光彩的纪录由电信巨头沃达丰保持，后者在2006财年遭遇了220亿英镑的巨额亏损。

下 篇 打理个人的美好金融生活

CONGLINGKAISHIDUDONGJINRONGXUE

第7章　怎样让钱生钱，存银行还是投资

——每天学点投资理财知识

个人理财要在负利率时代跑赢CPI

可能很多人都听过这样一个故事：1626年，殖民者从印第安人手中仅仅用价值24美金的衣物、珠子等小物件就买来了大约45平方公里的整个纽约曼哈顿岛。今天，曼哈顿岛可以说是全世界最繁华、最值钱的地产。据2004年美国税务机构估计，整个曼哈顿的土地价值大约1690亿美元。当初的24美元，变为了1690亿美元，增值惊人。但是，在378年里从24美金增长到1690亿美元，折合年平均增长率也就是6.18%左右。虽然增长率看起来不高，但是时间长了，增长率就会非常惊人，就是复合增长的力量。房子的价值在于位置，也就是更多的是土地的价值，而钢筋水泥玻璃是不值钱的。房子能够保值，也在于重置成本尤其是土地成本随通货膨胀增加，以及租金随通货膨胀增加，而不是本质的增长。所以当通货膨胀来临，房

子至少可以保值，但在通货膨胀之上的增值不会太多。对纽约房地产市场的统计也表明，过去几十年里，纽约的房地产价值增长只是超过通货膨胀一点而已。因此，房子顶多是防御性武器，无法彻底战胜通货膨胀。

当初卖曼哈顿岛的印第安人一点也不后悔。因为他们不认为土地是私有的，而是认为土地、空气和水一样归每个人所有。而且，他们根本不拥有曼哈顿岛，他们是住在纽约长岛的居民，刚好路过曼哈顿岛，卖地给殖民者纯粹是空手套白狼白赚了一笔。

问题来了，在CPI不断上涨的时期，人们应该怎样保护家庭财富呢？

人们或许会觉得，每月公布的CPI数据增长几个百分点的意义也许很笼统，但菜、肉、米、油、奶等一系列食品的价格不断上涨，百姓口袋里的钱越来越不经花的感觉却是实实在在的。经久不息的"涨"声，使百姓过日子不得不更加精打细算。

勤俭的中国人是最善于储蓄的，将闲钱存进银行，这几乎成了中国绝大多数老百姓的一种生活习惯。可是如果有一天有人告诉公众，利息收入远远抵不上通货膨胀对它的"侵蚀"，也就是说，公众在存钱的同时正在亏钱，公众所获得的实际收益是负的，公众会不会激动地跳起来？这不是危言耸听，而是正在发生的事实。

以北京2013年10月份3.4%的CPI涨幅为例来说，如果人们有1元人民币放在家里不动，它的购买力1年后就只相当于9660元，那340元的差额就被蒸发了；如果人们存活期储蓄或者存1年定期储蓄，税后利息如果达不到340元，还是赶不上物价上涨幅度，也就是说人们被CPI打败了。这样的比喻或许粗糙简单，但是它反映出了CPI对老百姓财富的直接影响。因此，只有打败CPI才可能实现家庭财富的保值增值。

菜涨价了，水果涨价了，油涨价了……大家都在喊"通货膨胀要来了"。如果把钱放在银行，即使加息，利息收入与通胀带来的购买力递减相比，最后也是资产的缩水。在这种情况下，如何理性安排消费，降低生活成本，增加财产性收入，已经成了很多老百姓无法回避的问题。那么，在通胀预期下如何选择理财产品，投资者必须未雨绸缪。

投资理财的第一步应该是保持不亏。那么怎么办呢？买金子？买房子？买这些东西有用吗？

对抗负利率时代的个人理财管理规划，应当包括收入和财富的最大化、进行有效的消费、为养老积累财富、满足生活期望，可以选择的投资对象包括股票、基金、债券、期货、外汇、黄金、房地产、储蓄等多种产品。在现阶段股市、基金低迷的情况下，最好选择分散投资。此外对于积累少的家庭来说，最好及早投资，重视复利的力量。

此外投资理财应当注重收入的成长性，不要妄图一夜暴富，对很多普通收入家庭来说，工资收入的增长还是比较缓慢的。学习并进行必要的理财投入，是化解物价上涨带来的生活压力的重要手段。

假如人们拥有足够的实力以及足够的谈判能力，必须坚持调高自己的劳务报酬的报价，最好是要求预支薪酬；购买房屋则最好是不贷款或尽量少贷款。从银行抵押贷款的购房者，应尽可能地提前还贷。这主要还是出于利率风险的考量。虽说通胀可能有利于欠债方，但在变动利率的条件下，贷款买房自住者并非处于有利地位；一般来说，在通胀的阴影下，拥有实物总是优于拥有货币，所以，在签订劳务合同时，只要可能，应尽量以实物计酬，或是像抽税那样，按率计酬或分成计酬，从而把通货膨胀造成的损失降到最低水平。

除此之外，被称为"懒人理财"的基金定投，也是可以尝试的投资方式。基金定投是投资者在每月固定的时间以固定的金额投资到指定的开放式基金中，类似于银行的零存整取。如果投资者具有一定的风险承受能力，也可以考虑指数型基金，这类基金的特点是涨幅跟随指数的变化，往往可以达到较高的收益。

其实不论通胀是否来临，普通百姓除了努力工作多赚钱、开源节流精打细算，同时应该多学习一些理财知识，让手里的钱能够保值增值，用钱来生钱。而在如今的背景下，偏重于股票、基金、黄金等投资。但是有一

个前提，一定要控制好家庭资产的负债比例，最好控制在50%~60%。在此原则下，再根据资金来源和个人流动性的需求来配置各项资产的比例。

此外，人们要懂得政府政策和统计数字，多看看财经杂志，了解利率、汇率、股指这些信息的变化，就如同看天气预报一样了解"晴"和"雨"的区别，翻一翻最近的报纸。在财经版面，每天的情况都能够一目了然，这样人们就能够在很短的时间里根据情况作出自己的投资决策。萧伯纳说过，"一个真正受过教育的人的标志是他能够深深地被统计数字打动。"

还需要强调的一点是，积累和消费是一种永远不会改变的关系。如果没有高于消费的积累，人们的生活质量将不可避免地下降。人们的收入增长超过CPI固然好，但是如果积累跑不过CPI，一样会有风险。

复利：最神奇的财富升值工具

有一个古老的故事，一个爱下象棋的国王棋艺高超，任何人只要能赢他，国王就会答应他任何一个要求。一天，一位年轻人终于赢了国王，年轻人要求的奖赏就是在棋盘的第一个格子放一粒麦子，在第二个格子中放进前一个格子麦子数量的一倍，每一个格子中都是前一个格子中麦子的一倍，一直将棋盘的格子放满。国王很爽快地答应了，但国王很快就发现，即使将国库中所有的粮食都给他，也不够百分之一，因为即使一粒麦子只有1克重，也需要数十万亿吨的麦子才够。

这就是复利的力量！尽管从表面上看，虽然起点很低，但经过很多次的乘积，最终的结果会变成庞大的数字。影响财富积累的因素有三个：一是具备增值能力的资本，二是复利的作用时间，三是加速复利过程的显著增长。显然，尽早开始投资并享受复利，是让资金快速增长的最好方式。

那么，生活中投资者应该怎样做复利投资呢？

首先要明确复利的定义。复利是与单利相对应的经济概念。单利的计算不用把利息计入本金；而复利恰恰相反，它的利息要并入本金中重复计息。复利就是复合利息，它是指每年的收益还可以产生收益，具体是将整个借贷期限分割为若干段，前一段按本金计算出的利息要加入到本金中，形成增大了的本金，作为下一段计算利息的本金基数，直到每一段的利息都计算出来，加总之后，就得出整个借贷期内的利息，简单来说就是俗称的利滚利。

复利的力量有多么强大呢？

1777年严冬，当时的美国联军统帅华盛顿将军所率领的革命军弹尽粮绝，华盛顿为此向所困之地的宾州人民求援，大地主哈德文借出时值5万美元的黄金以及40万美元的粮食物资，这笔共约45万美元的贷款，借方为大陆国会，年息为6厘。

211年后的1988年，45万美元连本带利已滚成1416亿美元，这笔天文数字的债务足以拖垮美国政府。当哈德文的后代提出还款时，美国政府当然要要赖拒还了。

曾经的欧洲金融统治者罗思柴尔德曾说过，"我不知道世界七大奇迹是什么，但我知道第八大奇迹是复利。"复利的力量无处不在。大到社会，小到个人投资。经济学家凯恩斯曾经在一篇题为《我们后代在经济上的可能前景》的文章中重点谈到过复利的作用。当时的西方正值20世纪30年代大萧条时期，许多人认为，未来世界繁荣将不会再现，但凯恩斯却指出，萧条不过是两次繁荣周期中间的间歇，支撑西方经济发展的"复利的力量"并没有消失。凯恩斯在当时已经发现，近代社会的崛起是从16世纪的资本积累开始的，而这个崛起导致人类进入"复利时代"。有趣的是，凯恩斯毫无隐晦地告诉人们，"英国对外投资的始端可追溯到1580年德雷克从西班牙盗窃的大批财宝"。只不过经过长年的复利累加，"德雷克在1580年带回来的财宝中，每一镑现在已变成了10万镑"。复利的力量就有

如此之大！

在投资领域，如果将银行利率作为社会资金回报的基准，投资人通过投资于盈利能力强于基准的金融品种就可以创造超额收益。这样长年叠加下去，复利的效应终会显现。

假设人们现在投资1万元，通过运作每年能赚15%，那么，连续20年，最后连本带利变成了163 665元了，想必人们看到这个数字后感觉很不满意吧？但是连续30年，总额就变成了662 117元了，如果连续40年的话，总额又是多少呢？答案或许会让人们目瞪口呆，是2 678 635元，也就是说一个25岁的年轻人，投资1万元，每年盈利15%，到65岁时，就能获得200多万元的回报。当然，市场有景气也有不景气，每年都挣15%难以做到，但这里说的收益率是个平均数，如果人们有足够的耐心，再加上合理的投资，这个回报率是有可能做到的。

虽然复利公式算起来并不困难,但若是期数很多，算起来还是相当麻烦，于是市面上有许多理财书籍，都列有复利表，投资人只要按表索骥，很容易便可计算出来。

不过复利表虽然好用，但也不可能始终都带在身边，若是遇到需要计算复利报酬时，倒是有一个简单的"72法则"可以取巧。

所谓的"72法则"就是以1%的复利来计息，经过72年以后，本金就会变成原来的一倍。这个公式好用的地方在于它能以一推十。例如：利用5%年报酬率的投资工具，经过14.4年（72/5）本金就变成一倍；利用12%的投资工具，则要6年左右（72/12），才能让1元钱变成2元钱。

因此，今天如果人们手中有100万元，运用了报酬率15%的投资工具，人们可以很快便知道，经过约4.8年，100万元就会变成200万元。

虽然利用"72法则"不像查表计算那么精确，但也已经十分接近了，因此当人们手中少了一份复利表时，记住简单的"72法则"，或许能够帮不少的忙。

股票投资：选择一只成长股

著名的政治人物丘吉尔也曾加入炒股大军，而且是认赔收场。1929年，刚刚卸去英国财政大臣之职的丘吉尔和几位同伴来到美国，受到了投机大师巴鲁克的盛情款待。巴鲁克悉心备至，特意陪他参观了纽约股票交易所。在交易所，紧张热烈的气氛深深吸引了丘吉尔。虽然当时他已经年过五旬，但好斗之心让他决心也炒股一试。

在丘吉尔看来，炒股应该就是小事一桩。然而不幸的是，1929年改变世界经济乃至世界政治格局的美国股灾爆发了，丘吉尔回到纽约的时间和华尔街股票市场崩溃的开始时间恰巧一致。结果仅仅在当年10月24日一天之内，他几乎损失了投入股市所有的10万美元（也有资料称约50万英镑）。

这就是股票投机，投机的后果很可能就是毁灭。一个合理的建议是，如果人们想在股票市场上做投资，那么最安全的办法就是坚持价值投资理念，选择成长股投资。或者关于价值投资人们已经听过很多了，但人们是否真正地尝试过呢？

如果人们希望利用股票投资创造财富，那么不妨试试价值投资。很多股票投资大师都认为投资人更应该集中精力选择能够使自己以最小的代价和风险来获得最大收益的公司，也就是选择真正的"成长股"。比如费雪就曾提出了选择成长股的15个要点，认为一家公司如果能够符合其中相当多的要点，则具有比较高的投资价值，也就可以称为"成长股"。简单说来这15个要点大致围绕着以下四个方面：

第一是公司面临的市场状态和它的竞争能力：这家公司的营业额在几年之内能否大幅增长？有没有优越的销售渠道？这两个问题的答案是判断一个公司是否值得研究的基本条件。

营业额的增长前景首先取决于需求增长的状况，公司的管理水平也必须保持在较高的水平上。另外，对于企业销售能力的分析往往被忽视，绝大多数分析人员只满足于依赖一些粗略的指标来分析企业的销售能力。费雪认为这些比率太过粗疏，根本不足以成为判断投资价值的依据，要了解一家企业真正的行销能力，必须要到其竞争对手和客户那里去做艰苦而细致的调查。

第二是公司的研发水平：该公司研发活动的效率如何？为了进一步提高总体销售水平，发现新的产品增长点，管理层推进研发活动的决心有多大？

费雪认为，一家公司财务稳健的最根本的保证就在于能够不断开发新的、能够保证相当利润量的产品线，而这直接取决于研发活动的水平。观察研发活动有两个最重要的角度：一是研发活动的经济效益如何；二是公司高层对于研发活动的态度如何，是否能够认识到目前市场的增长极限并且未雨绸缪。

第三就是公司的成本与收益状况：公司的成本控制水平如何？利润处在什么水平上，有没有采取什么得力的措施来维持或者改善利润水平？有没有长期的盈利展望？

费雪极为看重企业长远的盈利能力，他也一直在追寻那些净利润率持续高于行业均值的公司。他明确指出："投资于利润率过低的公司，绝对无法获得最高的长期利润。"他的理由是：利润率低的公司财务体质过于虚弱，抗打击能力弱，在经济不景气中最可能首先倒下。

第四也是最重要的一点就是公司的管理水平：公司的人事关系、管理团队内部的关系如何？公司管理阶层的深度够吗？在可预见的将来，这家公司是否还会继续发行股票筹资，现有持股人的利益是否因预期中的成长而大幅受损？管理层的诚信态度是否不容置疑？

费雪认为良好的人事关系（特别是管理团队内部的良好氛围）和管理层足够的深度是保证企业能够高效发展的基本保证之一。而对于公司的融资能力，他旗帜鲜明地指出：如果几年内公司将增发新股融资，而现有的每股盈余只会小幅增加，则人们只能有一个结论，也就是管理阶层的财务判断能力相当差，因此该公司不值得投资。

在所有判断公司是否值得投资的标准中，费雪把公司管理层的诚信状况作为最后一个，也是作为最重要的要点提了出来。早在1959年他就斩钉截铁地写道："不管其他所有事务上得到多高的评价，如果管理阶层对股东无强烈的责任感，投资人绝对不要认真考虑投资这样一家公司。"

那么在购买股票时，投资者怎样把握买卖点呢？

投资者最好不要去预测所谓经济景气高点和低点，以作为买入或卖出的根据。对于买入时机而言，如果花精力在预测经济趋势，是得不偿失的。如果投资者有耐心查询每年在商业周刊上刊登的经济学家对未来的预测就会发现，他们成功的概率极低。如果经济学家们把花费在经济预测上的时间，拿去思考如何提升生产力可能对人类的贡献更大。

投资者应选择在非常能干的管理层领导下的公司，他们偶尔也会遭遇到始料不及的问题，之后才能否极泰来。投资者应该知晓这些问题都是暂时的，不会永远存在。如果这些问题引发股价重挫，但可在几个月内解决，而不是拖上好几年，那么此时买入股票可能相当安全。

但这并不代表投资者完全不理会经济萧条带来的问题。如1929年那样的投机极度炙热导致的股价崩盘和后续经济大萧条外，投资者并不应该对股价的大幅下跌感到惊慌失措。当确定某家公司值得投资时，放手去投资就是，因为推测产生的恐惧或者希望不应该令投资者却步。

综合来看，一个好的公司（符合上面选股标准的公司）+好的管理团队（符合上面选股标准的团队）+企业的危机或失误，就是一个好的买入时机。

除了股票本身，人们还要考虑的要素有：经济景气情况、利率趋势、政府对投资和私人企业的整体态度、通货膨胀的长期趋势，最后也许是最重要的一点要素是：新发明和新技术对旧行业的影响。

那么，什么时候卖出呢？如果当初买进行为犯下错误，某特定公司的

实际状况显著不如原先设想那么美好，这在某种程度上要看投资者能否坦诚面对自己。另外，就是当成长股成长潜力消耗殆尽，股票与持有原则严重脱节时，就应该卖出。最后一个理由就是有前景更加远大的成长股可以选择。

基金：让专家打理你的财富

我国基金投资发展非常迅速，甚至一些对基金毫无概念的投资者也迫不及待地加入了基金交易中。

"我要买基金。"一位老年人在银行朝柜台小姐细声细气地说道，似乎怕对方听不明白，特意强调了最后一个词："基金，你们有吗？"

"噢，"银行工作人员熟练地答道："那您要买什么基金啊？"

"这个……"老人明显有点迷糊，"我也不知道啊，都有哪些啊？"

柜台小姐刚想递上一叠基金产品介绍，就听得老人口出惊人之语："要不，你拿一个基金出来我看看？"

基金投资应该怎样操作呢？具体策略是什么呢？

基金这个名词，在中国市场上出现不久，到目前为止普及率依然不高，中国的基民大约有1000多万，但是真正认识基金、懂得基金的人还是少数。基金其实是一种理财的方式，是一种契约。通过购买基金产品，投资者跟基金公司之间建立委托理财的关系，达到让专家帮个人投资的目的。

简单地说，基金就是人们投入一部分钱交给基金公司，基金公司的操盘手再用这部分钱去投资，一般都是股票的形式。也可以总结为人们花钱雇专业人士替自己炒股。

挣了，会按人们买的股数、当天的单位净值和赎回日期的净值差给予相应的红利。赔了，人们同样要以所购股数和净值差分摊损失。

购买的时候会收取一定的手续费，一般是0.012元每股，赎回的时候手续费是0.005元。打个比方，如果人们购买当天的单位净值是1元，买了10 000股（一共是1万元），一共需要交170元的手续费。如果用网上银行购买，会有相应的折价，手续费大概是110元左右，当然这一点上各银行规定不一样。

基金操作一般分为认购期、运作期（封闭期）、申购期三个阶段。刚开始的时候是认购期，一般是半个月左右，在这半个月里人们只能购买不能赎回（卖出），买入价一般是1元。然后进入运作期（封闭期），在这段时间里基金公司拿钱去建仓，也可以说是一个准备期，一般不超过3个月，打开之后大部分基金会有所涨，也有部分会回落变成0.9元或者更低，这个时候不要以为赔了，因为投资才刚刚开始。接下来进入申购期，此时已经可以自由买卖了。

在国内投资者的眼中，明星基金是投资的重点，但这种想法并不正确，因为即使有人能够预见市场未来的绝对收益，也不可能预测出个别基金相对于市场的收益，至多是预测出指数型基金的收益。比如美国市场上某只成长型中市值基金，由于业绩出色吸引了大量的申购份额，但其业绩却随着基金份额的膨胀而不断恶化。1991—1995年，该基金在5年时间内有4年的业绩排名名列行业第一梯队，基金规模也从1200万美元增加到20亿美元。从1996年开始的连续3年中，该基金规模最高达到了60亿美元，但业绩排名却跌到了行业末尾。

一般来说很有可能预测准确的只有两种情况：一是高成本基金的业绩，通常劣于相应的市场指数；二是历史业绩显著优于市场指数收益的明星基金，会向市场平均值回归，甚至低于后者。笔者从美国市场看，从20世纪70年代到80年代，以及1987—1997年两个时间段内，业绩处于市场前25%的基金，回归到均值和均值以下的分别为97%和100%。

那么在做基金投资时，投资者应采取怎样的投资策略呢？

第一，不要持有太多股票基金。在股票投资中持有超过五只股票将会产生巨大风险，国际著名基金评级机构的一项调查也显示，随机选取4~30只股票基金建立组合，并不能达到降低风险的效果，因此没有必要持有超过4只的股票基金，因为过度分散投资的效果类似一只指数型基金，但由于股票基金的高成本，最终的收益很可能低于指数。此外分散持有不同风格的股票基金，也未必是个明智选择。约翰·鲍格尔认为，假设建立由大市值混合型和小市值成长型基金构成的基金组合，这个组合将具有比市场更显著的波动性，这种比市场指数更具风险的组合没有意义。单一持有大市值混合型基金的风险，比任何基金组合更低。

第二，长期持有优秀基金。该策略是买入几只优秀的基金并无限期持有的做法。国际股市的发展史表明，从长期来看，股价整体上总是呈上升趋势。因此，建立在合理组合投资基础上的长期投资策略，是一种可靠易行的获取股市平均收益的投资方式。

第三，定期定投消除波动。定期定投具体操作是：选定某种具有长期投资价值且价格波动较大的基金，在一定的期间内，不论股价是上涨还是下跌，都坚持定期以相同的资金购入该种基金。如果拿出3000元作定期定额的基金投资，按照国际上成熟市场开展基金定投平均每年10%收益率计算，10年以后，资产会增值为61.4万元。

第四，分批买卖不错过时机。分批买卖策略是指在不同价位平均投入资金，即每隔一段固定的时间或达成固定的条件（如股市涨跌50个点）向市场投入等量的资金。当无法判断市场时机时，可分批购进基金，而当基金净值上涨到一定高度后，则开始分批售出。投资者的良好愿望是能够以最低价买进和以最高价售出。但是真正能在市场上如愿以偿的投资者却为数不多。

第五，固定目标收益率。固定目标收益率策略是基金投资策略之一。这种投资策略的简单操作是，投资者设定一个固定目标收益率（例如10%）的涨幅为获利目标，只要所购基金的涨幅超过10%，就立即予以卖出而不去考虑其他相关情况的变化。

以小搏大的保险理财

很久以前，有一天一个人在大河边散步，看到有十艘船正在装货，每个人都把自己的货往自家的船上装，每条船都装得满满的。正准备起航出发，突然起风了，河面掀起了波浪。有人担心航行会出危险，提出晚一天再出发，多数人却害怕耽误了航程，影响生意。双方正犹豫的时候，这位散步的智者走到面前出了一个主意，他建议马上起航，但是，他让每个人把自己的货物都分成十份，分别装在十艘船上，然后出发了。几天以后，回来了九艘船，一条船被风浪掀翻了，每个人仅损失了十分之一的货物。大家都认为这个智者的方法高明。后来，这个智者抓住这个商机，开了一个买卖，从这个码头起航的每艘船都向他交纳一定的费用，而他承诺交纳费用的船在航行中万一出现事故而导致的损失，由他包赔。这就是早期的保险雏形。这个故事发生在14世纪的意大利。意大利热那亚商人在1347年10月23日签发的船舶航运保险契约是迄今发现的一份最古老的保险单。

在现代社会，保险已经不仅是一种基本的保障手段，而且也是一个灵活的理财工具。那么，人们对保险理财有多少了解呢？

最让人觉得残酷的就是人的一生充满了未知数，人们永远不知道噩运什么时候会降临到自己的头上来。普通疾病会短暂地影响家庭的生活质量，重大疾病会让人倾家荡产，而环境恶化、食品污染，导致重大疾病发病率逐年上升。基于这些考虑，理财的基础不仅是要储蓄一定的资金，更要为不确定的将来作比较确定的打算，保险也是理财的重要基础之一。

有一则笑话，说的是一个失事海船的船长是如何说服几位不同国籍的乘客抱着救生圈跳入海中的：他对英国人说这是一项体育运动；对法国人说

这很浪漫；对德国人说这是命令；而对美国人则保证：你已经被保险了。

保险在美国，不管是国家元首，还是明星巨匠，还是平民百姓，是人们生活中不可缺少的一环，像饮食、居住一样，是生存中必要的一部分。人寿、医药、房屋、汽车、游船、家具等都保了险，它们像一条条木栅，连成一环，环绕在人们周围。而在我国，普通人对保险的接受度一直不高，可是随着宏观经济的发展、个人财富的积累，保险消费在家庭生活中的重要性正日益显现。

在中国，一般人谈到理财，想到的不是投资，就是赚钱。实际上理财的范围很广，理财是理一生的财，也就是个人一生的现金流量与风险管理，不是解决燃眉之急的金钱问题而已。理财也涵盖了风险管理。因为未来的更多流量具有不确定性，包括人身风险、财产风险与市场风险，都会影响到现金流入（收入中断风险）或现金流出（费用递增风险）。如果人们手里有些闲钱，因为存款利息太低而不想存在银行，股票、期货和房地产投资风险太大又不敢进入，这个时候可以考虑投资于理财类的保险品种，既获取稳定收益，又省心省力。

保险理财有其独特的优势，这主要是体现在：

（1）以小博大。报销类险种就是这样。得疾病或受到意外伤害有一个概率。而到个人身上就是有和没有两种情况，一旦有的话，损失的就是大笔的金钱。平时牺牲小部分金钱，积累需要时大笔的金钱。而这小笔的金钱是多少，要综合考虑医疗费用水平和收入水平两者之间的关系。

（2）经营没有时间打理的钱。如果根本没有打算消费念头，只是想将钱留给子孙，可以做分红险，或者有返还的分红险。若是短期不动，日后有动的可能，建议做万能险。短期一两年看保障，中期七八年能保值，长期看收益。

保险和银行储蓄都可以为将来的风险作准备，但它们之间有很大的区别：

（1）用银行储蓄来应付未来的风险，是一种自助行为，没有把风险转移出去。保险投资能把风险转嫁给保险公司，实际上是一种互助合作的行为。

（2）银行储蓄存取自由。保险带有强制储蓄的意味，能帮助投保人迅速积累一笔资金，但只有在保险期满或保险事故发生时才能拿到。

（3）储蓄金额包括本金和利息，是确定的。在保险中能得到的钱是不确定的，它取决于保险事故是否发生，而且金额可能远远高于所交纳的保险费，不过在某些险种中，如定期养老险得到的钱是确定的。

（4）存在银行的钱还是自己的，只是暂时让给银行使用。投保人买保险花的钱归保险公司所有，保险公司按保险合同的规定履行其义务。

有人可能会比较担心保险资金支取的问题，实际上保险理财的资金支取情况分几种：

一是可以灵活支取，如在合同有效期内，投保人可以要求部分领取投资账户的现金价值，但合同项下的保险金额也同时按照比例相应地减少，会影响保障程度。如果全部支取，要扣除准备金账户的费用损耗（因为你已经享受了一段时间的死亡保障），因此只返还保单现金价值，会造成较大损失。现实中，很多保险公司的万能寿险产品为了满足保户的理财需求，在账户管理上讲求"保障少、投资多"的策略。举例来说：人们缴纳10万元的保费，其中只拿出2000元用作责任准备金即可，其余9.8万元用来理财，并且可以灵活支取。

二是不可以随时支取，直到保险期满时，死亡保障金和投资账户的现金价值可以一次返还。

那么要怎样选择保险理财产品呢？保险理财产品种类繁多，但并不是每一款产品都适合自己。一般来说，保险理财产品主要分为三类：传统的分红保险；万能保险；投资连接保险（简称投连险）。这三类保险各有特色，消费者应选择适合自己的种类。

分红保险是指保险公司将上一会计年度该类保险的可分配盈余，按一定的比例、以现金红利或增值红利的方式，分配给客户的一种人寿保险。分红保险分红的多少取决于保险公司的整体经营水平，红利来源于该类保

险的死差益、利差益和费差益产生的可分配盈余。分红保险的诱人之处在于，只要保险公司盈利，其获利水平就高于当时的利率水平。

投资联结保险除了给予客户生命保障外，更具有较强的投资功能。购买者缴付的保费除少部分用于购买保险保障外，其余部分进入投资账户。投资账户中的资金由保险公司的投资专家进行投资，投资收益将全部分摊到投资账户内，归客户所有，同时客户承担相应的投资风险。投资联结保险的收益主要来源于投资账户的收益。分红保险的收益是由保险公司和客户共同分享的，因此，投资风险也由双方共同分担；而投资联结保险的收益由客户完全享有，全部投资风险也由客户独自承担。

万能险是介于分红险和投资连接险之间的一种投资型寿险，它的主要特点就是既有投资收益又享有保障。万能险设有投资和保障两个账户，投保人缴纳的保费一部分进入保障账户，一部分进入投资账户，至于保障账户和投资账户的额度分配，则完全取决于投保人。万能险的年收益率，是指投资账户中资金的年收益率，而不是全部所缴保费的收益率。万能险一般都有保底收益，所以其投资风险相对较低，实际收益率一般会高于保底利率，实际收益率的高低取决于各公司的投资能力。

目前，各保险公司和银行推出的产品很丰富，除了以上主要区别，具体到每一家银行和保险公司，资金收益情况、现金支取相关规定及费用情况都不一样，公众可视自己需要选择。

（1）购买时量力而行。有多少可支配货币资产，购买多少理财保险，资产评估是保险理财的第一步。资产评估主要是针对自己的可流动货币资产及拥有的各种金融产品进行统计分析，按资产合理配置和稳健理财的原则。业内人士认为，银行储蓄产品在个人货币资产中应占据约50%的比例，股票等高风险产品约占10%，投资类保险理财产品约占40%。消费者可以根据这种比例，大致确定投资类保险的购买额度。

（2）选择理想的公司。保险理财产品与一般理财产品不同，具有合同时间长、约束性强的特点，一般要等3~5年后才开始一次性或分期兑现保额和分红收益，这种特点决定了投资者在购买时必须充分了解保险公司的资本实力和财务状况。试想，如果一家保险公司财务状况不好，等保险合约到期时，这家公司都已经破产了，投资者的权益何以保证？同时，投资者应关注保险公司的资金运作能力，如果资金运作能力不强，投资收益有限，保险理财产品的收益也相应有限。

（3）选择合适的产品。银行理财和保险理财主要有以下几方面的区别：

第一，银行理财产品不带有保障功能，而保险理财则有死亡保险的保障功能。变额寿险的缴费是固定的，在该保单的死亡给付中，一部分是保单约定的、由准备金账户承担的固定最低死亡给付额，另一部分是其投资账户的投资收益额。视每一年资金收益的情况，保单现金价值会相应地变化，因此死亡保险金给付额，即保障程度是不断调整变化的。

万能寿险的缴费比较灵活，公众在缴纳首期保费后可选择在任何时候缴纳任何数量的保费，只要保单的现金价值足以支付保单的相关费用，有时甚至可以不缴纳保费。此外，公众还可以根据自身需要设定死亡保障金额，即自行分配保费在准备金账户和投资账户中的比例。因此，死亡保险给付通常分为两种方式：死亡保险金固定不变，等于保单保险金额；死亡保险金可以因缴费情况不断变化，等于保单的保险金额加上保单现金价值。

变额万能寿险的死亡保险金给付情况与万能寿险大体相同。但需要注意，万能寿险投资账户的投资组合由保险公司决定，它要对保户承诺一个最低收益；而变额万能寿险的投资组合由投保人自己决定，他必须承担所有的投资风险，一旦投资失败，他又没能及时为准备金账户缴费，保单的现金价值就会减少为零，保单将会失效，保障功能彻底丧失。

第二，资金收益情况不同。银行理财产品采取的主要是单利，即一定期限、一定数额的存款会有一个相对固定的收益空间。不论是固定收益还是采取浮动利息，在理财期限内，银行理财产品都采取单利。

保险理财产品则不同，大都采取复利计算。即在保险期内，投资账户中的现金价值以年为单位，进行利滚利。

在保险理财产品中，变额寿险可以不分红，也可以分红（目前国内大多属分红型的），若分红，会承诺一个收益底线，分红资金或用来增加保单的现金价值，或直接用来减额缴清保费；万能寿险也会承诺一个资金收益底线，通常为年收益4%或5%；而变额万能寿险则不会承诺，资金盈亏完全由投保人承担。人们在选择变额万能寿险时要注意，某些代理人所出示的"资金收益表"只是保险公司以前的盈利情况，并不代表今后的"一定的"收益。

第三，支取的灵活程度不同。银行理财产品都有固定的期限，如果储户因急用需要灵活支取，会有利息损失。

近年来，保险公司推出了很多既具有保障功能又具有投资功能的保险品种。这些险种不仅起到保障财产和人身安全的作用，还能使保险资金增值。目前，国内理财投资型的保险品种主要有：分红保险、万能寿险和投资连接险。这三种理财投资型保险的风险依次增加，但投资收益的潜能也依次提升。

当人们决定购买理财类保险时，除了要考虑产品本身的特点外，还应该考虑保险公司实力、信誉等方面的因素，应找专业的精算人士咨询之后再做出慎重选择。

定期调整保险计划。随着时间的推移，家庭可能面临新的风险，保险需求、收入水平也会出现变化。鉴于此，公众可以考虑每隔几年定期调整保险计划和保险产品，从而享受充分的保障。

野蛮生长的互联网金融

近几年来，互联网金融已经成为最热门的话题之一，它是传统金融行业与互联网精神相结合的新兴领域。关于互联网金融，笔者还找不到一个权威定义，但根据实际见闻，笔者可以大致描绘出互联网金融的面貌：它是一种以公开、公正、公平为原则的新型金融模式，依托于支付、云计算、社交网络以及搜索引擎、app等互联网工具，实现资金融通、支付和信息中介等业务。它的特点是支付便捷，能大幅减少交易成本，资金供需双方可实现直接交易，不再依赖于银行、券商和交易所等金融中介。从广义上来说，金融的互联网应用，都应该是互联网金融，包括但不限于为第三方支付、在线理财产品的销售、信用评价审核、金融中介、金融电子商务等模式。

互联网金融最早出现于2013年，在这一年里，互联网思维狂潮影响并改变了传统的金融业态和格局。人们看到在线理财从电商平台扩展到了几乎所有门类的互联网平台，余额宝和理财通就是这个领域的佼佼者。而银行、券商、基金、保险等传统金融业机构也开始积极谋变，阿里巴巴、腾讯、百度、新浪、京东、苏宁等互联网企业则开始在金融领域构建自己的业务模式。在金融领域也出现了不少新面孔，除了早期的P2P贷款服务平台，垂直搜索、智能理财、众筹平台等互联网金融形态也纷纷涌现……稍不留神，就会落伍。

从业务上划分，互联网金融有三大板块：第一，互联网交易支付类业务。包括银行利用互联网或移动互联网建立便捷的支付清算渠道，各有关企业也可凭借自身优势，建立第三方支付公司，2011年，全球移动支付交易总金额已经达到了1059亿美元。第二，互联网融资中介类业务。包括依托互联网的P2P借贷融资和通过众筹平台进行的股权融资，其中众筹成为国内外近两年最热门的创业方向之一，仅在2013年第2季度，全球范围内的众筹融资网站已经达到1500多家。第三，互联网理财媒介类业务。这类业务主要基于对大数据及互联网优势的利用，包括利用大数据指导交易决策，发展高频交易；为客户提供一站式的理财服务；用大数据分析客户金融需求，进行营销和客户管理；利用大数据进行宏观政策分析，实现平抑宏观风险的最优货币政策安排；利用大数据进行企业和个人的征信分析等。

近几年，互联网金融发展迅猛，但是由于互联网金融准入门槛较低，导致鱼龙混杂，既有奇形怪状的产品和服务，又充斥着大量伪互联网金融现象，良莠不齐的平台和企业。而若要促使行业健康、可持续发展，就必须在市场监管方面建立完善的制度，既要关注可能出现的风险，也要给处于成长初期的互联网金融留足发展空间。

互联网金融未来的发展之路将充满挑战，但其未来发展也非常令人期待：互联网技术的使用能大大降低金融服务的成本，提高服务效率，促进金融行业的发展日益独立化。2015年，李克强提出了"互联网+"行动计划，对于互联网金融来说，这是一个重大的机遇，它使得互联网金融逐步接近了传统金融的中心地带，并获得了更多跨界合作的机会。

P2P，网贷的前世今生

提起P2P，人们一定不会觉得陌生，铺天盖地的P2P广告完全可以让公众感受到这个行业蓬勃发展。而笔者的一组数据则会让读者更深刻地了解到P2P的火爆：2014年全国网贷平台成交量和期末贷款余额分别突破2500亿元和1000亿元，运营平台数量达1575家，年内共计116万投资者和63万融资者使用P2P网贷平台交易。

P2P借贷是peer to peer lending的缩写，有中文翻译为"人人贷"，P2P网络借贷平台则是P2P技术与民间借贷相结合的金融服务网站。P2P网贷从2007年开始起步，2013年是网贷平台发展的黄金期，网贷平台以平均每天1~2家上线的速度快速增长。值得注意的是，P2P行业在中国大致与美英等发达国家发展同步，借助信息技术的发展，将过去分散的民间借贷搬到了互联网上，让出借人与借款人在网络上能够精准对接。

P2P网贷有多种运营模式，这是其由无准入门槛、无行业标准、无机构监管的特点决定的。

1. 纯线上模式

在这种模式下，资金借贷活动都通过线上进行，不结合线下的审核，不过企业也有审核借款人资质的措施，比如视频认证、银行流水账单审查、身份认证等，此类模式典型的平台有拍拍贷、合力贷、人人贷等。

2. 线上、线下结合的模式

在这种模式下，借款人先要在线上提交借款申请，而平台通过所在城市的代理商采取入户调查的方式审核借款人的资信、还款能力等情况，翼龙贷是比较典型的代表。

3. 债权转让模式

在这种模式下，公司作为中间人对借款人进行筛选，以个人名义进行借贷之后再将债权转让给理财投资者。比如，宜信就采取了这种模式。不过这种模式目前还存在较大争议。

P2P之所以能够如此火爆，首先，是因为其参与门槛低、渠道成本低，在一定程度上拓展了社会的融资渠道。其次，它抓住了庞大的客户群——小微企业及普通个人用户。

但凡事皆有利弊，这类客户资信相对较差、贷款额度相对较低、抵押物不足，且因为信贷审核及催收成本高的原因，不少P2P平台坏债率都非常惊人。

自2014年以来，P2P网贷平台接连出现倒闭，少数平台跑路的信息也给行业带来了不好的影响，同时收益率也在不断下降。但收益率下降其实是P2P网贷回归理性的良好信号，随着风控体系的发展，P2P网贷行业的发展将更加趋于差异化和多元化，单纯追求规模效应的平台将被淘汰，而那些具有特色的企业仍将获得长足的发展。

擦亮眼睛，别落入理财陷阱

手握闲钱，想着"借钱生钱"本是一件好事，但如果心存贪念，总想一夜暴富，那天上掉下来的就恐怕不是"馅饼"，而是陷阱了。如今理财陷阱处处都是，公众一定要小心防范。

1. 银行理财产品

张海先生某年年初在某银行购买了6万美元的外汇理财项目，宣传资料上声称"交由银行专业人士打理，定期获得高额收益"。但一年多时间过去了，张海先生非但没有获得稳定的收益，连本金都损失了几千美元。银行给出的解释是，由于海外市场的资金波动，张海先生的收益受到影响。而当初合同上写明，"交易属于投资型的理财产品"，既然是投资，就会有风险。

在各大银行的理财产品广告宣传单中，随处可见"预期收益稳定""累计净值稳居冠军"等宣传语，然而这些个人理财产品真如宣传的那么"稳"吗？目前一些银行进行产品宣传时，往往只注重"预期收益率达到多少多少"的宣传，但对于产品中暗藏的风险却一言带过。很容易混淆客户对预期收益和实际收益的判断。因此公众一定要在购买产品前擦亮自己的眼睛。

2. 地下炒汇风险

英华小姐经人介绍认识了一位据称有外资背景的某投资咨询公司的交易员万先生，万先生约英华小姐见面，把自己从事的网上外汇交易吹得天花乱坠，还亲自带她去公司进行了解，几位"客户"都表示万先生的外汇交易让他们赚了不少钱。

英华小姐见状，将自己的年终奖拿出来开户，仅3天后，万先生就告诉她已经赚了近一千美元，还劝她加大投资。为了保险起见，英华小姐没有同意。一个月后，万先生声称看错走势，导致单子无法解套，平均每天都亏损好几十美元。账面上的余额日渐减少，英华小姐仔细看对账单，发现每手交易不管是赢是亏，交易商都从中收取50美元的佣金。随后几个月中，仅佣金的支出就高达上千美元。而且，由于存在卖空操作，英华小姐每天还得支出一笔金额不菲的利息。不到半年时间，英华小姐炒汇的钱就被"炒"完了。

一些从事网上外汇交易的机构在从事相关操作时，为客户埋下重重陷阱。无论是合同的签署，交易员的资质，莫名其妙的佣金、利息等，客户稍不留意，就会上当。

更有甚者，部分不法机构甚至压根就不做任何操作，只是提供虚假的对账单，就将客户的钱揣进他们自己的腰包。在选择理财产品时，一定要多加当心，选择正规的理财机构。

3. 委托理财

常女士夫妇都是精英人士，积蓄颇丰，但因工作紧张，无暇打理资产，便根据委托理财广告考察了几家咨询公司，最后选中了一家据称精英人才管理、回报率高达20%的咨询公司，双方签订委托理财合同。之后，常女士一直跟踪该公司的经营情况，两年时间过去了，各种迹象显示，对方不但未能带来所承诺的收益，投资反而出现了不小的亏损。

自己对投资领域缺乏专业知识，委托给他人是否更合适？一些"野鸡"委托理财公司抓住投资者的"保本"心理，在此基础上将盈利"能力"吹得天花乱坠，承诺年收益率从百分之十几、几十甚至几百！盈利能力的浮夸程度，可能恰恰是陷阱深浅的程度。根据国家相关规定，在委托理财关系中，证券公司、信托公司等单方面承诺的最低收益是无效的，也是不允许的。

投资有风险，理财需谨慎。目前，各类互联网理财产品层出不穷，公众在选择理财产品时，一定要审慎选择，对理财产品的提供者、风险程度等进行理性客观分析。切勿贪图高利息，也不能轻信诸如"保本保息"的保底承诺。

4. "地下保单"

2005年，王老板通过自己的生意合作伙伴林老板认识了来自香港的保险代理人范某。在范某的游说之下，当时不知道保险是何物的王老板在深圳签署了一份香港保险公司的人寿保险，年缴保费约2万美元，合同约定12年缴清，从60周岁时开始返还。

2016年，保险公司突然通知王老板，代理人范某已经'消失'了，此前两年代收的保费也没有交给公司，因此他的这份保单将失效。20多万美元一朝打了水漂，王老板决定退保，多次去香港后，他终于拿回部分投资款。

由于国内保险公司不能提供客户所需的外币给付长期性寿险产品，导致"地下保单"长期存在。"地下保单"在国内不受法律保护，风险极大，一旦发生纠纷，投保人要到港澳地区索赔或者起诉保险业务员，十分困难。此外，还有一些"地下保单"甚至就是伪造的假保单。

王老板的经历是"地下保单"客户中经常遇到的经历：购买之初即有一定的误导成分，还时常发生卷走保费的行为，退保、理赔也波折丛生。

事实上，即使是内地保险理财，也会出现陷阱的可能。为了扩大业务，许多保险公司在产品宣传上煞费苦心，带有明显的误导性；保险业务员也常常以"投保自愿，退保自由"来吸引投资者，但对中途退保使投资者造成的大额损失却只字不提。

第8章　缺钱时怎么办，怎样成为资本运作高手

——每天学点融资知识

洗钱：将钱由"黑"变"白"

1983年，纽约银行发生了这样一件事情：有客户把多笔大额资金由一家俄罗斯银行账户转移到纽约银行的两个账户，该两个账户以A公司和B公司的名义开立。调查人员发现A公司和B公司的账户均由Peter开设，该男子为俄罗斯人，于1991年移居美国，其妻子Lucy也是俄罗斯裔移民，受雇于纽约银行的伦敦分部。

A公司和B公司的账户于1981年前设立，此后的1年期间，共有超过60亿美元的资金流经这两个账户。大部分资金是以电汇的形式每天从俄罗斯转入这两个账户，而且金额庞大。上述资金随后（一般是在当天）会从这两个账户转发世界各地的众多收款人。多数情况下，每天从A公司、B公司账户汇出的电汇次数均数以十计，甚至百计。

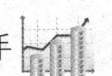

除转账的金额多数相等外，款项的收款人均大多身处一些"离岸金融中心"或"避税天堂"，如卢森堡、列支敦士登、瑙鲁等。有关款项大部分随后转入不同投资公司的投资户口，用于证券股票和基金买卖。

这就是一个典型的洗钱案例，一些来历不明的钱，就是在这样的运作中由黑变白的。那么，洗钱会对金融经济带来怎样的危害呢？洗钱的手法又是怎样的呢？

洗钱活动最早出现在20世纪20年代，当时美国芝加哥的一名黑手党成员开了一家洗衣店，在每晚计算当天的洗衣收入时，他把那些通过赌博、走私、勒索获得的非法收入混入洗衣收入中，再向税务部门纳税，扣去应缴的税款后，剩下的非法所得就成了他的合法收入。这就是"洗钱"一词的由来。

如果给洗钱下一个定义，那就是指将毒品犯罪、黑社会性质的组织犯罪、恐怖活动犯罪、走私犯罪或者其他犯罪的违法所得及其产生的收益，通过各种手段掩饰、隐瞒其来源和性质，使其在形式上合法化的行为。而从金融交易角度，笔者可以对洗钱进行这样的描述：犯罪分子及其同伙利用金融系统将资金从一个账户向另一个账户作支付或转移，以掩盖款项的真实来源和受益所有权关系；或者利用金融系统提供的资金保管服务存放款项。

据国际货币基金组织统计，全球每年非法洗钱的数额占世界国内生产总值的2%~5%，介于6000亿~18 000亿美元，且每年以1000亿美元的数额不断增加。要知道，洗钱并不只是少数犯罪分子占有非法收入那么简单的事，从金融管理秩序角度来看，洗钱活动往往借助于合法的金融网络清洗大笔黑钱，这不仅侵害了金融管理秩序，而且也严重破坏了公平竞争规则，破坏了市场经济主体之间的自由竞争，从而对正常、稳定的经济秩序带来一定的负面影响。

洗钱通常以隐藏资产来源为目的。典型的交易分三个过程：①入账，即通过存款、电汇或其他途径把不法钱财放入一个金融机构；②分账，也就是通过多层次复杂的转账交易，使犯罪活动得来的钱财脱离其来源；③融合，以一项显示合法的转账交易为掩护，隐瞒不法钱财。通过这些过程，罪犯就可把非法所得转移并融合到有合法来源的资金中。

一般来说，不论是公司之间还是个人之间，大笔款项的移动通常使用支票、转账等方式通过正规的金融系统进行。这些金融活动都有案可查，有线索可以追踪。如果忽然出现大笔现钞移动，就会受到关注；而非法活动往往以现钞交易。所以，洗钱最重要的一步是第一步，就是让黑钱摇身一变而成为合法形式，进入正规的金融系统。不仅如此，进入金融系统后，黑钱往往还要做多次转移和参加各种交易，目的是模糊来源线索，这叫"多次漂白"。

洗钱的方式虽然花样繁多，但通常的做法主要有以下几种：

一是让非法收入取得在金融系统里有合法的存在形式。洗钱者可能会与金融机构的工作人员串通，开立假名的账户，或以他人名义开立账户。由于大多数发达国家的银行规定，存入一笔现钞如超过一定数额就要书面申报来源，所以就经常使用化整为零的方法，将大笔现钞拆分后存入。为了使受贿的非法收入可以为自己控制和使用，将资金交由自己的亲友或亲信开立账户，或用来购买国库券、债券、股票等，也是常见的洗钱方法。

二是使用银行之间的电汇方式把钱直接转移到海外金融机构。国际金融交易机构"国际银行间金融业务电信联盟"（SWIFT），其每天处理的电子金融交易超过1000亿笔。由于在通过SWIFT确认电汇人身份时缺乏统一的标准，因此利用电汇洗钱的人大有人在。

三是通过一些非正规的"地下钱庄"系统。如哈瓦拉就是一种在阿拉伯世界被广泛使用的地下银行交易网络，已经存在几百年。具体交易过程是汇款人将现金交给地下银行的某家分行，这个分行与另一家分行之间通过电话、传真或信件等方式互相联系，说明汇款的详细情况，最后由后者将现金送至目的地。这种交易方式几乎不留任何可追查的记录。海外的阿拉伯人通常习惯通过这种地下交易网络向国内汇款。美国和英国的情报部门发现，基地组织和哈马斯运动等组织都经常利用哈瓦拉来转移资金。我国发生的很多贪污事件里，犯罪分子把非法收入转移出境也往往通过地下钱庄。因为地下钱庄不受执法机构监督，为非法资金调动提供了条件。据估计，世界上每年大约有1000亿~3000亿美元是通过这种地下钱庄交易的。

除了以上方法，还有利用进出口贸易的差价进行洗钱的，通过投资活动洗钱的，以及利用网上银行、网上交易洗钱的，种类繁多，难以尽述。

面对形形色色的洗钱手段，针对洗钱活动的特点，各国都在努力防范。美国早就有了《洗钱控制法》，明确地规定了非法金融交易罪、非法金融转移罪和以非法所得进行金融交易罪。我国刑法里早就有洗钱罪，但是随着经济的不断发展，还需要加强对洗钱的打击力度，这样才能维护好我国的金融秩序。

私募基金领跑中国私募舞台

私募基金起源于美国。1976年，华尔街著名投资银行贝尔斯登的三名投资银行家合伙成立了一家投资公司，专门从事并购业务，这是最早的私募股权投资公司。迄今，全球已有数千家私募股权投资公司，黑石、KKR、凯雷、贝恩、阿波罗、德州太平洋、高盛、美林等机构是其中的佼佼者。

众多的私募股权投资公司在经过了20世纪90年代的高峰发展时期和2000年之后的发展受挫期之后，目前重新进入上升期。据英国调查机构2007年2月统计，世界共有950只私募股权投资基金，直接控制了4400亿美元。那么，私募基金与公募基金相比到底有哪些不同？它又是怎样运作的呢？

私募是相对于公募而言，是就证券发行方法的差异，以是否向社会不特定公众发行或公开发行证券的区别，界定为公募和私募，或公募证券和私募证券。

金融市场中常说的"私募基金"或"地下基金"，是一种非公开宣传的，私下向特定投资人募集资金进行的一种集合投资。其方式基本有两种：一是基于签订委托投资合同的契约型集合投资基金。二是基于共同出资入股成立股份公司的公司型集合投资基金。

私募基金是与"公募"相对应的，公募基金即人们生活中常见到的开放式或封闭式基金，面对大众公开募集资金，国内的入门起点一般是1000元或1万元等。而私募属于"富人"基金，入门的起点都比较高，国内的起点一般为50万元、100万元甚至更高，基金持有人一般不超过200人，大型的私募往往通过信托公司募集，一般投资者很难加入其中。但总是躲在幕后的私募基金机构无疑是投资理财市场最耀眼的明星，其投资业绩普遍都高于公募基金。基金、券商集合理财等与之相比，简直不值一提。

私募基金法律上是合伙人企业形式。按照美国的法律，只要合伙人机构不超过一定人数，机构就没有披露责任，可以躲过披露责任。设在伦敦的一家思想库金融创新研究中心有份调查报告，对私募基金隐秘性的论断是："复杂性和隐蔽性并不是精明的表现，而是寻租的证明。"

目前，私募作为一个专用词汇也越来越频繁地在中国资本市场上出现。但我国现行《公司法》《证券法》上并没有关于私募定义的明确规定。在国内一般将未上市公司或拟上市公司在上市前的私募融资活动简称为"私募"，已上市公司的私募融资活动更多的时候被称作"向特定投资者非公开发行股票"，简称为"定向增发"。

那么与公募基金相比，私募基金有哪些特点呢？

首先，私募基金通过非公开方式募集资金。在美国，共同基金和退休金基金等公募基金，一般通过公开媒体做广告来招徕客户，而按有关规定，私募基金则不得利用任何传播媒体做广告宣传，其参加者主要通过获

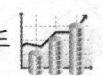

得的所谓"投资可靠消息"，或者直接认识基金管理者的形式加入。

其次，在募集对象上，私募基金的对象只是少数特定的投资者，私募基金圈子虽小门槛却不低。比如在美国，对冲基金对参与者有非常严格的规定：若以个人名义参加，最近两年个人年收入至少在20万美元以上；若以家庭名义参加，家庭近两年的收入至少在30万美元以上；若以机构名义参加，其净资产至少在100万美元以上，而且对参与人数也有相应的限制。因此，私募基金具有针对性较强的投资目标，它更像为中产阶级投资者量身定做的投资服务产品。

最后，和公募基金严格的信息披露要求不同，私募基金这方面的要求低得多，加上政府监管也相应比较宽松，因此私募基金的投资更具隐蔽性，运作也更为灵活，相应获得高收益回报的机会也更大。

私募资金必须要符合以下特征：第一，私募是有组织进行募集，这个募集者必须是一个组织，而不是个人。第二，私募之前必须发起设立公司，在具备一定条件和资格时才能去募集。第三，私募要确定募集的范围。第四，私募要确定募集的标准。第五，募集资金怎样投资要有一个章程。第六，私募资金要明确投资的组合，投资的一些限制。第七，私募资金要保护投资者的利益。第八，私募资金要及时公开披露信息。

私募基金的主要运作方式有两种：

第一种是承诺保底，基金将保底资金交给出资人，相应地设定底线，如果跌破底线，自动终止操作，保底资金不退回。

第二种是接收账号（即客户只要把账号给私募基金即可），如果跌破约定亏损比例（一般为10%~30%），客户可自动终止约定，对于约定盈利部分或约定盈利达到百分比（一般为10%）以上部分按照约定的比例进行分成，此种都是针对熟悉的客户，还有就是大型企业单位。

票据贴现：不可小视的融资工具

信誉卓越的吉列刀片公司要买100万美元的钢材，它只拿出20万美元现金，同时交给自来钢铁厂一张纸片，上面写着："这是价值80万美元的吉列刀片公司钞票，半年后可以向吉列公司贴现。"1个月后，钢铁厂在购买80万美元的设备时付出了这张"钞票"："拿好了，这是大名鼎鼎的吉列公司的钞票，到期即可兑换哦。"……就这样陆续转手5次，5笔买卖全部成交。

3个月后，拥有这张"钞票"的建筑公司急需现金，一家金融公司说："给我这张钞票，我付给你80万美元现金。"在扣除3个月贴现利息后，金融公司付账。又是3个月后，它们向吉列公司领取了80万美元现金。

结果是因为有了这张票据，在3个月内多了5次买卖，虚拟资金增加了5次流动。这就是票据贴现，那么票据贴现是怎样产生的？它对经济发展有何助益呢？

票据贴现是指资金的需求者，将自己手中未到期的商业票据、银行承兑票据或短期债券向银行或贴现公司要求变成现款，银行或贴现公司（融资公司）收进这些未到期的票据或短期债券，按票面金额扣除贴现日至到期日的利息后付给现款，到票据到期时再向出票人收款。对持票人来说，贴现是将未到期的票据卖给银行获得流动性的行为，这样可提前收回垫支于商业信用的资本，而对银行或贴现公司来说，贴现是与商业信用结合的放款业务。

票据贴现可以使一部分闲散资金拥有者互相利用，共获利益。故贴现在货币市场活动中处于中心地位。票据贴现市场与其他市场相比较，有许多特殊的优点。对银行来说，贴现银行可获得如下利益：利息收益较多、资金收回较快、资金收回较安全等。对于贴现企业，通过贴现可取得短期融通资金。

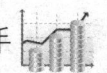

银行在贴现票据时，贴现付款额的计算公式如下：

银行贴现付款额=票据面额×（1-年贴现率×贴现后至到期天数÷365天）

票据贴现的出现是有其现实基础的。要知道企业运营跟人们过日子没有什么不同，也经常会因缺钱而犯愁，比如回款不及时、出现大额投资项目等，这时就急需周转资金，可是贷款周期较长，依靠贷款往往会失去商机。这时，中小企业手中的票据就可以派上用场了。

一般来说，采用商业汇票进行交易结算的中小企业，往往持有大量汇票。而从企业收到票据至到期兑现日，资金处于闲置状态少则几十天，多则300天。而其中的银行承兑汇票以及付款方为优质大型企业的商业承兑汇票，恰是中小企业可以利用的低成本融资资源。

票据贴现可分为卖方付息票据贴现业务、买方付息票据贴现业务和协议付息票据贴现业务。也就是说，票据贴现利息的承担方可是卖方，也可是买方，还可由买卖双方协商按比例共同承担，从而最大限度地满足企业的个性化需求。

如中小企业在业务交往中作为买方，面临强势的卖方时，卖方往往不愿接受中小企业的票据支付。因为对卖方而言，接受票据就意味着自有资金的冻结，或者需要用贴现利率换取资金流动性。对此，中小企业可选择对买、卖双方有益的"买方付息票据"，即票据贴现的利息由买方支付。

这样，作为买方的中小企业，能随开随用，以较低的成本获得流动资金支持，并通过该产品约期支付、现金采购，获得商业折扣，达到降低资金成本的目的。对卖方来说，既不需付出贴现成本，又能利用票据结算规范买卖双方债权债务关系，减少赊销风险和坏账损失。

那么目前贴现市场交易种类有哪些呢？

一般而言，票据贴现可以分为三种，分别是贴现、转贴现和再贴现。贴现是指客户（持票人）将没有到期的票据出卖给贴现银行，以便提前取得现款。一般工商企业向银行办理的票据贴现就属于这一种；转贴现是指银行以贴现购得的没有到期的票据向其他商业银行所作的票据转让，转贴现一般是商业银行间相互拆借资金的一种方式；再贴现是指贴现银行持未到期的已贴现汇票向人民银行的贴现，通过转让汇票取得人民银行再贷款的行为。再贴现是中央银行的一种信用业务，是中央银行为执行货币政策而运用的一种货币政策工具。

票据贴现的种类还可以根据票据的不同分为银行票据贴现、商业票据贴现、债券及国库券贴现三种。

票据贴现其实就是一种变相的"快速贷款"。不过票据贴现和发放贷款，都是银行的资产业务，都是为客户融通资金，但两者之间却有许多差别。

第一，资金流动性不同。由于票据的流通性，票据持有者可到银行或贴现公司进行贴现，换得资金。一般来说，贴现银行只有在票据到期时才能向付款人要求付款，但银行如果急需资金，它可以向中央银行再贴现。但贷款是有期限的，在到期前是不能回收的。

第二，利息收取时间不同。贴现业务中利息的取得是在业务发生时即从票据面额中扣除，是预先扣除利息。而贷款是事后收取利息，它可以在期满时连同本金一同收回，或根据合同规定，定期收取利息。

第三，利息率不同。票据贴现的利率要比贷款的利率低，因为持票人贴现票据目的是为了得到现在资金的融通，并非没有这笔资金。如果贴现率太高，则持票人取得融通资金的负担过重，成本过高，贴现业务就不可能发生。

第四，资金使用范围不同、持票人在贴现了票据以后，就完全拥有了资金的使用权，他可以根据自己的需要使用这笔资金，而不会受到贴现银行和公司的任何限制。但借款人在使用贷款时，要受到贷款银行的审查、监督和控制，因为贷款资金的使用情况直接关系到银行能否很好地回收贷款。

第五，债务债权的关系人不同。贴现的债务人不是申请贴现的人而是

出票人即付款人，遭到拒付时才能向贴现人或背书人追索票款。而贷款的债务人就是申请贷款的人，银行直接与借款人发生债务关系。有时银行也会要求借款人寻找保证人以保证偿还款项，但与贴现业务的关系人相比还是简单得多。

第六，资金的规模和期限不同。票据贴现的金额一般不太大，每笔贴现业务的资金规模有限，可以允许部分贴现。票据的期限较短，一般为2~4个月。然而贷款的形式多种多样，期限长短不一，规模一般较大，贷款到期的时候，经银行同意，借款人还可继续贷款。

债权融资：风生水起的中短债投资机会

如江浙地区某房地产开发企业，项目总投资1亿元，自有资金3000万元，银行未偿还贷款5000万元，以企业名下物业（评估值1亿元）做抵押。尚需要借款1亿元，用于偿还银行到期贷款并完成项目建设工程（因为银行借款未还，且已经展期，因此，不能从银行再贷款，只能寻求其他融资渠道）。最后这家房地产开发企业从一个金融公司融资，金融公司先为其偿还了5000万元银行借款，同时物业重新做抵押登记，再借出5000万元为其完成项目后期施工。

这是一个典型的债权融资案例，那么债权融资是怎样进行的呢？

债权融资也叫作债务融资，所谓债权融资是指企业通过借钱的方式进行融资，债权融资所获得的资金，企业先要承担资金的利息，另外在借款到期后要向债权人偿还资金的本金。债权融资的特点决定了其用途主要是解决企业营运资金短缺的问题，而不是用于资本项下的开支。

债权融资产生的结果是增加了企业的负债，债权融资按渠道的不同主要分为银行信用、民间信贷、债券融资、信托融资、项目融资、商业信用及其租赁等。

债权融资，相对股权融资面对的风险较简单，主要有担保风险和财务风险。作为债权融资主要渠道的银行贷款一般有三种方式：信用贷款、抵押贷款和担保贷款，为了减少风险，担保贷款是银行最常采用的形式。

那么，具体来说债权融资是怎样进行的呢？

企业向银行借钱，先要找一家有一定经济实力的企业做担保人，对银行贷款承担连带责任，当民营企业寻找担保企业时，往往对方也会要求你承诺为对方做担保向银行贷款，这种行为称为互保。大量的互保容易使企业间形成一个担保圈，一旦圈中一家企业运作出现问题，就有可能引起连锁反应，导致其他企业面临严重债务危险。

民营企业老板的私人信用，相当于民间的私人借款。这是民营企业债权融资的独特方式：既是最不规范的企业融资方式，也是民营企业内最普遍的融资方式。融资金额一般较小，稳定性难以确定。

企业间的商业信用。这是以应付购货款和应付票据的方式从供货厂家进行资金筹集的一种方法，即通过企业间的商业信用，利用延期付款的方式购入企业所需的产品，或利用预收货款、延期交付产品的方式，从而获得一笔短期的资金来源。

租赁。现代租赁是一种商品信贷和资金信贷相结合的融资方式，对需方企业来讲，它具有利用租赁业务"借鸡生蛋，以蛋还钱"的特点，以解决企业的资金不足，减少资金占用，发展生产，提高效益。目前租赁的形式很多，有经营租赁、代理租赁和融资租赁等。

银行或其他金融机构贷款。这种方法能够比较容易且迅速地达到融资的目的，其具体方式有票据贴现、短期借款、中期借款和长期借款。但是要大量及时取得银行等金融机构的贷款却是一件十分困难的事情，因为贷款人特别重视资金的安全性，并为此对企业提出了系统的财务指标控制如资产负债率、增长率、利润率等，尤其在企业暂时陷入困境时，很难满足银行的一系列要求。

从资本市场融资。企业可以通过在金融市场发行债券的方式融资，这主要用于筹集长期资金的需要。目前，我国债券市场规模偏小，品种单一，有待于进一步完善。

利用外资。其形式主要有卖方信贷、买方信贷、补偿贸易、外国政府

贷款、国际金融机构贷款等。以上列举的企业债权融资的方式，对企业来说，其负债的种类是多种多样的，是多种负债形式的组合，企业应根据自己的经营状况、资金状况及所具备的条件，决定本企业的举债结构，并随时间及企业经营状况的变化随时调整这一举债结构。

蔚然成风的股权融资

某民营企业由国企改制而成，改制后有超过两年完整经营记录，发展也比较顺利。2004年该企业的净利润超过人民币2000万元，2005年净利润超过3000万元。2005年净资产约7500万元人民币。企业产品销售市场稳定，其中60%产品出口国外。后来该企业为了提升生产能力，降低生产成本，从而增强盈利能力，计划购入约5000万元生产设备，并确定引进策略投资者以股权投资方式解决购买设备所需资金。

这家企业联系了一个大型金融公司，经过一轮接洽，最终确定操作性最可行的中国香港地区某投资机构，投资者先后对企业进行了多次实地考察，并进行市场等多方面的分析后，最终签订了投资意向书。随后投资者对该企业进行投资前的尽职调查，包括财务方面及法律方面的尽职调查，这方面的工作，投资者聘请了境外的会计师及律师来完成。由于该企业前期进行了充分的准备，尽职调查工作进展顺利，结果满意。在专业机构调查报告结果正确的基础上，投资者很快决定了对该企业的股权投资，以5000万元港币投资占该企业约30%的股权。在投资完成后，该企业正在为下一步申请直接上市做准备。

这是一次完整的股权融资过程，这样的案例并不少见，股权融资已经成为很多企业的融资选择。

股权融资是指企业的股东愿意让出部分企业所有权，通过企业增资的方式引进新的股东的融资方式。股权融资所获得的资金，企业无须还本付息，但新股东将与老股东同样分享企业的赢利与增长。

股权融资按融资的渠道来划分，主要有两大类，公开市场发售和私募发售。所谓公开市场发售就是通过股票市场向公众投资者发行企业的股票来募集资金，包括人们常说的企业的上市、上市企业的增发和配股都是利用公开市场进行股权融资的具体形式。所谓私募发售，是指企业自行寻找特定的投资人，吸引其通过增资入股企业的融资方式。因为绝大多数股票市场对于申请发行股票的企业都有一定的条件要求，例如，我国对公司上市除了要求连续3年赢利之外，还要求企业有5000万元的资产规模，因此对大多数中小企业来说，较难达到上市发行股票的门槛，私募成为民营中小企业进行股权融资的主要方式。

传统的资本结构理论认为，股权融资的成本高于负债融资，原因不难理解：一方面，从投资者的角度讲，投资于普通股的风险较高，要求的投资报酬率也会较高。另一方面，对于筹资公司来讲，股利从税后利润中支付，不具备抵税作用，而且股票的发行费用一般也高于其他证券，而债务性资金的利息费用在税前列支，具有抵税的作用。因此，股权融资的成本一般要高于债务融资成本。但由于目前我国资本市场与上市公司没有严格的股利分配限制，利用股票融资的成本反而较低。主要因为：

第一，股本没有固定的到期日，无需偿还。与债权融资相比，股票融资不存在到期还本付息的压力，尤其在中国目前还没有建立有效的兼并破产机制的情况下，上市公司一般不用过分考虑被摘牌和被兼并的风险。因此，股权资金的长期无偿占用几乎被认定是无风险的，是公司永久性资本，在公司持续经营期内都无需偿还，除非公司解散。

第二，没有固定的股利负担。目前我国上市公司运作还不规范，上市公司在股利分配形式上广泛采用除现金股利以外的送股、配股、暂不分配等形式，使股权融资成本息得较低。公司有盈利，并认为适合分配股利，就可以分给股东；公司盈利较少或虽有盈利但现金短缺或有更有利的投资

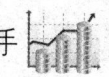

机会，也可以少付或不付股利。

第三，筹资风险小。目前我国证券市场规模较小，可供投资的对象很少，投资者的投资需求又非常大，进行股票投资的热情也较高，这使我国股票市场的市盈率和股价长时间维持在较高的水平，非常有利于上市公司及时足额地募集资金。并且由于普通股股本没有固定的到期日，一般也不用支付固定的股利，不存在还本付息的风险。

第四，普通股筹资形成权益性资本，能增强公司信誉。普通股股本以及由此产生的资本公积金和盈余公积金等，是公司对外负债的基础，有利于进一步拓展公司融资渠道，提高公司的融资能力，降低融资风险。

金融租赁：古老产业与现代金融的结合

2004年4月初，在沪上金融租赁公司新世纪金融租赁有限责任公司的成功运作下，全国首个房地产"售后回租＋保理"融资项目正式签约——沪上一家大型房地产公司将其拥有的海南一家著名大酒店出售给金融租赁公司，并签订了5年的"售后回租"合同；金融租赁公司又与一家股份制商业银行签订"国内保理业务"合同，将房地产售后回租形成的租金应收款卖给银行，房地产公司一次性完成融资金额高达6亿元。

那么金融租赁的融资过程是怎样的呢？它有什么特点呢？

金融租赁是由出租人根据承租人的请求，按双方的事先合同约定，向承租人指定的出卖人，购买承租人指定的固定资产，在出租人拥有该固定资产所有权的前提下，以承租人支付所有租金为条件，将一个时期的该固定资产的占有、使用和收益权让渡给承租人。这种租赁具有融物和融资的双重功能。金融租赁可以分为三大品种：直接融资租赁、经营租赁和出售回租。

租赁是一个古老的行业，融资租赁将金融与产业更有效地结合起来。在金融日益产业化和产业日益金融化的今天，融资租赁不应该仅仅是一种可有可无的修饰和点缀，而应该承担更大的责任。

150年前的伦敦东部地区，煤矿已经采用租赁的方式从制造商处获得烧煤的机车，当时人们普遍采用的方式是签订以星期为单位的租赁，并将其展期至数年。实际上，这已经初步具备了现代融资租赁的雏形。

同一时期，在大西洋彼岸的美国，租赁业务从19世纪中后期开始也有很大的进步，例如，1877年美国贝尔电话公司向企业和个人出租电话机，电话租赁业务得到普及；19世纪末期，美国联合制鞋公司向制鞋商出租制鞋机等。

与其他许多金融创新一样，真正现代意义上的融资租赁产生于美国。

资料显示，第二次世界大战以后，世界经济开始复苏，美国的经济迫切需要完成从战时的军工生产向民用工业转变。在此过程中，由于国际竞争加剧，制造商降低成本的要求非常迫切。

但在当时，美国政府采取了金融紧缩政策，大多数企业很难筹措到资金。在这种情况下，出现一种不依靠自有资金和借款即可引进设备的机制也就变得顺理成章了。

资料显示，1952年，美国加利福尼亚州一家小型食品加工厂的经理亨利·斯克费尔德，因没有资金更新陈旧的带小型升降机的卡车，便考虑以每月125美元的代价租用卡车，并和经纪人达成了协议。

据此，亨利·斯克费尔德产生了建立租赁公司的设想，并向一家商会的负责人提出了建议。正好该商会当时正准备引进价值50万美元的新设备，但又不想为此一次性支付全部购买款项。于是，双方动员了一些支持者，共同努力提出了租赁方案，并成功地从美国银行获得了约50万美元的贷款，作为出租给该商会设备的购入资金。

由于此次交易非常成功，1952年，亨利·斯克费尔德创建了美国租赁公司，其主营业务是根据顾客的需要从其他制造商处购进设备，再租赁给

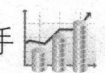

顾客。这样，既解决了顾客尽早利用机器设备的问题，又解决了顾客资金不足，难以一次性付款的难题。亨利的公司被公认为是世界上第一家现代意义的融资租赁公司。

金融租赁作为成熟资本市场国家与银行和上市融资并重的一种非常通用的融资工具，成为大量企业实现融资的一个重要和有效的手段，在一定程度上降低了中小企业融资的难度。同时金融租赁和其他债权、股权以及信托等金融工具的结合，产生了大量的金融创新。

构成金融租赁的几个关键要素分别为承租方主体、出租方主体、期限、租赁标的。而随着市场的发展和需求的多样性，金融租赁的表现形式丰富多样，出现了许多新式的租赁服务，比如回租、委托租赁、转租赁、合成租赁、风险租赁等，但总起来讲不外乎两种基本的模式，一种是出租方将标的物购买后移交承租方使用，另一种则是将购买标的物的资金以类似于委托贷款的方式交给承租方，由租赁方购买既定的标的物。而通过金融租赁实现融资的基本特征在于承租方的最终的目的是取得标的物的所有权，因此，从期限和金额上来看，租期通常会接近标的物的使用寿命。在金融租赁相对成熟的市场中，这个期限一般界定为设备使用寿命的75%，而从租金的总额度上来看，也会接近标的物的购买价格，通常界定为购买价格的90%，或者双方约定在期满后承租人某种方式获取标的物的所有权。

金融租赁适用的范围也非常广，对于企业来说从厂房、设备、运输工具甚至软件、信息系统都可以适用，无论是大型的国有企业、医院，还是中小型的企业，都可以采用金融租赁的方式。

同时，金融租赁还具备了这样几个特征：第一，可以获得全额融资。第二，可以节省资本性投入。第三，无须额外的抵押和担保品。第四，可以降低企业的现金流量的压力。第五，可以起到一定的避税作用。第六，从某种意义上来说，可以用做长期的贷款的一个替代品。

但同时金融租赁不可避免地有自身的诸多限制，无论是在国内还是国外，它所能满足的需求总量是有限的，同时也具有比较强的风险收益特征和行业的指向性。从总量的角度来看，国内目前金融租赁相对侧重的行业是医疗和公用事业类，但是针对中小企业的租赁服务也在逐步增加；在企业规模上也有一些对资产、经营状况的硬性指标要求。

金融租赁公司有一套严格的审核手续：首先，会对企业及其融资项目的风险进行充分评估。其次，是对项目盈利能力的一个判断，而这一点与租赁公司收取的租金或者利率以及租赁期限有着紧密的关联，金融租赁的总成本通常会高于同期银行贷款利率。最后，就是从金融租赁风险控制的角度出发，对于标的物有着严格的要求，通常集中在具有一定抵押意义和可变现的设备、厂房等物品上，部分租赁公司还将标的物限制在特定的行业和应用领域中。此外，作为融资方或者承租方还需要提供一定数量的保证金，额度相当于总融资额度的20%左右。

融资是一种技术，更是一种艺术，对于融资企业而言，最重要的有两件事：第一，是要认清自己，明确自己的定位。第二，就是结合自己的定位，找到合适的金融工具或者金融工具的组合。而在融资的定位和实施过程中，有专业机构的参与和协助会事半功倍。

巧用典当让资产流动起来

在某典当行里，李先生正在整理自己的典当资料。他有两套房产作典当，市价总值在100万元左右，现在他急需一部分资金作自有企业经营的资金周转。按照评估价，他的房产可以贷到80万元。李先生是浙江人，习惯于实业投资。后来一个偶然的机会他认识了一个精于炒股的朋友，当时他自己的实业投资也是面临很大的竞争压力，倒可以在股市上小试牛刀一把，没想到在短短1个月里就赚了2万元。他再投入资金，运气还不错，没赔少赚。李先生决定干脆在当年8月份全心地做股票投资，很快他在股市

中投入了80多万元。但他苦于在市场利好时，没有钱再买股票，很无奈地看着股票在涨；而在精心挑选长期利好的股票下跌时，也因为没有钱而不能低价补仓。困于缺钱，他正想到典当行去试试，居然成功地获得了80万元的借款。

无论对个人还是企业，典当都是一种比较好的融资方式。

对于典当，公众都不觉得陌生，毕竟典当存在了成百上千年，但典当也被人们大量地抨击、指责和压制，长期受到很不公正的待遇，这种状况必须逐步加以转变。

旧式典当的确问题很多，形象很差，给社会造成了相当严重的负面影响。如当金额度小、典当期限短、当金利率高，加之典当行恶意经营操作等，历代颇遭人反感。

其一，世界各国和地区的典当立法，使典当的法定利率很高。

比如在西方国家，典当法定利率高是普遍现象。英国早在《1872年典当商法》中就规定，典当月利率最高为2.08%左右，而目前该国实行的现代典当市场化利率，更是已经攀上月利率4%~6%的台阶。从美国来看，该国堪称是全球典当法定利率最高的国家。1812年纽约市议会通过法律，规定典当的年利率为25%，只有当金数额在25美元以下的，典当年利率才为7%。1910年，美国有17个州颁布了典当法律，分别规定了典当的法定利率，其中最高的是新墨西哥州，月利率为10%、特拉华州为8%。最低的亚利桑那州也达到了4%。而至20世纪90年代，美国所有州都相继修正了自己的典当法律，其中典当法定利率最高的州居然达到了月利率25%，即年利率300%，令人瞠目结舌。

其二，典当行在实践中恶意操作，变相提高了典当贷款的资金价格。

这一点在中国典当业发展史上表现得最为明显。例如，虚本足利就是最典型的一种恶意操作。按照这种方法，典当行在支付当金时，先打折扣，不给实额。如当户应得当金10元，但典当行只付9元，谓之"九扣"。然而在当户前来赎当时，则典当行又按10元计收本息。此例若按月息3分计算，则10元当金应付月息3角，年息为3.6元，外加本金10元，合计13.6元，故称"九出十三归"。因是虚本，典当行当金9元实得息4.6元，故年利率高达51%以上。其中有1元钱并未贷出，纯系无本生利。可见，一些典当行正是通过这种虚额出本十足取利的方法，对当户进行巧取豪夺的。旧社会流行的还有"以八当十""九八出，满钱入"之类的黑幕等，也属典当行的坑人之举。这些无疑使典当的社会形象不可避免地遭受到严重的破坏。以上所见，典当高昂的资金价格至少是决定其难以融入一国主流融资渠道的原因之一。

典当消极的一面被人不断诟病，而典当积极的一面却鲜为人知，未受到社会舆论的关注。例如，欧洲最早的典当行完全是作为慈善机构的面目出现的。15世纪60年代，天主教会系统中的方济会在意大利率先建立了非营利性的"公立当铺"，又译"怜悯银行"，纯属公益性、慈善性的社会救济组织。目的是通过向广大城乡手工业者和贫民发放无息质押贷款，以对抗社会上日益猖獗的高利贷。这类典当行只需当户到期偿还本金，后来才逐渐过渡到发放低息质押贷款的阶段。18世纪中后期，奥地利维也纳、法国巴黎等市政机构，也仿而效之开办了政府组织经营的公益典当行，且一直延续至今。19世纪中期，就连美国也相继出现了一些这类慈善性典当机构。马克思在《资本论》中曾明确指出："在这里，我们且不说公立当铺那样的东西。那是一种反高利贷的措施，……意图在高利贷下保护贫民。"不过，尽管典当业在历史上曾有过自己的辉煌，但由于其不良表现等黑暗面更多一些而致其口碑始终不佳，于是造成至今仍有相当多的人对典当毫无了解或者一知半解，只知其坏，不知其好，尤其不晓得其作为一种特殊的融资方式，给现代社会所带来的正面影响和所起到的积极作用。这种状况理所当然地造成一些人认识上、理念上的偏颇。

不管怎么样，以上认识和理念显然都已经落伍。现代的典当是指当户将其动产、财产权利作为当物质押或者将其房地产作为当物抵押给典当行，交付一定比例费用，取得当金并在约定期限内支付当金利息、偿还当

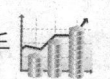

金、赎回典当物的行为。典当行具有两个基本功能：融资服务和商品销售服务。

对于公众来说，现代典当仅仅是一种方便快捷的融资方式而已，其自身的原始特点并不当然构成其自身的本质缺陷，诸如典当的小额性、短期性、高利性等。相反，这些特点恰恰是典当融资方式与其他融资方式相比较而凸显出来的某种竞争优势。

典当行一般接受的抵押、质押的范围包括金银饰品、古玩珠宝、家用电器、机动车辆、生活资料、生产资料、商品房产、有价证券等，这就为中小企业的融资提供了广阔的当物范围。与此同时，公众还要注意到银行与典当行之间在间接融资过程中的一些区别。

尽管两者都属于间接融资的资金中介方，但银行的资金来源更加广泛，其负债经营业务庞大，主要通过吸收公众存款积聚资金，再运用这些资金从事资产业务。而典当行的资金来源比较狭窄，其负债经营业务较小，主要通过增资扩股和少量金融机构贷款积聚资金，再运用这些资金从事资产业务。这表明，在间接融资过程中，银行等金融机构是主力军，而典当行仅扮演着拾遗补阙的角色。然而，两者都是一国资金市场即短期金融市场上的货币经营主体，各有自己独特的市场定位，并分别占据不同的市场份额。

不过目前典当行业发展得还比较慢，在我国也是如此。这种现象并不奇怪。尽管典当是一种方便快捷的融资方式，但由于它毕竟不是一国的主流融资渠道，人们对典当的利用还不可能达到像利用银行贷款方式那样熟悉和频繁的程度。有资料显示，目前美国共有1.5万家典当行，每10个美国成年人当中每年只有一人去典当行借贷，其余的人都是利用非典当方式，向其他金融机构或融资渠道融资，从而解决资金需求问题。在加拿大，全国共有典当行1200家，每年接受典当融资服务的成年人口也仅占10%。相比之下，我国大陆地区典当行的数量远远低于西方发达国家，近些年来更是逐渐减少。因此，从典当行的布局来看，典当也不可能成为社会利用程序化高的融资方式。如2014年北京只有4家典当行，上海12家、天津23家、重庆29家，其他大多数省区典当行的保有量一般为三四十家，全国总共在1100家左右，还有相当一部分地市是空白，这使典当这种融资方式确实很难获得广大社会公众的了解和认知，更不用说自觉加以利用了。

此外，根据世界各国和地区的典当实践来看，在了解典当的社会群体当中，绝大多数人利用典当融资的机会也并不多。因其典当的目的主要是应急，即为了处理个人或家庭遇到的一些意外事件，如求医问药、失窃遭灾等一时因手头拮据而急需借贷周转，否则不会去利用典当。同时，还有少数人利用典当融资手段，是为了满足其个人的畸形消费或进行销赃犯罪。当然，在一些国家和地区，中外企业利用典当融资的社会经济现象已有所增加，但目前尚未形成一定的气候，故典当融资方式还不可能因部分中小企业的青睐而得到更广大范围的普及。

从经常利用典当融资的当户来看，这些人一般是受两个条件的制约而去典当行借贷的，即通过以物换钱的典当方式来满足自己的资金需求，否则也不会去利用典当。一是个人经济状况不佳。如在美国，目前家庭年收入5000美元至5万美元之间的典当融资者最多，这些人或者家庭负担重，或者受教育程度低、就业状况不稳定，往往入不敷出，因此只能通过典当融资，以弥补缺乏有效收入来源和其他有效融资渠道的不足。不过，"中产阶级上当铺"的现象在美国也能找到，中产阶级在美国典当市场上已开始成为一支不可忽视的独特融资力量。二是个人银行信用不佳。这里主要是指资产信用，它与个人经济状况密切相关。如美国有相当多的人或者没有银行账户，或者虽有银行账户但其信贷额度已经用完，故无法顺利通过银行等金融机构的资信审查，从而不易获得信用卡或消费信贷，这就迫使他们宁肯把目光投向典当，利用典当融资。

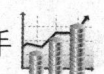

买壳上市：融资的借尸还魂术

方正科技是一家完全通过二级市场收购实现买壳上市并且取得成功的公司。它的壳公司是著名的"三无概念"股延中实业（600601）。延中实业是"上海老八股"之一，股本结构非常特殊，全部是社会流通股。延中实业以前的主业比较模糊，有饮用水、办公用品等，没有发展前景，是一个非常好的壳公司。

1998年2月到5月，延中实业的原第一大股东深宝安（000002）五次举牌减持延中实业，而北大方正及相关企业则通过二级市场收购了526万股延中股票，占总股本的5%。后来深宝安又陆续减持了全部的股权，北大方正成为第一大股东。

北大方正后来将计算机、彩色显示器等优质资产注入了延中实业，并改名为方正科技，延中实业从此变为一家纯粹的IT行业上市公司，2000年中期的每股收益达到0.33元，买壳上市完全成功。

从买壳上市的成本上看，当初收购526万股延中股票动用的资金上亿元，但是通过成功的市场炒作和后来的股权减持，实际支出并不高。

那么，买壳上市究竟是怎么一回事？它是怎样运作的？选"壳"又有什么讲究呢？

笔者先给买壳上市下一个定义：买壳上市是指一家非上市公司通过购买一家已经上市的公司一定量的股票来获得对该公司的控股权，然后再通过增发股份向公众筹集资金来反向收购自己的业务及资产，从而实现间接上市的目的。

而场外收购或称非流通股协议转让是我国买壳上市行为的主要方式。根据上海市场1999年上半年买壳上市行为统计，在场外收购方式中，发生频率最高的三种方式为国有股转让（40%）、法人股转让（40%）和收购控股股东（12%）。其中国资局、政府部门控股的企业买壳上市动作最多。另外，证券公司和投资公司涉足买壳上市的现象日益增多。

在A股市场买壳上市的主要好处是：上市后有望再融资（增发或配股），即通过扩大股本数，从股票市场上募得现金。由于上市公司的股票流通性较强，很有可能获得高过净资产总额较多的市值，即股票在市场上的价格高于单位股票的净资产。所以，只要买壳上市后企业经营有所改善，股票价格上涨，那么买壳者就能掌控更高的股票市值，拥有更多的财富。经过一定时间的禁售期后，这些财富在西方股票市场是可能售出兑现的。目前我国股票市场上的法人股不能在二级市场流通，但未来也有可能实现全流通。届时，国内买壳者也可以通过资产重组及改善经营管理，努力让股票价格走强，获得在二级市场上售出部分股票并赚取价差的机会。

买壳上市往往比初次公开上市来得迅速。甚至不到两个星期就可以完成，在不到30天的时间内就可以交易。即使有关申报需要修改通过买壳上市的速度仍然快于承销商承销上市。如果空壳公司已经上市交易，那么合并以后股票也会很快可以上市交易。另外，如果这个公司想在另一家交易所上市交易，那么他还必须申报和获得审批。从成本上讲一个空壳公司的价格可以低至50万~60万美元，高至几百万美元。此外，上市的律师费及会计费就可能高达25万~30万美元，承销佣金可达7%~12%。

买壳上市成功后，买壳者可以对上市公司的股票简称进行更名，这样有助于扩大企业知名度，宣传企业形象，带来广告效益。另外，个别买壳者还希望通过买壳上市，将私人公司改组为公众公司，引入外部股东，改善公司的法人治理结构，得到更好的发展。

买壳上市不止在国内主板，海外上市也是一条途径。寻找在美国证券市场上市有两种途经：一种途径是中国企业通过初次公开上市Initial Public Offering 即IPO，在美国证券市场发行股票；另一种途径就是中国企业通过反向收购与合并一个已经上市并拥有资产的公司或者没有资产的空壳公司，然后把现有的资产和业绩注入这家上市公司，并在市场上挂牌交易，就是所谓买壳上市。

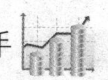

在一个典型的买壳上市中，一个现在运作的公司（买壳公司）与一个已上市的公司（空壳公司）合并，空壳公司成为法律上幸存的实体，但是买壳公司的经营并不受影响。买壳公司的股东事先跟空壳公司股东做好取得空壳公司控股权的安排。买壳公司的股东现在可以享受上市公司的所有好处，该上市公司的股东则拥有有价值的合并后的实体股票，并且有增值的潜能。

买壳上市的基本操作思路：非上市公司选择、收购一家上市公司，然后利用这家上市公司的上市条件，将公司的其他资产通过配股、收购、置换等方式注入上市公司。

第一，在上市公司中选择具备卖出条件的壳公司。壳公司的选取是买壳上市运作的第一步，是整个过程中至关重要的一环。壳公司选择的正确与否，将直接关系到收购兼并是否能够取得最后成功。那么壳公司的特征分析极为重要。壳公司确定的合理性和公司价值与买壳公司的控股成本密切相关。

第二，分析壳公司股本结构，与拟进行股权转让的法人股及国有资产代表进行接触。

第三，买壳方取得第一大股东地位后，重组董事会。

第四，向壳公司注入优质资产，使壳公司资产质量、经营业绩发生质的飞跃，与此同时尽快收回投资。

那么，在买壳上市的操作中要把握什么要点呢？

选一个好壳很重要了，它直接决定了整个操作的成败。壳之所以成为壳是有原因的，无论是因为战略不明、管理不善还是外部市场和竞争环境的恶化，企业沦为壳的过程往往就是企业为了生存顽强挣扎以至无所不用其极的过程。在这个过程中出现财务黑洞、隐含债务乃至法律诉讼都是再正常不过的事了，因此市场上真正干净的壳很少。在这种情况下，买壳的企业如果没有经过专业、严谨、详尽的调查就贸然进入，很有可能会陷入一个精心设计的财务陷阱。

由于我国深沪股市中的上市公司流通股占总股本比重均较低，所以，我国多数买壳行为都是通过购买非流通股实现的，其中最常见的应该是不同法人之间的法人股协议转让。

买卖壳交易中的价款支付方式包括现金支付、资产置换支付、债权支付、混合支付、零成本收购（主要是指通过国有股无偿划拨的形式实现）和股权支付方式等。

在有些情况下，人们把"买壳上市"与"借壳上市"混用，则壳交易中可能不涉及价款，无支付行为。例如，创智软件收购上市公司"五一文"时，是由"五一文"第一大股东以其持有的"五一文"法人股股权作为出资，与创智合资设立一家公司，后者占有51%的股份。这样，创智通过绝对控股该合资公司而间接成为"五一文"的第一大股东，然后再注入计算机软件业务，换出原有的商品流通业务。

资产重组一般在买壳之后进行，或者与买壳同时完成，但个别案例则是在买壳之前进行。买壳上市的业务创新主要在买壳与资产重组这两大环节。买壳后，上市公司的"新东家"（新的控股股东）得往"壳"（即上市公司）中注入新的"实体与灵魂"，即将优质资产注入壳公司，把壳公司原有的不良资产换出来或压下去，使壳公司的基本面（主营业务、财务状况、资产质量等）发生根本的转变。如果上市公司的业绩能够得到提高，并保持在较好的水平，上市公司就有机会进行配股或再融资，或者就可以保定上市资格。

资产重组的办法有很多，但万变不离其宗，就是想办法把新资产装入上市公司之中。那怎么装呢？

主要办法一是让上市公司掏钱来买新控股股东（买壳者）的资产，或者让上市公司用原有资产与新控股股东（买壳者）的资产进行置换，即在上市公司与买壳者之间进行交易。

主要办法二是在上市公司、原控股股东（卖壳者）和新控股股东（买壳者）三者之间进行交易，比如，买壳者用新资产及一定的现金或股权组

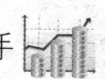

合换取卖壳者手中的上市公司控股权，卖壳者再把刚拿到的新资产与上市公司的老资产进行置换。

　　这里要特别提醒的是，在企业买下壳公司后，往往会出现与壳公司原来的管理模式产生冲突的现象，企业重组后需要经历经营理念、企业文化的磨合，从而对短期内不大可能止住公司业绩的滑坡也要有个心理准备。

众筹，融资的金融革命

　　浏览网页时，人们在淘宝、京东、微信、微博等很多地方都能看到"众筹"的信息，众筹将会成为未来最重要的融资方式之一，因此即使人们目前并没有众筹的打算，也应该对众筹有一点了解。

　　那么，什么是众筹呢？

　　众筹也叫公众小额集资，最初是一种互联网商业模式，指一群人通过互联网为某一项目或某一创意提供资金支持，从而取代诸如银行、风险投资、天使投资这类公认的融资实体或个人。众筹过程需要有三方参与：筹款人、投资人和众筹平台。筹款人是具有创意项目，需要获得资金的企业或个人；投资人是参与到众筹中的广大互联网用户，他们根据自己的兴趣对筹款人的项目进行投资，达到约定的条件后得到一定的回报；众筹平台是撮合筹款人与投资人的平台，众筹平台一般会规定当达到某种条件时筹款人筹款成功，在筹款人筹款成功后获得一定比例的收益。通常创业者最缺乏的就是资金，投资人最需要的则是好项目。而众募平台的出现为双方提供了一个桥梁，创业者不再需要费尽心思地满世界找风投，设计一份产品介绍放到众募平台上就是完美的解决方案，只要产品做得有价值，自然会有人来投资。

　　笔者将众筹的基本模式分为四种：

1. 债权众筹

即多位投资者对项目或公司进行投资，获得其一定比例的债权，未来获取利息收益并收回本金。一部分平台起到中间人的作用，还有一部分众筹平台还担当还款的责任。

2. 股权众筹

投资者对项目或公司进行投资，获得其一定比例的股权。通常股权众筹融资常用于个人创业或中小企业的开始阶段，一般来说，股权众筹在软件、网络公司、计算机和通讯、消费产品、媒体等企业中应用比较广泛。

3. 回报众筹

投资者对项目或公司进行投资，获得产品或服务，这种非常常见。

4. 捐赠众筹

投资者对项目或公司进行无偿捐赠。

这是以最常见的回报众筹来简单说明一下众筹的操作：

首先，公众或者公众所在的企业有一个好的创意或项目，然后选择一个众筹平台，将想法和设计原型以视频、图片及文字的方式进行展示，假如想法被投资人认可，那么他们就会把钱给投给公众和公众的企业，以换取相应的承诺。宣传图文以及项目回报等信息，这是众筹方案必不可少的内容。

但是，请不要将众筹想得太过简单。很多创业者，尤其是那些刚刚接触到众筹融资这个概念的创业者，他们往往认为自己能够轻松地在众筹平台上获得他们所需要的所有资金，但在现实中却经常碰壁。导致失败的原因通常为以下几个方面：第一，对项目的市场反应缺少准确预估。比如很多个人或企业对众筹项目的目标额设定过高，不理性的目标只能带来失败。第二，回馈定价不合理。回馈定价也就是投资额，这是投资者最为关注的部分，回馈内容的单一也会导致项目失去吸引力，发起人应努力挖掘产品和服务，以折扣和各种线上、线下参与活动吸引投资人。第三，项目独特性不强。一个项目如果独特性不强，也就没有了区别于其他产品的核

心竞争力，这一点对于众筹项目来说是致命的。第四，宣传推广不足。好的项目或者创意，还要通过宣传让更多人知道，"酒香也怕巷子深"，没有宣传以及与投资人的互动，项目就有很可能失败。

2014年，国内众筹募资总额达到了1.88亿元，共有1423起众筹项目，参与人数超过10.9万人，被业界称为"众筹元年"，2015年上半年，众筹迎来了"涌入"态势，众筹的明天，更值得期待。

第9章 谁也逃不掉的金融危机

——每天了解一点金融危机的真相

1929年大崩盘：10年萧条的序幕

1929年10月29日，星期二，对于美国的经济以及股民来说，都是最黑暗的一天。当日上午10点，纽约证券交易所刚一开市，猛烈的抛单就席卷而来，所有股票成了烫手的山芋，不计价格、不计成本，只要抛掉就好，经纪人被"抛"得发晕，交易大厅一片混乱，随之而来的就是道·琼斯指数一泻千里，股指从最高点386点跌至298点，跌幅达22%。这是纽约交易所112年历史上"最糟糕的一天"，以这个被称作"黑色星期二"的日子为开端，美国乃至全球进入了长达10年的经济大萧条时期。

1929年10月29日，股市彻底崩溃。当天美国钢铁公司的65万股股票以每股179美元出售，却找不到一个买主，于是其股价开始下跌，就像传染病一样，紧接着一个接一个公司的股票都开始下跌，大崩盘终于来临。

股票成为废纸，数字全无意义，一个煤炭公司的老板看着正在下跌的指示板，倒在了他经纪人的办公室里。无数昔日的"百万富翁"一觉醒来便一贫如洗。一些开船出海游玩的富人们回来后发现，他们已变成了身无分文的贫民。当时跳楼的绝不仅仅是股价。

那么，这次股市崩盘是怎样引起的呢？

1929年，美国股市发生大崩盘，随即发生了"经济大萧条"，这是一场持续了10年之久的经济衰退，并扩展到了所有工业化国家。股市崩盘仅仅是萧条的序幕，但却给当时的投资者留下了深刻的烙印。

无论股票还是房地产、艺术品的价格都有一个循环往复的过程：当乐观情绪及其市场效应成为常规，价格会涨得很高，然后因为种种原因跌到谷底。价格的下跌总比上涨更加迅猛。

20世纪20年代对美国来说是值得回味的美好岁月，但是没有人能预见到暴风骤雨的悄悄逼近。

人人都认为形势一片大好，盲目乐观，包括美国总统。

房地产市场的过度投机导致房地产市场的炙手可热与虚假繁荣。

美国联邦储备系统的放松银根导致大量资金流入股市，从而推动股票价格的上涨。

大人物们对股市的推波助澜。

胡佛总统的当选进一步使股市大热。

保证金交易制度使越来越多的资金流向华尔街。

在股市上涨的荣景中，股民整天都将股票经纪人的办公室挤得满满的，大家宁可留在屋里注意股价的变动，也不去关心都发生了什么。

那么当时有没有人预感到这场风暴的来临呢？答案是有。

普尔出版社出版的《商业投资周刊》在1928年秋天就曾提及股票大骗局，而《商业金融时报》也一改往日作风，开始大幅报道坏消息。《纽约时报》也刊登股价已涨得太高，股市必会崩盘的报道，并多次宣布股市其实已经崩盘。美国股市分别在1928年6月、12月及1929年2月休市过几次。

但不幸的是，对股市走势存疑的投资人，仍无法从中嗅出任何蛛丝马迹，因为股价仍持续走高。

此外在1929年，美国的经济已经开始走入困境，工业生产、货物运输和房舍建筑的效益均逐渐下降。但是，这种萧条的情况并不算太严重，若在股市崩盘前说经济会有所好转，这倒是合理的假定。加尔布雷斯指出，股市崩盘时，大家都未预测到经济大萧条即将来临。

1929年9月20日，大家发现英国企业家哈崔原来就是一个一流的大骗子，他伪造股票、发行未经授权的股票。有些人认为这项丑闻削弱了投资大众对纽约股市的信心，同时也是股票大崩盘的导火线。另一解释则是，公用实业麻州分部，在当年10月初驳回艾迪生公司股票分割的申请，并对外宣称股价已飙得太高，引发投资大众的恐慌。

但是这种种迹象和时间都未能充分解释股市大崩盘的起因。事实上股市大崩盘如何开始并不重要，因为任何事情都有可能让投资荣景破灭，这正是投资荣景的本质。

尽管股市"回档"，但在当年9月和10月间，并未出现任何崩盘的明显迹象。在当年9月间，经纪人融资给顾客的金额暴增了6.7亿美元，创下单月增加金额的新高。隐遁的金融专家克鲁杰接受《周六晚报》访谈，令投资大众相当振奋，但后来大家才知道原来这一切都是大骗局。同年10月15日，费雪教授发表著名演说，指出"股市已上涨到相当平稳的状态，我预期股市在几个月内，还会创下新高、成交量会比现在更好。"

尽管如此，几天以后股市又传出另一项坏消息。像《纽约时报》这类对股市现状持悲观看法的媒体，不断小心地提醒投资大众股市即将崩盘。同年10月21日，星期一股市交易量略微超过600万美元，是历年来美国股市单日成交量的第三大。连续几天的庞大成交量后，股市行情板无法显示即时的价位，在中午时仅能报出1个小时前的股价，到当天收盘前，差异已拉大到仅能报出1小时40分钟前的股价。在股价大涨的多头市场，这种时间差异倒还不打紧，但在股价开始下跌时可就不一样了。这种无法

显示即时行情的缺失，不但让投资人更为紧张，也促使投资人加速抛售股票。

最终，灾难还是到来了，纸上富贵付诸东流。

现在人们回过头来对过去进行反思，在1929年年初，股市大热时，最现实的选择就是有意识地策划股市下跌，如果听之任之，日后将会发生严重灾难。

（1）当时的美联储采取了两种收效甚微的传统的控制手段：在公开市场上出售政府证券，收进现金，但是收效甚微。主要原因：各商业银行不在此列，可以照旧为股市提供现金；无法长期坚持抛售等。

提高再贴现率（各商业银行向所在辖区的联邦储备银行借款利率），由于各方反对，一直拖到1929年夏天，错过了最佳时期。

（2）联邦储备系统本身不作为。出于谨慎的目的，它未要求提高保证金比例；对火爆行情，它关心的不是限制投资，而是推卸责任。

（3）由于联邦储备委员会的沉默，市场恐慌情绪蔓延。1929年3月26日，股市大跌。米切尔的国民城市银行的出尔反尔，招来一片批判声。从而让美国政府与联邦储备当局全选择了不干预政策。

现在回过头再看，导致1929年股市崩盘的原因是什么呢？

（1）金本位放松了银根，刺激了投机。从股市的角度看，1927年是具有历史意义的一年。根据一种长期被接受的观点，就是在这一年播下了末日性灾难的种子。责任在于一次慷慨但又愚蠢的国际主义行动。英国恢复实行以前或者说第一次世界大战以前维系黄金、美元和英镑之间关系的金本位制。接着，黄金便从英国和欧洲源源不断地流入美国。政府大量买进发行在外的证券，其必然的结果就是使抛售政府证券的银行和个人持有了备用现金。因联邦储备系统放松银根而变得可利用的资金不是投资于普通股，就是帮助别人融资购买普通股（而这点更加重要）。这样，人们就有了资金，并匆匆投入股市。

关于联邦储备当局在1927年采取的行动是随后投机与股市崩盘的罪魁

祸首的观点从来也没有被真正动摇过。这种观点具有吸引力的原因就在于它简单易懂，并且为美国人民和美国经济开脱了一切重大罪责。但是，这种解释显然是假设，只要能够筹集到资金，人们总会进行投机。这种解释仅仅证明了人们在经济问题上重新偏信那些不可思议的胡话。

（2）投资信托放大了投机热。20世纪20年代末期，最著名的投机品种就是投资信托或投资公司股票，它们的发行方案更能满足公众对普通股的需求。投资信托不是创办新的企业或扩大已有企业，而只是一种旨在通过成立新公司来让股民持有已有公司股票的安排。

在投资信托中，杠杆是这样发挥作用的：通过发行债券、优先股和普通股来购买品种不同的普通股组合。当采用这种方法购进的普通股价格上涨（总是这样假设股价走势）时，信托中债券和优先股的价格基本不变。因为债券和优先股的价格是固定的，派生于一个特别规定的回报率。投资信托所持有的证券组合因增值而产生的利润，全部或大部分分配给投资信托的普通股。结果，投资信托普通股的价格奇迹般地上涨。

次贷危机：风起于青萍之末

2007年是黄金大涨的一年，是美元快速贬值的一年，同样也是世界经济遭受沉痛打击的一年，这一年美国次贷危机爆发并开始泛滥。在2008年9月份的第二个星期，次贷危机第五波风暴席卷而来，有着158年历史的美国第四大投行雷曼兄弟再也挣扎不下去了，当地时间9月14日宣布申请破产保护，15日道指暴跌504点。

那么次贷危机是怎样产生的呢？它对美国经济又有什么样的影响呢？

"巴西雨林一只可爱的花蝴蝶，轻轻拍打它的翅膀，就有可能在美国佛罗里达州引发一场风暴。"这是著名的蝴蝶效应，而在2006年，美国金

融界的一次蝴蝶效应直接打开了金融危机的大门，进而拖累了全世界。

从2006年年底开始，随着美国房价增速趋缓和放贷违约率的小幅升高，美国出现了对房地产泡沫的零星质疑声音。这种质疑声音在2007年年初开始放大，并开始获得媒体和社会的关注。

当时美国社会的主流声音并不否认房地产出现了泡沫。他们认为，美国房地产价格可能高估了15%~20%，但这是正常的，宏观经济向好的情况下这种泡沫也是在可控范围内的，受需求影响难以出现楼市崩盘的情况。当时观察人士普遍没有考虑到房价下跌可能产生的对美国投行的冲击，他们认为，即使房地产市场价格下跌，也主要是影响到建筑领域和部分房贷提供商。

2007年3月13日，美国房地产市场的问题第一次引发了股市的恐慌，道琼斯指数下跌242.7点。经营次级房贷的新世纪金融公司于当日被纽交所紧急终止交易，理由是美国证监会认为其面临巨大的流动性危机。自此，次级房贷的风险开始为人们所认识，但人们仍然没有意识到这会为各大投行带来危机。

随着标准普尔和穆迪调低次级债评级，以及美国新屋销售量的下滑，美国次贷危机愈演愈烈。2007年7月开始，人们对次贷危机的关注焦点转移到投资银行领域。

投资银行贝尔斯登旗下对冲基金可能大面积亏损和房贷商亏损的预期是2007年6月25、26日美国股市大跌的主要原因。这些预期都变为了现实，贝尔斯登最终被JP.摩根收购。那么作为中央银行的美联储采取了什么样的挽救行动呢？美联储自2007年9月18日开始了降息行动，但这并不能挽救美国股市的趋势。道琼斯指数于2007年10月9日见顶于14164点，随后进入漫漫熊市。

那么，次贷危机因何而起？这次危机到底是怎样形成的呢？

如果个人从银行获得贷款买房，对于银行来说，这些贷款就是未来获得收益的资产。近年来美国的银行进行所谓的"金融创新"，把很多个这样的贷款"打包"，定制成债券，命名为"次级债券"，出售给其他的金融机构或者投资者。因为一旦出售这些债券之后，这些贷款的风险就分担给了其他投资者，所以银行就更有动力贷款给个人买房。在一定程度上，因为贷款变得更容易了，所以贷款买房的人也就更多了，房价就往上涨。

在一个房价上涨的市场里，那些以房贷为背景的债券的风险也就变小了。因为就算有人还不起贷款，投资者也可以把房子轻松地处理掉。所以在这样的背景之下，这些金融机构和投资者就很乐意持有这样的债券。所以银行也就更加大胆地放贷款，房价也就继续涨，投资者就更喜欢这种"次级债券"。

除了这种循环之外，对于银行来说，按照会计准则本来贷款是需要计提准备金的，因为贷款毕竟是有风险的。这些准备金就减少了银行可用的资金，影响了银行的利润。可是，如果对于同样的贷款，银行持有的是对应于这些贷款的次级债，则不需要计提准备，这样银行可以运用的资金就大大增加了。所以这些由银行发放的债券，最后又回到了银行自己手上。

本来次级债的逻辑是，如果把很多人的贷款打成一个包，那么其中某个个体违约的风险就被其他人分散了，于是次级债降低了直接面对借款人的风险。可是，因为前文说过的逻辑，正因为银行可以以此把风险转嫁给其他投资人（或者自己），所以银行的风险控制不像过去那么强，即使可以分散个体的风险，但是整体的风险是没法用这种伎俩减少的。而且，对于同样的贷款，原来需要计提准备金预防风险，现在通过债券化便不用计提准备金，难道仅仅通过债券化，原来打算违约的借款人就会不违约了吗？

2006年年底，上规模的房贷违约开始出现。很多时候是借款人在银行或者其代理机构的销售代表的"半哄半骗"之下（可想而知，当时这些销售代表有多大的动力去完成销售任务），签署了以他们的收入根本无法

还清的房贷。这时候起，两个自然的结果导致了后来的金融危机：①面对这些大量违约的房贷，银行当然只能收回这些房产然后在房地产市场里出售，于是大幅增加了房地产的供给；②银行开始对房贷更加审慎，审批更加严格，于是获得新的房贷的人就变少了，这样对房产的需求就变小了。

　　与此同时，因为物价上涨，一部分是因为油价高企，美联储开始提高利息来打压物价。可是同时，提高后的利率也让供房的借款人很难过，减少了公众借钱买房的动力。很有可能这也促成了后来的危机。

　　一些不良效应产生了：一些处在还贷与否边缘的借款人，开始觉得原来的借款协议不再有含义："为什么我要为现在只值18万元的房子还25万元的贷款呢（原来房价可能值28万元）？"于是这些人选择违约，而不是继续供房，这继续增加了房产的供给，打压了房地产价格；其他房产的所有者，本来是用信用卡等工具从银行获得贷款大量消费，银行之所以肯借钱给他们正是因为他们不断升值的房产，但是一旦房产市场价值开始下降，银行就不再愿意借那么多钱给他们消费，于是消费者手上的现金变少；回到金融危机上来，那些建立在房贷基础上的次级债券，在房地产价格大幅下降和违约率不断攀升的背景下，开始被信用评级机构从AA降到CC，再降到"垃圾债券"，所以这些次级债券的市场价格就开始跳水。

　　在次级贷款的安排下，借款人买房的首付金额可以低于20%，甚至降至零首付，而且利息也非常优惠，在最初的2～3年中仅需要按照很低的利率支付利息，或者头几个月免息，在随后的年份中支付浮动的贷款利息。在这样的优惠政策下，低收入者大都拥有了住房，使得美国政府倡导的居者有其屋的目标得以有所保证，也满足了美国政府的政治需求。由于房价不断攀升，使得低收入者都以为可以通过房屋的增值来偿还贷款利息。对于放贷机构而言，次级贷款的利率水平比普通贷款要高，可以弥补房贷机构承受的更大风险。在房地产市场持续繁荣、房产价格持续上升的情况下，即使贷款者无法偿还贷款，房贷机构仍可以出售抵押物即房产获得收益。正是在这种看似安全的策略指引下，房贷机构发放了大量的次级贷款，在随后房地产市场繁荣发展的时间里，这一策略确实运行良好，居者有其屋，放贷者也能够顺利收回贷款。

更糟糕的是面对房地产市场的繁荣景象，华尔街上的投资银行、对冲基金等其他金融机构也想从次级贷款的买卖中分一杯羹。投资银行与商业银行不同，不开展吸收存款、发放贷款的业务，它们的业务活动主要是证券经纪、一级市场上的证券承销和二级市场上的证券交易。20世纪80年代开始盛行的资产证券化技术为投资银行进入次贷市场提供了有效的途径。它们从房利美、房地美和其他大银行处买入次级贷款证券化后的债券，又以此为基础发行新的债券，一部分自己持有，一部分出售给投资者获得买卖价差收益。这些由次级贷款衍生出来的债券，包括两房、商业银行发行的和投资银行发行的在内，人们都称之为次级债。这样一来，次级贷款市场进一步扩大，不仅仅包含了次级贷款本身，还包括了市场上其他的与次贷相关的衍生产品。

终于，美国楼市开始萎靡，房价下跌，购房者难以将房屋出售或通过抵押获得融资。由于贷款不能按期收回，放贷机构以及购买次贷债券的投行和对冲基金等开始出现大额亏损。2007年8月2日，贝尔斯登表示，美国信贷市场呈现20年来最差状态，欧美股市全线暴跌开始，次贷危机全面爆发，并迅速席卷美国、欧洲和日本等世界主要金融市场。

那么，这次次贷危机对美国经济产生了哪些影响呢？

次贷危机对美国经济的影响要大于互联网危机。由于互联网产业并不是影响国计民生的核心产业，因此互联网泡沫破灭较少冲击到实体经济。而次贷危机由于涉及美国的金融业，因此不可避免地蔓延到实体经济领域。

房价涨势停止和现房存货的增加，将使得建筑商不愿开始新的工程，在现有工程结束后，他们将解雇工人。受在建工程工期的影响，这一现象将滞后于房价疲弱3~6个月。随着失业率的上升，美国居民对未来收入预期降低，耐用品订单将出现显著下滑。耐用品订单的下滑，将影响到上下游企业，并引发进一步的非农就业人口下降。

伴随耐用品需求疲软的是服务业需求的疲软。美国服务业不仅是GDP贡献的主要部门，也是边际资本创造就业最多的部门。服务业就业数据不佳，将使得美国居民收入进一步降低。

遭遇次贷冲击的金融部门的存货灭失（次贷资产减计），产生了迫切的融资需求，这吸收了经济体内的很多货币资本。这些资本本可投向其他产业产生新的就业，但当时却用于弥补金融部门资产亏空。这使得美国经济创造就业的能力大幅降低，失业人口节节攀升。

回眸日本金融危机

20世纪80年代后期，日本的股票市场和土地市场热得发狂。在1985年年底到1989年年底的4年里，日本股票总市值涨了3倍。土地价格也是接连翻番，到1990年，日本土地总市值是美国土地总市值的5倍，要知道美国国土面积是日本的25倍。两个市场不断上演着一夜暴富的神话，眼红的人们不断涌进市场，许多企业也无心做实业，纷纷干起了炒股和炒地的行当——全社会都为之疯狂。

幸福来得太快了。正当人们还在陶醉之时，从1990年开始，两个市场迅速走向崩溃，股票价格和土地价格像自由落体一般往下猛掉，许多人的财富一转眼间就成了过眼云烟，上万家企业迅速关门倒闭。经济繁荣如同昙花一现，人们形象地称其为"泡沫经济"。

那么，日本的经济泡沫是怎样产生又是怎样破灭的呢？

20世纪80年代是日本经济发展的黄金时期，不仅低端产品在国际上有很强的竞争力，就连钢铁、摩托车、家电、汽车等行业也因为物美价廉而在世界上有极强竞争力，并且还在不断扩大在世界贸易中的份额。但是一场突然而至的经济危机却毁了这一切。

第二次世界大战后，日本经济开始了缓慢的恢复，而带来经济发展契机的是1950年的朝鲜战争，这次战争让日本成为所谓联合国军的战略后方，大量战略物资源源不断运往日本，而运输成本太大的物资则在日本就地生产，就这样日本经济的机器日夜不停地运转了起来，比如人们熟悉的电器厂商三菱重工，就是当年生产坦克大炮的，至今日本人还保留了这些生产线。

同时日本的消费市场也火爆起来。各国军人在日本吃喝玩乐，也带动了当地巨大的消费需求，由此日本经济一发不可收，到20世纪60年代，日本经济的元气已经基本恢复，且发展神速；到20世纪80年代的时候，日本经济已经发展到相当高的阶段，一个可以叫板美国、和美国争霸的阶段，日本对美国的统治地位形成了威胁。当时日本GDP达到了美国GDP的一半，这是历史上从来没有过的事情，而个性张扬的日本人则开始到处收购，比如收购好莱坞，收购洛克菲勒帝国大厦，要知道那个时候美国资本主义的象征不是在"9·11事件"中倒下的世贸大厦，而是洛克菲勒帝国大厦，这个华尔街的标志性建筑。日本人坚定地认为超过美国是指日可待的事情。美国的贸易逆差达到创纪录的1000亿美元，美国感受到来自日本的强大经济威胁。

这个时期，日美贸易顺差加大，而美国面对日益增长的贸易赤字，忧心忡忡，坐立不安。焦躁的美国人希望通过美元贬值来加大出口，减少进口，以此达到贸易平衡。于是美国利用对日本的控制能力（日本在"第二次世界大战"后，作为战败国，被间接地控制了经济）制订了一个完美的打击日本经济的行动。

在当时看来，美元兑日元贬值的要求很合理，于是在美国的强大压力之下，1985年9月，时任美国财政部长詹姆斯·贝克、时任日本财长竹下登、前联邦德国财长杰哈特·斯托登伯、时任法国财长皮埃尔·贝格伯、

时任英国财长尼格尔·劳森等五个国家时任财政部长及五国时任中央银行行长在纽约广场饭店举行会议，达成五国政府联合干预外汇市场，使美元对主要货币有秩序地下调，以解决美国巨额的贸易赤字。这就是有名的"广场协议"。"广场协议"后，日元对美元的比价在当时3个月内就从263日元降低到200日元，再降低到1986年的152日元和1987年的121日元。

日本人只看到了贸易平衡，却没想到，日元不断升值带来了一个副产品，大量国际资本流入日本，预期日元升值。热钱进入日本后，根据热钱赢利稳定、变现方便的特点，分别进入日本的股票、房地产、实体企业（主要以对赌形式进入）、古董文物，导致日本房地产、股市大幅度上涨，资产泡沫化开始严重起来。

这还只是第一步，接下来美国政府又要求日本政府自动约束出口——1989年日美《维持市场秩序协定》签订后，日本被迫采取对美出口的自动限制措施，日美彩电摩擦才平息下来。

与此同时，美国通过各种手段，限制、打击日本的出口企业。1985年四国达成协议，禁止日本的9种钢铁商品进入美国市场。

这时日本经济终于出现了问题，怎么办呢？美国建议日本通过扩大内需来刺激经济的发展，于是日本开始降低利率，加大国内建设。日本政府为了刺激内需，大幅降低利率水平，给予房地产行业很多优惠政策。热钱大量进入房地产、股票而开始抬高日本房屋价格，股票也不停上涨；日本企业因为企业利润下滑和房地产、股票市场的赚钱效益显现，也大量涌入。日本老百姓在存钱利息下降和房屋价格不停上涨的局势下，让曾经藐视虚拟经济的日本人民的投资欲望空前高涨（过半日本家庭加入股票市场），理财成为日本的时髦。于是，股票和房屋价格直线上涨，日本土地价格也飞涨。

在1987年10月19日，美国股市创下当时的历史最大暴跌纪录。为了保持美国市场的吸引力，避免陷入危机，美国政府要求日本继续保持低利率和宽松的金融政策，日本从而放任了泡沫的膨胀。

这之后，美国金融界大量潜入日本，赚取日元升值利润，利用金融杠杆进行对赌等。

股市、房市的上涨迫使日本央行实行宏观调控，不得不推行货币紧缩政策，日元利率上涨到6%，大量热钱开始撤离日本股市、房市，日本股市、房市应声下跌。在1997年的时候，日本股市已经开始从40 000多点下跌，步入经济萧条阶段。从1990年开始，日本股市一直处于熊市。然而即使此时已经跌了7年，日本股市的平均市盈率仍然达到惊人的150倍。比2008年中国股市6124点时候股市平均70倍市盈率，还多了2倍。股市的下跌使得日本大量中产阶级破产，而房地产的下跌则使得日本资产阶级破产。

1991年日本经济正式步入崩溃，直到2003年才开始在中国经济强劲带动之下走出低谷，这段时间被日本人称为"失去的10年"（其实总时间跨度远不止10年）。

美国的泡沫经济

在18世纪末期，22岁的时候就被选为下院议员的亨利·桑顿注意到，无论哪个时期，在过了几年相对繁荣的好日子之后，经历一场恐慌似乎都是不可避免的。回顾他所处的那个世纪的历史，他看到英格兰经历了以下期间的经济危机：1702年、1705年、1711—1712年、1715—1716年、1718—1721年、1726—1727年、1729年、1734年、1739—1741年、1744—1745年、1747年、1752—1755年、1762年、1765—1769年、1773—1774年、1778—1781年、1784年和1788—1791年。在这18次经济危机中，每一次都是经济自我复苏，而且多数时候，经济在复苏后都会上升到更高水平的稳定状态。但是，每一次复苏都只有几年时间，随后又会发生新的危机，并再次摧毁经济。

亨利·桑顿发现的也就是所谓的经济周期，经济危机是经济周期的低谷阶段，经济繁荣是经济周期的高峰阶段。

那么经济周期是怎样变化的？普通民众应该怎样应对经济周期呢？

经济周期也称商业周期、商业循环、景气循环，它是指经济运行中周期性出现的经济扩张与经济紧缩交替更迭、循环往复的一种现象，它是国民总产出、总收入和总就业的波动。人们都讨厌的经济危机就是和经济周期的波动密切相关。

说到经济周期，表现最典型的就是美国。1783年，美国建国后，分别在1825年、1837年、1847年、1857年、1866年、1873年、1882年、1890年、1900年、1907年、1920—1921年、1929—1933年、1937—1938年、1948—1949年、1957—1958年、1969—1970年、1974—1975年、1980—1982年、1990—1991年发生过多次经济危机。而其中又以1857年和1929—1933年美国经济危机对世界经济影响最大。笔者主要介绍这两次经济危机。

1857年经济危机在资本主义历史上是第一次具有世界性特点的普遍生产过剩危机。这次危机也是第一次在美国、而不是在英国开始的危机。英国对美国铁路建设进行了大量的投资，因此美国铁路投机的破产对英国也造成了很大的震动。1847年经济危机结束后，从1850年开始的周期性高涨的最重要的特点是世界贸易急剧扩大，19世纪50年代世界贸易的年平均增长额比前20年提高了2倍。机器工业的发展、运输业的革命、新兴国家和新兴部门卷入国际商品流通，以及加利福尼亚和澳大利亚金矿的发现都促进了世界市场的迅速扩大。

1848年至1858年，美国建成的铁路约33 000千米，超过了其他国家所建铁路的总和。而英国在19世纪40年代的建设热潮中，所铺设的铁路却只有8000千米。美国铁路事业的蓬勃发展，按道理应会带动其冶金业的大发展，然而，实际情况却不是这样。而且，这一时期，美国生铁产量长期停滞不前，棉纺织业的增长速度也不快。与此同时，铁轨、生铁、机车、棉布和其他英国制成品的进口却增长得十分迅速，英国产品充斥美国市场，阻碍了美国冶金业和棉纺织业等当时的重要工业部门发展。

随着危机的爆发，美国的银行、金融公司和工业企业大量倒闭。仅1857年一年，就有近5000家企业破产。粮食生产过剩，粮价和粮食出口下降，加上英国工业品的激烈竞争，促使了美国经济危机的加深。反之，英国的经济发展也受到美国经济危机的打击。由英国提供资金的美国银行、铁路、商业公司纷纷破产，也使英国的投资者持有的有价证券急剧贬值。

1857年秋季，美国还爆发了货币危机，整个银行系统瘫痪了，美国的货币危机在10月中旬达到了顶点，当时纽约63家银行中有62家停止了支付，贴现率竟然超过了60%，股票市场行市则下跌20%~50%，许多铁路公司的股票跌幅达到80%以上。美国的经济危机迅速蔓延到英国和欧洲大陆，引发了一阵又一阵的破产浪潮。

1857年经济危机波及面很广，之后，爆发了美国的"南北战争"。其后，奴隶制的消灭、宅地法的实施、重工业的发展，为美国资本主义的加速发展创造了十分有利的条件。

1864年2月25日，联邦国会通过了《国民银行体系法》，美国历史上第一次出现了统一的通货，初步建立了一体化的金融体制，改善了之前由于各地滥设私立和州立银行而导致通货混乱、储蓄缺乏保障、信用不良、资金不稳的状况。

1869年以后，美国银行的资本积累率在45%~60%，吸收外国资本也从1869年的15亿美元增加到1897年的34亿美元，有力缓解了美国经济高速发展所带来的资金紧缺。从那之后，由于美国经济也进入了一段相对平稳的经济增长期，而正是在这段平稳期内美国的工业生产总值逐渐超过了英国，美国也取代英国成为世界第一经济强国。但这种局面到了20世纪20年代又被彻底打破。

1920年，资本主义世界爆发了第一次世界大战后首次经济危机。危机过后，美国经济在股票、债券等"经济泡沫"的影响下迅速增长，创造了资本主义经济史上的奇迹。从1923年直到1929年秋天，每年的生产率增长幅度达4%。与此同时，整个美国社会的价值观念都在发生变化。

20世纪20年代的繁荣虽然造就了一个资本主义发展的黄金时期，但这一繁荣本身却潜伏着深刻的矛盾和危机。

首先，美国农业长期处于不景气状态，农村购买力不足。1919年，农场主的收入占全部国民收入的16%，而在1929年只占全部国民收入的8.8%，农场主纷纷破产。此时农民的人均收入大概只有全国平均收入的1/3。

其次，美国工业增长和社会财富的再分配极端不均衡。工业增长主要集中在一些新兴工业部门，而采矿、造船等老工业部门都开工不足，纺织、皮革等行业还出现了减产危机，大批工人因此而失业。

这一时期兼并之风盛行，社会财富越来越集中在少数人手中。一方面，全美最大的16家财阀控制了整个国家国民生产总值的53%，全国1/3的国民收入被占人口5%的最富有者占有。另一方面，约60%的美国家庭的生活还挣扎在仅够温饱的每年2000美元水平。更为严重的是，有21%的家庭年收入不足1000美元。此外，国际收支中的潜在危机也加深了美国经济的潜在危机。美国日益增长的经济力同消费品供应大大超过国内外有支付能力的需求。这一切都预示着一场大危机的到来。

1929年上台的美国总统胡佛是一位靠个人奋斗起家的"美国英雄"。他在竞选演说中对人民许诺，"美国人家家锅里有两只鸡，家家有两辆汽车"。但由于胡佛在经济领域顽固奉行自由资本主义经典理论，在随后到来的经济危机中应对无力，从而使他的诺言成为一张永远无法兑付的空头支票。当年10月24日，一场经济危机风暴席卷美国。这次危机导致生产下降的幅度之大，波及范围之广，失业率之高，持续时间之长，都是前所未有的。

　　在当年10月29日开始的一周内，美国人在证券交易所内失去的财富达100亿美元。为了维持农产品的价格，农业资本家和大农场主大量销毁"过剩"的产品，用小麦和玉米代替煤炭做燃料，把牛奶倒进密西西比河，使这条河变成"银河"。到1932年，钢铁工业下降了近80%，汽车工业下降了95%，至少13万家企业倒闭，占全国劳工总数1/4的人口失业。城市中的无家可归者用木板、旧铁皮、油布甚至牛皮纸搭起了简陋的栖身之所，这些小屋聚集的村落被称为"胡佛村"，意在讽刺胡佛总统。除此之外，流浪汉的要饭袋被叫作"胡佛袋"，由于无力购买燃油而改由畜力拉动的汽车被叫作"胡佛车"，甚至露宿街头长椅上的流浪汉身上盖的报纸也被叫作"胡佛毯"。纽约大街上流行这样一首儿歌："梅隆拉响汽笛，胡佛敲起钟。华尔街发出信号，美国往地狱里冲！"

　　但后来，由于"第二次世界大战"的爆发，美国成功地把经济危机的影响转移到欧洲，这次危机之后，美国不但没有冲进"地狱"，反而借助"第二次世界大战"为同盟国提供军事供应而一举奠定了自己全球经济霸主的地位。

　　但"第二次世界大战"过后，美国还是多次经历经济危机的冲击，而这次的金融海啸更被誉为1929年"经济大萧条"以来百年难遇的一次经济危机的最好例证。透过这次金融海啸不难发现，尽管在"非理性繁荣"的包装下，美国经济看起来有多么光鲜，但实际上美国经济模式的本质还是"从泡沫中来到泡沫中去"的"泡沫经济"。

无法逃开的经济周期

　　一些经济学家认为，美国上一次金融危机是2000年的科技股泡沫的破灭。当时，纳斯达克从1998年10月的1569点上升到2000年3月的5132点

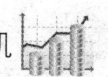

后，就开始暴跌。从2000年3月暴跌到2002年10月，从5132点暴跌到1108点。跌幅超过八成，下跌时间为两年半。

由此看来，美国经济上一次高潮是在2000年，也就是说，大约八年为一个经济周期。危机、萧条、复苏、繁荣，平均两年一个发展阶段。

这里所说的经济周期的阶段是怎么回事呢？经济周期都有哪些类型呢？

经济周期理论在金融界十分引人瞩目，从19世纪中叶至"第二次世界大战"前这段时期，西方经济学家提出了数十种经济周期理论。鉴于这些理论的数量如此之多，国际联盟（联合国前身）特意指定当时著名学者哈伯勒撰写了《繁荣与萧条》一书，来对以往的各种理论进行总结。此后，仍有很多学者关注这一理论的发展，并将其应用到经济生活的很多领域。

经济学家将经济周期分为四个阶段：衰退、复苏、过热和滞胀。每一个阶段都可以由经济增长和通胀的变动方向来唯一确定。有趣的是，经济学家们发现每一个阶段都对应着表现超过大市的某一特定资产类别：债券、股票、大宗商品或现金。

在衰退阶段，经济增长停滞。超额的生产能力和下跌的大宗商品价格驱使通胀率更低。企业盈利微弱并且实际收益率下降。中央银行削减短期利率以刺激经济回复到可持续增长路径，进而导致收益率曲线急剧下行。债券是最佳选择。

在复苏阶段，舒缓的政策起了作用，GDP增长率加速，并处于潜能之上。然而，通胀率继续下降，因为空置的生产能力还未耗尽，周期性的生产能力扩充也变得强劲。企业盈利大幅上升，债券的收益率仍处于低位，但中央银行仍保持宽松政策。这个阶段是股权投资者的"黄金时期"，股票是最佳选择。

在过热阶段，企业生产能力增长减慢，开始面临产能约束，通胀抬头。中央银行加息以求将经济拉回到可持续的增长路径上来，此时的GDP增长率仍坚定地处于潜能之上。收益率曲线上行并变得平缓，债券的表现非常糟糕。股票的投资回报率取决于强劲的利润增长与估值评级不断下降的权衡比较，大宗商品是最佳选择。

在滞胀阶段，GDP的增长率降到潜能之下，但通胀却继续上升，通常这种情况部分原因归于石油危机。产量下滑，企业为了保持盈利而提高产品价格，导致工资—价格螺旋上涨。只有失业率的大幅上升才能打破僵局。只有等通胀过了顶峰，中央银行才能有所作为，这就限制了债券市场的回暖步伐。企业的盈利恶化，股票表现非常糟糕，现金是最佳选择。

那么经济危机都有哪些类型呢？100多年来，经济学家们根据各自掌握的资料提出了不同长度和类型的经济周期。

基钦周期：短周期。短周期是1923年英国经济学家基钦提出的一种为期3~4年的经济周期。基钦认为经济周期实际上有主要周期与次要周期两种。主要周期即中周期，次要周期为3~4年一次的短周期。这种短周期就称基钦周期。

朱格拉周期：中周期。中周期是1860年法国经济学家朱格拉提出的一种为期9~10年的经济周期。该周期是以国民收入、失业率和大多数经济部门的生产、利润和价格的波动为标志加以划分的。

康德拉季耶夫周期：长周期或长波。长周期是1926年俄国经济学家康德拉季耶夫提出的一种为期50~60年的经济周期。该周期理论认为，在18世纪末期以后，经济经历了3个长周期。第1个长周期从1789年到1849年，上升部分为25年，下降部分为35年，共60年。第2个长周期从1849年到1896年，上升部分为24年，下降部分为23年，共47年。第3个长周期从1896年起，上升部分为24年，1920年以后进入下降期。

库兹涅茨周期：另一种长周期。这是1930年美国经济学家库涅茨提出的一种为期15~25年，平均长度为20年左右的经济周期。由于该周期主要是以建筑业的兴旺和衰落这一周期性波动现象为标志加以划分的，所以也被称为"建筑周期"。

熊彼特周期：1936年，由著名的经济学家熊彼特以他的"创新理论"为基础，对各种周期理论进行了综合分析后提出的。熊彼特认为，每一个长周期包括6个中周期，每一个中周期包括3个短周期。短周期约为40个月，中周期约为9~10年，长周期为48~60年。他以重大的创新为标志，划分了三个长周期。第一个长周期从18世纪80年代到1842年，是"产业革命时期"；第二个长周期从1842年到1897年，是"蒸汽和钢铁时期"；第三个长周期从1897年以后，是"电气、化学和汽车时期"。在每个长周期中仍有中等创新所引起的波动，这就形成若干个中周期。在每个中周期中还有小创新所引起的波动，形成若干个短周期。

被捏碎的非理性投机泡沫

当郁金香开始在荷兰流传后，一些机敏的投机商就开始大量囤积郁金香球茎以待价格上涨。不久，在舆论的鼓吹之下，人们对郁金香表现出一种病态的倾慕与热忱，并开始竞相抢购郁金香球茎。1634年，炒买郁金香的热潮蔓延为荷兰的全民运动。当时1000美元一朵的郁金香花根，不到一个月后就升值为2万美元了。1636年，一株稀有品种的郁金香竟然达到了与一辆马车、几匹马等值的地步。面对如此暴利，所有的人都昏了头脑。他们变卖家产，只是为了购买一株郁金香。就在这一年，为了方便郁金香交易，人们干脆在阿姆斯特丹的证券交易所内开设了固定的交易市场。正如当时一名历史学家所描述的："谁都相信，郁金香热将永远持续下去，世界各地的有钱人都会向荷兰发出订单，无论什么样的价格都会有人付账。在受到如此恩惠的荷兰，贫困将会一去不复返。无论是贵族、市民、农民，还是工匠、船夫、随从、伙计，甚至是扫烟囱的工人和旧衣服店里的老妇，都加入了郁金香的投机。无论处在哪个阶层，人们都将财产变换成现金，投资于这种花卉。"1637年，郁金香的价格已经涨到了骇人听闻的水平。与上一年相比，郁金香总涨幅高达5900%！1637年2月，一株名为"永远的奥古斯都"的郁金香售价高达6700荷兰盾，这笔钱足以买下阿姆斯特丹运河边的一幢豪宅，而当时荷兰人的平均年收入只有150荷兰盾。

就当人们沉浸在郁金香狂热中时，一场大崩溃已经近在眼前。由于卖方突然大量抛售，公众开始陷入恐慌，导致郁金香市场在1637年2月4日突然崩溃。一夜之间，郁金香球茎的价格一泻千里。虽然荷兰政府发出紧急声明，认为郁金香球茎价格无理由下跌，劝告市民停止抛售，并试图以合同价格的10%来了结所有的合同，但这些努力毫无用处。一个星期后，郁金香的价格已平均下跌了90%，而那些普通的品种甚至不如一颗洋葱的售价。绝望之中，人们纷纷涌向法院，希望能够借助法律的力量挽回损失。但在1937年4月，荷兰政府决定终止所有合同，禁止投机式的郁金香交易，从而彻底击破了这次历史上空前的经济泡沫。

我们常听到经济泡沫的说法，那么经济泡沫是怎样定义的呢？它与经济危机又有怎样的联系呢？

什么是经济泡沫呢？最常用于经济研究中的泡沫的定义是，无法解释的那部分资产价格运动，它建立在我们称之为基本面的基础之上。基本面是各种变量的集合体，我们认为这些变量应该驱动资产价格的变化。在一种特殊的资产价格定义的模型中，如果我们对资产价格的预测产生了严重的偏差，那么，我们可能就会说存在着某种泡沫。

泡沫位于金融学、经济学和心理学的结合处。对大规模的资产价格运动的最新解释倾向于将心理学排在第一位，这不仅受到惨淡的过去所发生的故事的影响，而且受到在1997年、1998年和1999年这些危机年份里发生的大多数事件的影响。早期产生的泡沫大多是由基本面因素驱动的，它们源自金融学与经济学这些更基本的因素的结合处，心理学因素不过是其背景而已。比如荷兰郁金香狂热、密西西比泡沫和南海泡沫，它们均被看作是私人资本市场疯狂的范例。

金融行为学家发现，有这样几种心理问题在泡沫时期最容易发生：

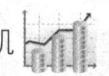

其一，"锚定效应"。大多数泡沫具有的典型特征是，在最后一个阶段到来前，价格和增值效应通常都会延续相当长时间，这使得投资者改变了预期，认为高价格是合理的。其二，"羊群效应"。即便很多精明的专业投资人，也总是试图"与泡沫一起膨胀"，而不是努力避免泡沫，在价格上涨过程中，他们通常认为随大溜比采取与众不同的方法更安全，循规蹈矩比特立独行犯错误的可能性更小。其三，认知失调。人们总是倾向选择那些"可以坚定我们选择"的观点，比如，市场在疯狂时期的特征之一是，人们对定价过高的预警，总是不感兴趣，甚至很愤怒。其四，灾难忽略与灾难放大。对于发生概率较小的负面事件，投资者总是侥幸地认为"很难发生在我身上"，而灾难一旦发生，他又总是担心"祸不单行，更大的灾祸在后面"。

在经济过热与市场恐慌中，货币因素十分重要。芝加哥学派认为，当局总是愚蠢的，而市场总是聪明的，只有当货币供应量稳定在固定水平或以固定增长率增加时，才能避免经济过热和市场恐慌。然而，现实的悖论是，银行家只把钱借给不想借钱的人。当发生经济崩溃时，银行体系必然受到冲击，除了货币数量的变动外，将出现银行对信贷进行配额控制，这势必造成某些资本运行环节当中的信用骤停和流动性衰竭。

尽管如此，著名货币学派理论家欧文斯通坚决反对在危机时扩大货币供给，而赫伯特·斯潘塞的表述更为尖锐："保护人类免尝愚蠢行为的苦果，其结果只会让全世界都变得愚蠢。"

对此，金德尔伯格认为，长期来看，货币供应量应该固定不变，但在危机期间它应当是富有弹性的，因为良好的货币政策可以缓解经济过热和市场恐慌，也应该可以消除某些危机。其依据主要是对1720年、1873年和1882年的法国危机，以及1890年、1921年和1929年的危机的研究。这几次危机中都没有最后贷款人出现，而危机后的萧条持续久远。

金融危机的完整过程：在经济的发展过程中，人们经过种种努力，终于抓住了新的利润机会，并开始追求这一新的利润，而在追求利润的过程中，繁荣阶段的过剩本质就会真正体现出来，这时，金融体系将经历一个"痛苦"的阶段。在这一阶段，人们急于扭转经济扩张的过程，这一扭转方式就像爆发了市场恐慌。在过热阶段，人们手中的钱都用来购买不动产或流动性较差的金融资产，没有钱的人则借钱从事这一行为。但随之而来的经济恐慌阶段正好与此相反，财富从不动产或金融资产转向货币，或转而偿还债务，这种行为导致商品、房屋、土地股票和债券价格的崩溃，也就是说，任何成为经济过热的投资对象的物品，其价格都将崩溃。

笔者观察历史上的金融危机，类似于上述过程的金融危机有30多次，基本上是10年出现一次。其获取利润的对象早年从硬币、花卉到房地产或土地，近年则从债券、基金到股票乃至于衍生产品，但凡能带来利润的，都是投资（投机）的对象。但这种投资要转化成危机，还要经历一个理性的非理性过程。

经济过热：谁是最后一个贷款人

小孩子喜欢玩一种扔爆竹的游戏，但是，如果A小孩向B小孩脚下扔的是一个哑炮，B小孩拣起这个哑炮扔给了C小孩，C又扔给了D，依此类推，直至Y小孩扔给了Z，这个哑炮终于在Z的脸上炸开并炸瞎了Z的双眼。这里，A是远因，Y是近因，中间还有从B到W的一系列连接点。那么，谁该对这件事情负责呢？

这个小小的比喻可以看成是金融危机发展的一个过程，金融危机是在种种因素的传递累积中爆发的。那么谁该对金融危机负责呢？

金融危机远因是投机行为和信用扩张，近因则是某些不起眼的偶然事件，如一次银行破产、某个人的自杀、一次无关宏旨的争吵、一件意想不到的事情的暴露或是拒绝为某些人贷款以及仅仅是看法的改变。这些事情

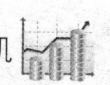

使市场参与者丧失了信心，认为危机即将来临，从而抛出一切可转换为现金的东西，诸如股票、债券、房地产、外汇和商业票据。当所有需要货币的人都找不到货币了，金融领域中的崩溃便会传导到经济中的各个方面，导致总体经济的下降，金融危机的来临。

投机要成为一种"热"，一般都要在货币和信贷扩张的助长下才能加速发展，有时候，正是货币和信贷的最初扩张，才促成了投机的狂潮。远的如举世皆知的郁金香投机，就是当时的银行通过发放私人信贷形成的；近的如20世纪30年代大萧条之前，纽约短期拆借市场扩张所促成的股票市场繁荣。事实上，在所有的从繁荣到危机的过程中，都有货币或者是银行信贷的影子，而且，货币的扩张也不是随机的意外事件，而是一种系统的、内在的扩张。

那么，问题就来了：一旦启动了信贷扩张，规定一个停止扩张的时点是否现实呢？并且，这能否通过自动法则完成呢？

笔者对历史事件进行类聚研究后发现，只要当局稳定或控制一定数量的货币M，不管是控制货币的绝对量，还是根据既定趋势控制货币的供应量，都会导致经济更加过热。这是因为：如果货币的定义以特定的流动资产形式被固定下来，并且经济过热后以该定义之外的新的方式将信贷"货币化"，那么，虽然以旧的方式定义的货币不会增长，但其流通速度会加快；现代经济中，人们很难确定各层次的货币供应量。因此，货币扩张不太可能通过货币稳定政策稳定下来，再推而广之，货币还是会推动"热"之更热，危机还是不可避免。

从人类进入市场经济以来，人类总是在不断重复着同样的错误，而且，这些错误的开头，都是无可指责的、理性的行为方向。

关于市场金融，各经济学派分别持有不同观点，而金德尔伯格教授在书中，就对各派观点进行了详尽的考察和评述。

货币主义者很乐观，他们认为不可能存在导致不稳定的投机。理由是，投机者往往在价格上涨时买进、下跌时售出，由于其高买低卖，必将导致亏损，因此他们很难生存下去。而金德尔伯格认为，投机与贪婪是形成欺诈的人性基础，从精神病学的角度来看，欺诈者与受害者的关系是一种被捆绑在一起相互满足并相互依赖的共生关系。欺诈是由需求决定的，它遵循着凯恩斯的需求决定供给的法则，而非萨伊的供给自动创造需求的理论。在经济繁荣时期，财富被不断创造出来，人们的贪婪欲望也随之增大，欺诈者便应运而生。这种状况就像很多绵羊等着人们来剪毛一样，欺诈者一旦出现，它们就献出自己作为牺牲品。毕竟，没有什么事比眼看着一个朋友变富更困扰人们的头脑与判断力了。

众所周知，在经济过热与市场恐慌中，货币因素十分重要。芝加哥学派认为，当局总是愚蠢的，而市场总是聪明的，只有当货币供应量稳定在固定水平或以固定增长率增加时，才能避免经济过热和市场恐慌。然而，现实的悖论是，银行家只把钱借给不想借钱的人。当发生经济崩溃时，银行体系必然受到冲击，除了货币数量的变动外，将导致银行对信贷进行配额控制，这势必造成某些资本运行环节当中的信用骤停和流动性衰竭。

尽管如此，著名货币学派理论家欧文斯通坚决反对在危机时扩大货币供给，而赫伯特·斯潘塞的表述更为尖锐："保护人类免尝愚蠢行为的苦果，其结果只会让全世界都变得愚蠢。"

长期来看，货币供应量应该固定不变，但在危机期间它应当是富有弹性的，因为良好的货币政策可以缓解经济过热和市场恐慌，也应该可以消除某些危机。其依据主要是对1720年、1873年和1882年的法国危机，以及1890年、1921年和1929年的危机的研究结果。这几次危机中都没有最后贷款人出现，而危机后的萧条持续久远。

但是，将这种观点简单理解为设立一个最后贷款人也是肤浅的。如果市场知道它会得到最后贷款人的支持，就会在下一轮经济高涨时期，较少甚至不愿承担保障货币与资本市场有效运作的责任，最后贷款人的公共产品性会导致市场延迟采取基本的纠正措施、弱化激励作用、丧失自我依赖性。因此应该由一个"中央银行"提供有弹性的货币，但是，责任究竟

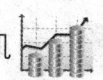

归谁还不确定。这种不确定性如果不使市场迷失方向的话是有好处的，因为它向市场传递了一个不确定的信息，使市场在这个问题上不得不依靠自救。有适度的不确定性，但不能太多，才有利于市场建立自我独立性。

这也就产生了两类投机者的问题，即内部人和外部人的问题。一般来说，内部人往往采用投机手段驱使价格不断上涨，并在价格最高点将投机物品出售给外部人，从而导致了市场的不稳定。而外部人则在价格最高点购进商品，又在内部人采取措施使市场价格下跌时在谷底卖出商品。外部人的损失等于内部人的收益，市场整体没有变化。

在一般情况下，每一个具有不稳定性的投机者，必有另一个具有稳定性的投机者与之对应，反之亦然。但职业性的内部人一开始通过加速价格的上升及下跌来扰乱市场，而高买低卖的业余外部人与投机热的牺牲者相比，对价格的操纵能力较低，前者只是在投机的后期才影响到后者。损失以后，他们又回到其正常的工作中，继续储蓄以备另一次赌博。

另一个有关高买低卖、具有不稳定性的外部投机者的例子是依萨克·牛顿（Isaac Newton）具有启迪意义的历史故事。作为一个伟大的科学家，他应该是理性的。1720年春，他写道："我可以计算天体的运动，但无法计算人类的疯狂。"因此，他于当年4月20日出售了持有的南海公司股票，获得了100%的高额利润，约为7000英镑。不幸的是，进一步的冲动随即又抓住了他，受那一年春季和夏季风靡全球的投机热传染，他在市场最高点时买入了更多的股票，最后损失了20 000英镑。许多经历过这类灾难的人都有这种非理性的习惯，最终他将这段经历抛诸脑后，在其一生余下的时间里，他甚至不能再听到南海之名。

但是，即使每一个参与者的行为看起来都是理性的，各个阶段的投机或是内部人和外部人的投机仍可能导致经济的疯狂扩张和恐慌。这就是所谓的组成谬误，即总体与各部分之和不等。每个人的行动都是理性的——或应当是理性的，但并不等于其他人以同样的方式行动。如果某人行动十分迅速，先于他人买进并卖出，他可能会做得很好，就像内部人所做的那样，即使这个时候总体的情况看起来很糟，超过资本实际价值的任何增长都仅仅是想象中的事情；不论普通算术如何延伸，1加1永远都不会等于3个半，结果，任何虚拟价值都将是某些人的损失。对此，唯一的阻止办法是及早出售。

第10章　昔日可买一房，今日只抵一瓶酒

——关注通货膨胀要学的金融学

通货膨胀与生活

举例：33年前，四川的汤婆婆往银行里存了400元钱，当年这笔钱能买1套房子、1818斤面粉、727盒中华香烟或50瓶茅台酒。今天，汤婆婆取出这笔钱，连本带息835.82元，仅够买420斤面粉、40盒中华香烟。

通货膨胀在无形中侵吞着人们的财富，影响着每个人。那么，就人们所能感觉到的通货膨胀对日常生活产生了哪些影响呢？

说起通货膨胀，公众都不会陌生。在传统的教科书中，关于通货膨胀的描述一定是这样的：通货膨胀是纸币流通条件下特有的一种社会经济现象，当纸币的发行量超过商品流通中所需要的货币量时就会发生通货膨胀，而这时货币会贬值，物价会上涨。

阿根廷曾经是繁荣兴旺的代名词，阿根廷的名字原意为"白银之

地"，或许这是因为它的首都布宜诺斯艾利斯坐落在拉普拉塔河岸，而拉普拉塔河在西班牙语中是"白银之河"。尽管河水的颜色是浑浊的，可是河水上游沉淀着大量的白银。1913年，阿根廷成为当时世界上最富有的10个国家之一。

然而短短的60年后，阿根廷人的生活发生了变化。20世纪80年代末期，阿根廷通货膨胀率一度达到20 000%，通货膨胀使得每个人都战战兢兢，经济活动的主要目的就是为了避免通货膨胀吞噬一切，社会陷入极度混乱……阿根廷的一个省甚至决定发行自己的货币——帕特隆，尽管很多人都担心这种货币不被企业接受，但当地麦当劳别出心裁地推出了"帕特隆堡"的套餐：两个芝士汉堡、一份炸薯条、一杯饮料。这个昔日富裕的国家逐渐被新加坡、日本赶超，甚至是邻国智利。

纸币是一种纯粹的货币符号，没有价值，只是代替金属货币执行流通手段的职能；纸币的发行量应以流通中需要的金属货币量为限度，如果纸币的发行量超过了流通中需要的金属货币量，纸币就会贬值，物价就要上涨。因此，纸币发行量过多引起的货币贬值、物价上涨，是造成通货膨胀的直接原因。

通货膨胀的一个重要特点是具有十分迅速的传导性。任何一部分的商品的涨价，将会很快地通过各种渠道推动其他商品的涨价。以某国发生的通货膨胀为例，先是食品价格的上涨，紧随其后的必然是工资的上涨。而工资在各种商品的生产成本中占有重要的权重，这一成本的上升必然会带动该国物价的进一步上涨。

货币的增加不等于财富的增加，使人们富有的是商品，而土地、劳动力、资本等资源的稀有限制了商品的充裕性。让钱币加倍无法使这些资源突然出现，或许人们一时间会感觉自己更富有了，但显然人们所做的一切只是在稀释货币供给。由于公众急着花掉他们新发现的财富，于是商品价格也会上涨一倍，或者至少涨到供需平衡，不会出现拿着货币却买不到商品的情况。

人们知道，当货币供给增加时，会使其价格下跌，而这样的改变不像其他商品那样会为社会带来好处，社会大众不会因此而更富有。新的消费或资本可以提高生活水平，但是新货币只会使物价提高，换句话说，人们的购买力被稀释了。

事实上，理解这个问题的本质在于，货币的用途只在其交换价值，其他商品则有各种"实质"用途：商品的供给增加能满足更多消费者的欲望，但货币只能用于未来的交换，它的用途在于交换价值或"购买力"。

要知道通货膨胀表现出来的危害不只是物价上涨那么简单，通货膨胀是个人投资者的敌人，日常或波动性的股价改变虽然惊心动魄，最让投资人担心，却不是个人投资者最大的忧患。通货膨胀的侵蚀力量才真的令人害怕，以5%的通货膨胀率来说，货币的购买力在不到15年内，就会少掉一半，在随后的5年内，又会再少一半。通货膨胀如果是7%，只要经过21年，也就是从61岁"提早"退休，到82岁为止，人们的货币购买力就会降到只有当前的1/4。然而现在82岁却是日渐常见的人类平均寿命。这点显然是严重的问题，特别是个人已经退休，没有办法再增加资本，来抵消通货膨胀对购买力可怕的侵蚀。

通货膨胀刺激经济的故事就如同上帝愚弄人们的花招，它让就业机会看上去更加诱人，诱使人们接受工作。这就好像一场全民参加的赛跑，它表面上创造了经济的繁荣，实际上损害了广大人民的生活。如果人们对经济形势多了解一些的话，人们是不会接受的。米尔顿·弗里德曼说过这样一段有名的话："通货膨胀开始的数月或数年，就像饮酒刚开始的几口，感觉很不错。每个人都有足够的钱花，物价的上涨跟不上金钱的增加。只有当物价迎头赶上的时候，其后遗症才开始显现。"

美国耶鲁大学的经济学家罗伯特·希勒曾经作过关于通货膨胀的调查。结果显示：有77%的民众认为通货膨胀会让自己变得越来越穷，而只有12%的经济学家认同这样的观点。当被问到，如果工资和物价以同等的比率上升，能否让你更加满足。结果有49%的民众认为可以，然而对此只有8%的经济学家赞同。

通货膨胀对社会从来没有好处，只是牺牲一群人的利益来造福另一群人。通货膨胀是用欺诈的方式侵占他人财产。在自由市场中，价格是市场经济的核心，是资源配置的最主要手段。而通货膨胀恰恰会打乱市场价格反映给经济体的正常信号，一旦这个信号失真，很多企业和个人的行为会出现明显的非理性，导致经济体的混乱，甚至暴发经济危机。就如同理查德·W.费舍尔所说："通货膨胀是一股非常可怕的力量，不管它看起来多么诱人，但最终都将以灾难收场。"

恶性通货膨胀：谁来为消失的财富埋单

一、恶性通货膨胀

对低阶层者而言，通货膨胀通常会提高由经济活动之前的贴现所产生的负面影响。通货膨胀通常开始于政府提高货币供给政策。政府对通货膨胀所能进行的影响是对停滞的资金课税。通货膨胀升高时，政府提高对停滞资金的税负以刺激消费与借支，提高了资金的流动速度，增强了通货膨胀，形成恶性循环。在极端的情形下会形成恶性通货膨胀。

在经济学上，恶性通货膨胀是一种不能控制的通货膨胀，在物价很快地上涨的情况下，就使货币失去价值。恶性通货膨胀没有一个普遍公认的标准界定，一般被界定为每月通货膨胀50%或更多，但很多时候会采取宽松界定，使用的比率会更低。多数的经济学家认为的定义为"一个没有任何平衡趋势的通货膨胀循环"。当越来越多的通胀现象随着周期反复发生就会产生恶性循环。有关恶性通胀的起因虽有很多争议，可是当货币供给有异常的增加或钱币大幅度的贬值，且常与战争（或战后）、经济萧条及政治或社会动荡联系在一起时，恶性通货膨胀便日益明显。

1945年8月至1948年8月，当时的南京国民政府法币的发行量从5000亿元激增至660万亿元，增长1320倍。1948年8月，其又停止法币，发行"金圆券"，原有的法币，按照1：300万收兑，这就是说，300万法币只能换1元金圆券。并且声称，金圆券发行以20亿元为限。事实上，从1948年8月发行金圆券以来，在不到1年里，其发行额超过了原来限额的几万倍。当时曾出现了类似"天方夜谭"的一幕：印钞厂昼夜不停地赶印纸币，仍然供不应求，情急之下只好在美国、英国大量印刷。据报道，截至1949年5月，国民政府的货币发行额比1937年6月增加了1445亿倍，而当时全国物价上涨85 000亿倍。有人根据国民政府的物价统计，对100元"法币"购买力做过这样一个对比计算：

1937年可买两头黄牛。

1938年可买1头黄牛。

1939年可买1头猪。

1941年可买1袋面粉。

1943年可买1只鸡。

1945年可买两个鸡蛋。

1946年可买16.7%香皂。

1947年可买1粒煤球。

1948年可买0.002416两大米。

1949年可买1粒米的2.45‰。

那么，那些价值哪里去了呢？价值被掠夺走了。价值被谁掠夺走了呢？价值被控制银行的四大家族蒋介石、陈果夫、宋子文、孔祥熙掠夺走了。这四大家族在1927年并不富有，但在此后特别是在20世纪40年代进行反革命内战的过程中，他们掠夺了高达200亿美元的民脂民膏（那时的200亿美元约相当于现在的4000亿美元）。在中华人民共和国成立前夕，四大家族的官僚资本占当时经济的80%，全部官僚资本约占全国工业资本的66%左右，占全国煤矿、交通运输等固定资产的80%。除了增加赋税、大量举债、收受贿赂等方法外，利用银行滥发纸币，制造通货膨胀是一个重要的掠夺方法。正如列宁所说："滥发纸币就是鼓励投机，让资本家靠投机而大发横财。"

二、谁为消失的财富埋单

1. 在债务人与债权人之间，通货膨胀将有利于债务人而不利于债权人

在通常情况下，借贷的债务契约都是根据签约时的通货膨胀率来确定名义利息率，所以当发生了未预期的通货膨胀之后，债务契约无法更改，从而就使实际利息率下降，债务人受益，而债权人受损。其结果是对贷款，特别是对长期贷款带来不利的影响，使债权人不愿意发放贷款。贷款的减少会影响投资，最后使投资减少。

2. 在雇主与工人之间，通货膨胀将有利于雇主而不利于工人

这是因为，在不可预期的通货膨胀之下，工资增长率不能迅速地根据通货膨胀率来调整，从而即使在名义工资不变或略有增长的情况下，实际工资也会下降。实际工资下降会使利润增加。利润的增加有利于刺激投资，这正是一些经济学家主张以温和的通货膨胀来刺激经济发展的理由。

3. 在政府与公众之间，通货膨胀将有利于政府而不利于公众

由于在不可预期的通货膨胀之下，名义工资总会有所增加（尽管并不一定能保持原有的实际工资水平），随着名义工资的提高，达到纳税起征点的人增加了，有许多人进入了更高的纳税等级，这样就使得政府的税收增加。但公众纳税数额增加，实际收入却减少了。政府由通货膨胀中所得到的税收称为"通货膨胀税"。一些经济学家认为，这实际上是政府对公众的掠夺。这种通货膨胀税的存在，既不利于储蓄的增加，也影响了私人与企业投资的积极性。

通货膨胀从何而来

1921年1月德国每份报纸的价格为0.3马克，随后上升为1922年5月的1马克、1922年10月的8马克、1923年2月的100马克直到1923年9月的1000马克。在1923年秋季，价格实际上飞起来了：一份报纸价格10月1日2000马克、10月15日12万马克、10月29日是100万马克、11月9日500万马克直到11月17日7000万马克。

另外还有一些故事描述通货膨胀下的德国：

一个小偷去别人家里偷东西，看见一个筐里面装满了钱，他把钱倒了出来，只把筐拿走了；德国街头的一些儿童在用大捆大捆的纸币马克玩堆积木的游戏；一位妇人用手推车载着满满一车的马克，一个小偷趁她不注意，掀翻那一车纸币，推着手推车狂奔而逃；一位家庭主妇正在煮饭，她宁愿不去买煤，而是烧那些可以用来买煤的纸币。

这些夸张得让人心酸的小故事就是通货膨胀的真实写照，严重的通货膨胀会损害人们的幸福和希望，那么通货膨胀从何而来呢？

公众都知道通货膨胀是个侵蚀财富的大问题，物价总水平的持续、全面的上涨，就是所谓的通货膨胀。作为一种货币现象，公众熟知它的原因之一就是印的货币太多了，使货币供给的增长率远远高于经济体整个产出量的增长率，更多的货币在市场的供求中追逐和竞购较少的物品。

为了弄清通货膨胀的成因，经济学家们进行了很长时间的探索。关于通货膨胀的原因，奥地利学派先提出了颇具争议的观点，他们把通货膨胀的罪魁祸首指向政府，冯·哈耶克曾经指出，政府控制货币史造成货币体系不稳定的原因。他严厉地批评说："政府控制的货币政策是导致通货膨胀的主要原因，不论何时何地，通货贬值都是政府行为的后果。为什么不能依靠市场自发力量来提供人们所需要的交换媒介呢？"

紧接着，奥地利学派的新领袖路德维希·冯·米塞斯更严厉地指出：

"只有政府这个机构，既能把白纸印成钱来花费，又能滥印纸币而让其变得一文不值。"他认为："要说历史大部分是通货膨胀的历史，我认为这毫不夸张。一般而言，通货膨胀就是政府为了自身的利益而精心炮制出来的。"

下面是经济学家们罗列的几个主要理由：

（1）通货膨胀使得人们的国债更便于管理，因为人们可以用更便宜的美元偿还。

（2）在一个全民负债的民主国家，政府自然是选择有利于债务人的货币政策，以期赢得选举的胜利。

（3）通货膨胀有助于缓解政府的财政压力，以实现选民所要求实行的社会项目，从而避免了不利于政治选举的选项，如提高税收等。

（4）通货膨胀容易与经济增长相混淆，而经济增长又容易与经济健康发展相混淆。当然，从理论上讲，GDP是考虑了通货膨胀的，但通货膨胀数字是否被人为操纵，那就不得而知了。

（5）通货膨胀导致名义资产价格上涨，比如说股票和房地产价格，从而给选民制造一种创造财富的假象，即便是他们手中资产的实际购买力已经下降。

因此，出于对自身利益的考虑，政府一方面在制造通货膨胀，另一方面又在掩盖通货膨胀。艾伦·格林斯潘在1966年撰写的《黄金与经济自由》中对通货膨胀进行描述："将财富秘密充公的计划"。如伯南克就曾在华盛顿特区全国经济学家俱乐部发表演讲，在这次演讲中，他打了一个从直升机上撒钱的比喻，表示美国经济可以通过政府财政（降低税收）和货币政策（印刷钞票）来实现高速增长。这就是有名的"直升机理论"，从根本上讲，这就是在鼓吹通货膨胀。

通货膨胀产生的原因是什么？

成本推动的通货膨胀：这种观点认为是由于生产成本增加而引起了通货膨胀。资源价格上涨后生产率没有相应地提高，那么最终将导致产品价格提高。比如说，对一家汽车制造商来说，钢铁的成本便是钢铁制造商出

售钢铁的价格，而当钢铁价格上升时，那么汽车生产的成本就会增加，由此带来整个价格水平的上升。

需求拉动的通货膨胀：这种观点认为是由于总需求过大而引起了物价水平上升，通货膨胀是由于总需求过度增长所引起的。由于太多的货币追逐过少的产品，或是由于产品和劳务的需求超过了现行价格条件下可能的供给而导致物价水平上升。

货币主义者认为：在一个稳定的经济体内，货币供给与商品和服务的数量总体上是一种平衡关系。当然，在这一框架内，如果某一商品或服务的需求发生变化，那么其价格也将发生变化。不过，这种变化会被系统内的其他变化所抵消。也就是说，总需求和总价格仍将保持不变。

导致总价格上涨的唯一原因就是货币供给的扩张，或者说商品和服务供给的紧缩，这实质上是一个问题的两个方面。政府把价格上涨归咎于需求，实际上就等于把通货膨胀解释为经济增长。也就是说，人们成了自身成功的受害者。但事实上，真正意义上的经济增长将导致消费价格下降，因为经济增长意味着生产性产出增加，也就是说商品和服务的数量增加。这样，在货币供给未发生变化的情况下，消费价格自然是下降的。

简单打个比方，当人们解释为什么会被淋湿时，都会说因为下雨，而不是说由于高气压南下与冷气流相遇等，同样，人们在面对通货膨胀时，也只是知道成本增加，需求拉动，人们并不知道货币增长的根本原因。而公众都知道，因为现代社会只有政府才有权印刷钞票，所以通货膨胀的成因，就是政府发行了过量的货币，这是通货膨胀的成因。

🕐 与通货膨胀对决

津巴布韦2008年7月的通胀率是天文数字：2.31亿%。2009年1月，央行发行100万亿津巴布韦元的大钞，也算是一项世界纪录。为了抑制犹如脱缰野马的通货膨胀，津巴布韦政府在4月正式废掉国币，宣布以美元和南非币为流通货币，不过旧津巴布韦元还是在民间继续流通。

在津巴布韦，一旦出了大都市，强势货币一文难求。城市的巴士司机有小额美元或南非币可找零，乡下商店虽然没有，但店家会给顾客糖果、巧克力，或是在收据上注明下次消费可享折扣。在首都哈雷拉，一位大妈抱着总值3万亿津巴布韦元的钞票搭公车，只为了支付一次车费。更有意思的是，司机大叔根本懒得清点就收下。

通货膨胀是目前人们日常生活中不得不面对的问题，那么人们该如何对抗通货膨胀呢？

通货膨胀是一个世界性的难题，多少年来经济学家们一直为解决通货膨胀苦苦思索，当然也为理清这一问题做出了巨大的贡献。

在20世纪的经济学界有一位伟大的、与凯恩斯齐名的经济学家，他也是"二战"以后至今世界上最具影响力的经济学家。他也是一位货币主义者，他的思想对现代货币经济理论的影响无法估量，他的名字叫弗里德曼。

虽与凯恩斯齐名，但弗里德曼的经济学理论却与凯恩斯的背道而驰，在当时的经济学界，凯恩斯的主张政府干预经济的理论正如日中天，而弗里德曼的理论却恰恰相反，他反对政府干预经济，认为政府的干预常常加剧了经济波动。

弗里德曼建立了货币主义学派，他认为，扩张和紧缩的货币政策不仅不会使就业和价格稳定，反而会使情况更加恶化，价格和就业有可能大幅度震荡，因此通过控制货币数量来稳定价格就可以消除经济波动，即通货膨胀仅仅是一种货币现象，

那么如何对抗通货膨胀呢？

第一，弗里德曼认为，只有货币增长速度与产能增长速度一致，才不会出现通货膨胀。经济发展多少，货币就增长多少，只要控制货币供应量，就不会有通货膨胀。弗里德曼甚至提出，由电脑取代中央银行的功能

反而更好，只需在电脑上设定货币数量能有稳定的成长率即可。他曾经这样嘲笑凯恩斯主义者的货币政策："我们可以用一匹马来代替联邦储备当局，在每年的第一天，这匹马会站在联储局总部门口回答有关货币政策的问题。"记者会问："今年的货币供给将如何发展？"这匹马跺了4次蹄，结果第二天报纸新闻就会登出："联储局又要增加4%的货币供给了。"

1973年，智利发生军事政变以后，皮诺切特开始当权，当时的智利混乱不堪，大范围的失业和通货膨胀严重并存，皮诺切特政府邀请弗里德曼为智利的经济出谋划策，弗里德曼实施了休克疗法，大量削减政府开支降低货币总量，尽管这样的措施有效地抑制了通货膨胀，但是智利也经历了严重的衰退，国民收入下降了13%。今天，关于智利改革的讨论仍在继续，但是无论如何，弗里德曼一生都在捍卫他的自由主义思想，这一点足以让全世界的人记住他。

控制货币供应一个对抗通货膨胀的方法是，而为了降低通货膨胀，政府必须做的就是，让增加货币供给的速度慢于经济的增长，这正是撒切尔夫人经济政策的基础，而这种方法却最终被放弃了。被放弃的原因是：政府从来不能达到其货币供给增长率的目标。

这虽然是一个简单易行的遏制通货膨胀的方法，但却很少有人敢用，这个方法就如同阻断通货膨胀这个发动机运转时所需要的燃料，并以此来放慢货币增长。但遗憾的是，由于高通货膨胀带来的高货币需求，骤然减少货币供给的企图会使得利率陡然上升，进而激发一次严重的经济紧缩。

第二，通过货币政策进行调整。比如说，一方面，央行为了减缓通货膨胀采用升息的政策，以引导市场利率上升，使企业融资的成本增加，企业承担较多的利息支出，从而降低了投资的需求。另一方面，更多的资金会流到银行体系，有助于抑制消费从而缓和过渡期的经济。在格林斯潘就任期间，这个目标的实现过多的是依靠个人判断而不是制度保证。毫无疑问，美联储的政策对产量和就业有实质影响，但这些影响是暂时的。

但是事情却不是这样发展的。1979年，时任美联储主席的保罗·沃尔克开始彻底治理通货膨胀。一时间，美国的利息率达到了20%以上，国家经济陷入衰退，尽管在这之后全球通货膨胀销声匿迹了，但是沃克尔，这位后来普林斯顿大学的教授，至今回忆起那段经历仍然是非常痛苦的，他似乎永远不愿意再提起那段时光。

沃克尔实行的高利率使得1982年的实际GDP下降了约2%，而当年的失业率接近10%。据说当时愤怒的农民给沃克尔送去了一袋袋腐烂的食物，情绪激动的群众甚至在美联储的会议室里挥舞弯刀，一名美国参议院的共和党候选人甚至说沃克尔的"高利率政策正在扼杀美国经济并导致了上百万的美国人失业"，人们担心这种日益严重的衰退会演变成经济萧条。直到1983年，货币增长速度逐渐开始改善，一起都慢慢变好了，尽管沃克尔最终因消除了两位数的通货膨胀而在今天广受赞誉，但当时他所采取的行动却遭到广泛的抨击。

事实上，近年来，全世界的许多中央银行都采用了通货膨胀目标制的战略。它们选择一个特定的通货膨胀目标，比如2%，然后根据需要提高或降低利率使得通货膨胀维持或者接近在目标水平上。通货膨胀目标制的众多优点之一是它可以防止经济陷入通货膨胀的怪圈。如果央行在以利于击退任何微小的高于目标的通货膨胀方面具有完全的可信度，那么它根本不必担心对抗一次严峻的通货膨胀，因为这样的通货膨胀永远不会出现。

第三，废除中央银行制度，允许私人发行货币。奥地利学派继承了弗里德曼的理念，他们坚定地维护传统的自由放任的经济政策。他们认为，由于政府的货币垄断权的存在，私人部门自由活动的条件受到限制，从而妨碍了市场机制的有效运转。他们的代表人物哈耶克认为，如果货币发行权被征服垄断，必然会带来市场的不稳定，引起失业和通货膨胀。因此，奥地利学派最先明确地提出了解决通货膨胀革命性的意见：废除中央银行制度，允许私人发行货币。

这种方法看起来未免过于走极端，但是奥地利学派相信，竞争的过程将会发现最好的货币。这些绝对的自由主义者坚持认为，货币非国家化的本质是剥夺国家的铸币权，转而将这种铸币权完全交给市场约束下的金融机构，以此完全消除国家可能从金融资本全球化中获得的对世界经济和政治的影响。

第四，回归金本位制度。现代金融体系通过部分准备金在创造信用的同时，必然会创造通货膨胀，因此奥地利学派提出的又一个方法是：回归金本位制度。这种做法主张恢复美国1933年以前那样的金本位制，即美元价值由法律规定一定的含金量，政府铸造金币发行流通，所有纸币和银行存款都可以随便兑换金币。

金本位制度的优势在于，它不依赖于任何形式的政府手段去实现货币流通的平衡，它所带来的问题就是试图达到一个国家收支平衡的同时，忽略了这种平衡给国内经济带来的损害。

拥护者们认为，政府或者私人银行有可能进行欺诈，而黄金兑现的威胁抑制了欺诈行为。恢复金本位制能使联邦储备委员会控制货币数量有所依据，可以限制委员会管理货币的权力。金本位制度更重要的意义在于，只有使美元重新恢复金本位制，才能消除人们的看涨心理，增强人们对美元的信心，保证物价稳定，利率下降。除非以切合实际的金价回到古典金本位制，否则国际货币制度会在固定和浮动汇率之间来回摇荡，每个制度都会有一堆无法解决的问题，而后运作不良直至解体。

CPI不完全等于通货膨胀

马先生是纺织相关行业的民营企业家，近来因为工人工资上涨还难以请到合适的工人，他有意缩小了业务量，从中抽出300万元投入了股市。他的理论是，近来CPI不断上涨，通货膨胀马上要来了，自己只要抓住一两个涨停就可以抵御通货膨胀了。而此前，他只买风险低到可以忽视的固定类收益的理财产品。

另一位胡先生没有这么大手笔，但他还是努力凑了60万元，大部分投资于黄金，以此来保值。

还有更多客户，一到银行就很焦急地问理财师："怎么办啊，钱都不值钱了，我是买房还是买股票，要么买点黄金？"人们认为如果不把钱拿来投资，钱就马上会变成纸……

是这些人过于焦虑，还是通货膨胀真的要来了？CPI上涨就意味着通货膨胀开始了吗？

前文已经介绍过CPI上涨对经济的影响，CPI是经济运行中最敏感指标——它的涨跌直接关系着社会民生。但是请注意，CPI虽然可以称得上是通货膨胀的风向标，其涨跌幅度会成为对通货膨胀初步判断的尺度，但却不能简单地将CPI上涨等同于通货膨胀。

CPI通常是世界各国判断是否出现通货膨胀的重要衡量标准之一，但各国的判断标准并不一致。一般而言，当CPI持续地普遍地上涨，比如半年、1年以上时间，且其上涨的品种又达到60%以上，CPI的涨幅大于3%左右，就有可能出现通货膨胀，国家就会相继出台一些紧缩的或从紧的财政和货币政策。反之，当CPI的涨幅小于0.5%左右，有可能出现通货紧缩，国家又会出台一些积极的或扩张性的财政和货币政策。比较良性的运行状态下CPI的涨幅控制在0.5%~3%。

因此很多人们通常认定的概念"CPI＝通胀"是错误的。其实从通货膨胀这个词的词义本身就可以看到，所谓通货，就是货币的意思，通货的膨胀，没有别的意思，就是货币供应增加了，这也就是公众常说的"钱毛了"。而商品价格的上涨，包括日常消费价格、房价、股价、原材料价格、人工工资等资产价格的上涨，只不过是越来越多的货币竞相购买这些物品和服务的结果。

还有一点就是笔者前文提到过的，CPI的计算过程中对商品和服务进

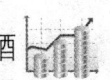

行了分类，又从中选取了有代表性的商品，把他们的价格波动进行加权平均。因此，权重大的商品其价格波动对CPI的波动有更大的效果，权重小的则效果小。这样一来就可能出现下面这种情况：很多权重小的商品和服务的价格在小幅度下跌，而某种权重大的商品和服务的价格在大幅度上涨，最终导致CPI是上涨的。那么，此时根据CPI涨幅为正数就不能得出社会上商品和服务的价格普遍在上涨的结论，那就不能根据CPI涨幅为正数来论定经济出现通货膨胀。这和股票市场上某几个权重股下跌或上涨导致股市指数下跌或上涨的状况是类似的。

CPI指数往往会高估通货膨胀。如果人们想比较2010年与2000年的物价水平，必须用某种方法比较今天电脑的价格与10年前打印机的价格。由于电脑比打印机昂贵，这些新物品的出现倾向于使CPI大于通货膨胀。汽车、CD等许多物品都是一年比一年优质，这些物品部分价格上升是为质量改进的支付而不是通货膨胀，而CPI把价格上升算作通货膨胀，因此，现在又有一种观点认为，关注CPI指数是否意味着通货膨胀应该更关注核心CPI。

所谓核心CPI是指一般用整体通货膨胀指标扣除一些价格容易波动的项目来衡量，扣除项目通常包括食品、能源、间接税、住房抵押贷款成本（一般以住房抵押贷款利率表示）等，最常见的是食品和能源。在这种情况下，如果没有工业消费品和服务价格联动上涨，就不会出现严重的通货膨胀。而数据显示，在CPI连续大幅度上升的同时，核心CPI始终稳定在1%左右的水平。

无论如何，CPI涨幅太大对公众会带来严重的伤害。不管是真的"狼来了"还是假的"狼来了"，作为普通的个人，公众都只能提醒自身打起精神，合理进行投资，以此来抵御物价不断上涨的压力。

怎样衡量通货膨胀带来的痛苦

"绝育黄瓜，自杀西瓜，染色馒头，近年有关食品安全的新闻不断跃入人们的眼球，俗话说："民以食为天"，现在人们连吃的安全都保证不了，别的又从何说起呢？

曾经有人用一个顺口溜来描述生活中的痛苦：早上醒来，用二甘醇超标的牙膏刷刷牙，再用发臭的蓝藻水洗脸，给孩子冲一杯添加了三聚氰胺和激素的牛奶，自己喝黑作坊的豆浆，吃根地沟油炸的油条外加一个苏丹红咸蛋。中午，和同事到餐厅吃饭，点盘避孕药催大的香辣鳝鱼、敌敌畏喷过的小白菜，盛碗陈化粮的毒米饭。晚上，回家蒸盘有瘦肉精的死猪肉，抓个加漂白粉的馒头。要睡觉的时候，被刚装修完的甲醛呛得眼泪直流，只好把脑袋蒙到黑心棉被里，想到房子还有40万贷款加利息，辗转反侧到天半亮也没睡着，找安眠药吃了半瓶也没用，含在嘴里，哦，还好是糯米粉……

当然，这些只是生活中偶然才会遇到的，属于小概率事件，只能用于调侃生活，然而，在经济学上确实有"痛苦指数"一说，也早已经有人研究过。"痛苦指数"出现于20世纪70年代，它代表令人不快的经济状况，等于通货膨胀与失业率之总和。其公式为：痛苦指数=通货膨胀百分比+失业率百分比，表示一般大众对相同升幅的通货膨胀率与失业率感受到相同程度的不愉快。现代经济学家不同意以完全负面的'痛苦'一词来形容上述由于通货膨胀导致的负面冲击。实际上，经济学家中有许多人认为公众对温和通货膨胀的成见是来自其相互影响：群众只记得在高通货膨胀时期相关的经济困难状况。

有实证研究表明，公众对于通货膨胀的忍受力是失业的1.6倍，因此有人提出"痛苦指数"的公式应该为：痛苦指数=（通货膨胀百分比÷1.6）+失业率百分比。而随着房价的一路飙升，住房已经成为生存的头等大事，而"住房痛苦指数"也就成为更贴近人们生活的"痛苦指数"。

"住房痛苦指数"指用来衡量住房经济困难程度的指标，计算公式为：商品房的平均售价（平方米）÷人均月收入＝住房痛苦指数。从此计算公式可以很直观地看出，"住房痛苦指数"与中国商品房的平均售价成正比，与中国的人均年收入成反比。中国商品房的平均售价越高，则住房痛苦指数值就越大，而中国的人均年收入越高，则"住房痛苦指数"值越小。

有人认为中国的房价应该高，因为与外国相比，中国人多地少，土地短缺。那么笔者以人口密度高于中国的国家英国为例进行比较。英国的人口密度远远高于中国，为每平方公里247人，是中国人口密度的170%。中国平均的人口密度是每平方公里132人。这是一个并不高的，甚至是中等偏低的人口密度。因此，如果英国的"住房痛苦指数"大大高出中国的"住房痛苦指数"，是不足为怪的。而英国2003年的房价，普通地区为200英镑／平方米（约合388美元／平方米），伦敦地区的房价要贵一些，约合400～600英镑／平方米。一处480平方米的房产售价为17万英镑，因此，英国的一般地区普通住宅售价约合3000～4000元人民币／平方米；伦敦地区约合6000～10000元人民币／平方米，或均价1000美元／平方米。2003年英国的人均收入为28 330美元，以此换算，月收入为2362美元。如此算来：英国人的"住房痛苦指数"＝388美元／平方米÷2362元美元＝0.16，这个数字说明，一个普通英国人的月均收入可以买到6.22平方米的商品房，而中国人三个月的月均收入还买不到1平方米的商品房，两者相差近20倍。

当"住房痛苦指数"被应用于房地产市场的研究时，原本庞大而复杂的数字迷阵就变得简洁而清晰了。痛苦指数像交给人们的一把尺子，简单易懂，谁都会用，谁都能很容易、很准确地，对房地产市场做出一个客观的判断。那么痛苦指数究竟应该如何计算呐？

以2006年5月为例，全国商品住宅平均销售价格为3199元平方米，

2006年上半年城镇居民人均可支配收入为5997元（以上数字均来自国家统计局公报），因其为"上半年"，所以应乘以2，即为11197元。以此为基数除以12，可以算出人均月收入为933元，于是2006年5月"百姓住房痛苦指数"即为：百姓住房痛苦指数=3199+933=3.43。

而这个数字是一个变数，既可纵向比较，也可以横向比较。

例如，在2005年，城镇居民人均年可支配收入为10 493元，以此为基数，除以12，可以算出人均月收入为874元，2005年全国平均房为2820元平方米。于是，2005年的"住房痛苦指数"即为：住房痛苦指数=2820÷874=3.22。

如此看来，2006年5月"住房痛苦指数"比2005年大幅上升了0.21。它清楚地显示了这一时期的楼市宏观调控失灵，"住房痛苦指数"支持国家采取进一步的、更有效的调控措施和金融政策。

痛苦指数存在的意义在于，人们可以量化政府经济宏观调控政策对房市的影响评价体系，免得不同利益集团的人从自己的私利出发随意评说，让公众对中国房地产的运行状况一头雾水。这个指数还可以分解成全国各地的"住房痛苦指数'，各地会有很大差异。它与简单的商品房价格上涨指数相比，在表达不同城市适宜居住程度上更直观，更准确，有更大的可比性。当人们将"住房痛苦指数"作为一种人文指数，引入对中国房市的观察和度量时会发现，它居然是人们一直在苦苦寻找的那架"天平"，是观察和度量中国房地产市场运行状况的"第一量具"的衡量器。

通货紧缩：物价过低也并非是好事

一、什么是通货紧缩

2008年，钢材价格，从6000元每吨的高位迅速回落到3000元每吨，而

且在继续下行；某品牌1.5的电缆线前几天是90多元一捆，过了几天就只要70元了；猪肉的出栏价当年年初还是9元500克，很快也滑到了5元500克左右。

很多人会认为，这不是正代表着抑制通货膨胀的目标得到了实现吗？其实不然，这就是通货紧缩，整体物价水平下降，是一个与通货膨胀相反的概念。

通货紧缩是指货币供应量少于流通领域对货币的实际需求量而引起的货币升值，从而引起的商品和劳务的货币价格总水平的持续下跌现象。通货紧缩，包括物价水平、货币供应量和经济增长率三者同时持续下降；它是由市场上流通的货币减少，购买能力下降，影响物价下跌所造成的；长期的货币紧缩会抑制投资与生产，导致失业率升高与经济衰退。

当市场上流通的货币减少，人民的货币所得减少，购买力上升，影响物价下跌，造成通货紧缩。依据保罗·萨缪尔森的定义："价格和成本正在普遍下降即是通货紧缩。"经济学者普遍认为，当消费者物价指数（CPI）连跌两季，即表示已出现为通货紧缩。通货紧缩就是物价、工资、利率、粮食、能源等价格不能停顿地持续下跌，而且全部处于供过于求的状况。

二、通货紧缩的害处

通货紧缩对经济增长的影响有短期和长期之分。适度的短期通货紧缩有利于经济的增长。通货紧缩将促使长期利率下降，有利于企业投资改善设备，提高生产率。在适度通货紧缩状态下，经济扩张的时间可以延长而不会威胁经济的稳定。而且，如果通货紧缩是与技术进步、效益提高相联系的，则物价水平的下降与经济增长是可以相互促进的。

长期的货币紧缩会抑制投资与生产，导致失业率升高和经济衰退。因为物价的持续下降会使生产者的利润减少甚至亏损，继而减少生产或停产；同时使债务人受损，继而影响生产和投资；生产投资减少会导致失业增加、居民收入减少，加剧总需求不足。

通货紧缩是比通货膨胀更危险的敌人，通货紧缩通常被认为是经济衰退的先兆，严重的通货紧缩将会造成经济的大萧条，使经济发展倒退几十年，并且在较长时间内难以复苏。难怪日本经济学家把曾经发生在日本的一场通货紧缩称为"可怕的通货紧缩幽灵"。很多经济学家由此得出一个结论：通货紧缩对经济所造成的损害要比通货膨胀大得多。

第11章 汇率上升，对人们的生活有影响吗

——关注国际贸易要学的金融学

汇率：博弈乱局中的焦点

　　汇率说白了就是一国货币兑换另一国货币的比率，是以一种货币表示另一种货币的价格。因为世界各国货币的名称不同，币值不一，所以一国货币对其他国家的货币要规定一个兑换率，即汇率。

　　各国货币之所以可以进行对比，能够形成相互之间的比价关系，原因在于它们都代表着一定的价值量，这是汇率的决定基础。在金本位制度下，黄金为本位货币。两个实行金本位制度的国家的货币单位可以根据它们各自的含金量多少来确定他们之间的比价，即汇率。如在实行金币本位制度时，英国规定1英镑的重量为123.27447格令，成色为22开金，即含金量113.0016格令纯金；美国规定1美元的重量为25.8格令，成色为900‰，即含金量23.22格令纯金。根据两种货币的含金量对比，1英镑=4.8665美

元，汇率就以此为基础上下波动。在纸币制度下，各国发行纸币作为金属货币的代表，并且参照过去的做法，以法令规定纸币的含金量，称为金平价，金平价的对比是两国汇率的决定基础。

但是纸币的情况就不同了，它不能兑换成黄金，因此，纸币的法定含金量往往形同虚设。所以在实行官方汇率的国家，由国家货币当局（财政部、中央银行或外汇管理当局）规定汇率，一切外汇交易都必须按照这一汇率进行。

那么影响汇率变动的因素都有哪些呢？

进出口的差额是主要因素。出口是把本国的商品或服务卖给国外，是收入外汇（创汇）的过程；进口则是用外汇购买国外的商品或服务，是付出外汇的过程。如果一个国家的商品和服务的出口额比进口额多，出现贸易顺差，相应这个国家挣的外汇就多，花的外汇就少，也就是外汇供给多，需求少，这时，外汇的价格——汇率自然要下跌，该国货币也就相应升值。相反，如果一个国家商品和服务的出口比进口少，出现了贸易逆差，相应挣的外汇少，花的外汇多，外汇供给少，需求多，这时，外币汇率自然会上升，该国货币可能就不值钱了，面临着贬值的压力。

资本的流出、流入差额。当一个国家的资本流入多于资本流出时，这个国家就会出现资本项目顺差，也就是外汇供给多，需求少，外币汇率自然会下跌。相反，如果一个国家的资本流出多于资本流入，这个国家就会出现资本项目逆差，外币汇率就有上升的趋势。

利率差异也是重要因素。随着世界经济的一体化，各国之间的资本流动越来越自由。如果一个国家的利率比其他国家的利率高，就会有大量的资本涌进来，兑换成这个国家的货币以获取更高的利息，这样，就会推动这个国家的货币升值。反之，如果这个国家的利率比其他国家的利率低，其货币就有贬值的压力。

通货膨胀率的高低也会影响汇率。如果一个国家的通货膨胀率较高，就意味着这个国家的货币购买力下降，相对于通货膨胀率较低的国家，其

货币自然有贬值的压力。反之，如果一个国家的通货膨胀率比其他国家低，其货币就有升值的趋势。

人们的心理预期也是影响短期汇率波动的重要因素。如果人们认为某个国家的经济发展令人担忧，或者政治局势不稳定，预测其货币不久会贬值，就会纷纷抛售该国货币。结果导致该国货币大幅贬值甚至爆发货币危机。

政府对汇率的干预行为也在很大程度上影响着汇率。比如1985年，美国正承受着高额的财政和贸易赤字，而美元升值又加剧了其贸易赤字，于是美国联合西方强国达成了著名的"广场协定"，各国政府联手拿出200亿美元投入外汇市场购买日元，结果美元大幅贬值，日元大幅升值。

浮动汇率制的正式采用和普遍实行，是从20世纪70年代后期美元危机进一步激化后开始的。

当一个旧的体系破裂时，并不意味着一个完善的新体系就已开始。在20世纪70年代初期，国际货币基金组织的主要成员国举行了一次又一次的会议，试图建立一个新的体系来替代布雷顿森林体系，但是未能达成协议。在没有人能设计出一个新体系的情况下，金融世界自然而然地走进了浮动汇率体系阶段。从1971年史密森协议到1973年浮动汇率体制确立，这是一段充满了尝试与失误的时期。当时几乎所有人都在摸索恰当的汇率水平，而且所有人都尽力想在这种新的和陌生的环境中维持稳定。就在史密森协议不久之后，各国曾一度竭力支持这一新的平价关系，该关系被称为"中心汇率"。但这次这种体系缺少黄金支持下的美元这一必要的基石。只要主要经济大国的重要经济变量之间的差异没有消除，为恢复固定平价体制、中心汇率或不论其他什么称号的体制所做出的努力实际上都终将归于失败。

在这种情况下，20国委员会的新论坛为重建一个可持续的汇率体制做出了切实的努力，但国家利益的冲突粉碎了所有达成一个早期协议的希望。1973年秋天，第一次石油危机改变了全球资金流动，世界各国逐渐认识到在现实生活中没有哪种制度可以替代浮动汇率体制，而且在可预见的未来没有重返固定汇率体系的希望了。

浮动汇率将通过没有政治意义的供求法则解决这些问题。没有哪个国家必须放弃其国家特权去选择某一汇率。各个国家也没有通过采取干预行动来支持自己的货币的义务，这样就可以避免清算问题了，因为市场力量将强迫经济自行调整。因而只要修改国际货币基金组织协议，使浮动汇率体制合法化即可。黄金必须摆脱其官方价格的束缚，而在国际货币基金组织内部必须建立起一种实施国际监督的机制，以防止浮动体系被滥用于获取不公平的竞争优势。

不断加剧的通货膨胀和1973年的石油冲击交织在一起，并持续了很长时间，才使以浮动汇率通货为特征的国际货币运作体系建立起来。到20世纪70年代中期，国际货币基金组织协议条款的修改又给浮动通货披上了一层神圣的外衣。而在20世纪70年代末期，它更是深深地影响着学术思想、政府政策以及银行的实际操作，以至于那些渴望在更大范围内或更普遍的基础上实行固定汇率的说法统统被否定了。

然而，人们对实际运作的满意程度并未随着改革的进展（指由固定汇率制变为浮动汇率制）而有所提高。恰恰相反，20世纪70年代中期的经济衰退在战后是最为严重的，通货膨胀率也高得惊人。所有货币指数都显示出：汇率波动巨大，世界储备和各国货币供应的快速增加，以及高水平的利率。那种人们所常常期望的，当世界适应了浮动汇率后，汇率和经济状况都会稳定的希望开始变得越来越渺茫了。

一路走来的汇率决定理论

汇率决定理论是国际金融理论的核心内容之一，主要分析汇率受什么因素决定和影响。汇率决定理论都是在不同的历史时期，在特定的经济、金融和政治背景下对当时的汇率机制的最充分、最有效和最接近的描述。

汇率决定理论主要有国际借贷学说、购买力平价学说、利率平价学说、国际收支说、资产市场说。资产市场说又分为货币分析法与资产组合分析法。货币分析法又分为弹性价格货币分析法和黏性价格货币分析法。不过在这里不做讨论，重点要讨论的是汇率决定理论的演化史。

在中世纪，各国商品经济有了很大发展，货币制度也比较健全，货币兑换开始经常化，于是人们就开始关注汇率问题。从那时到现在，货币制度经历了贵金属本位制、金属汇兑本位制及信用纸币本位制，从中人们也可以追踪汇率理论发展的轨迹。

1642年又一位学者卢果提出，汇率是由货币内在价值即含金量决定，而其变动则受外在价值影响，外在价值主要取决于货币供求。中世纪的学者们对汇率决定及其变化的解释主要有两点：一是汇率的决定是以铸币平价为基础的。二是汇率的变动受货币稀缺或丰裕程度的影响。

18世纪法国启蒙运动的代表人物孟德斯鸠对货币的兑换比率问题做了细致分析。他给出了货币的绝对价值和相对价值概念。他认为君主可以规定以下几个方面的关系：作为金属的银与作为货币的银两者之间数量的比例；用作货币的各种金属的比例；每个货币的重量与成色；赋予每个货币上面所说的想象价值。他把货币在这四种关系上的价值叫作绝对价值。每个国家的货币同其他国家的货币相比较时的价值叫作相对价值，相对价值以绝对价值为依据，通过兑换而建立，依据是商人最广泛的估价。因此货币的兑换率确定了货币当前的暂时性价值。他还分析了汇兑平价并指出：如果法国的同成色、同分量的银币能够在荷兰换到同数量的银币，就叫汇兑平价；高于平价，本币汇兑价高，反之则汇兑价低。

到此为止，本书所介绍的汇率理论所处的时代都是各国普遍实行贵金属本位制，其中以金本位制最为典型。在这种制度下，两国货币之间的含金量之比即铸币平价被普遍认为是两国货币汇率的基础。这一时期的汇率理论几乎就是铸币平价论，各理论派别之间的差异，仅仅表现在对汇率变动的解释上。

从19世纪后期到20世纪30年代，资本主义经济大体上经历了两个阶段，前一阶段是经济持续增长，后一阶段是两次世界大战期间，这也正是资本主义由自由竞争向垄断阶段过渡时期。这一时期的汇率研究，结合了从金本位制到不兑换纸币制度的实际，有5位经济学家的研究值得重视。他们是戈森、瓦尔拉、阿夫塔里昂、卡塞尔和凯恩斯。比如瓦尔拉就运用一般均衡方法分析了汇率决定问题。他通过分析发现，汇率是据以做出的汇款的反比，两者互成倒数。这是因为，汇率实质上是任何一个地区的货币的一个单位或货币的某一定量在其他各个地区照付时的价格。他还指出：汇率有一个固定限度，即单位黄金的运输成本。他给出了汇率的一般均衡条件，当任何一个地区对任何另一个地区的外汇率等于这两个地区各自对任何第三个地区的外汇之间的比率时，就可以实现汇率之间的全面平衡，当全面平衡受到干扰时会通过套汇活动使其恢复均衡。

利率平价思想可以追溯到中世纪，但利率平价理论真正形成的标志是凯恩斯1923年完成的《论货币的改革》。当时频繁的汇率波动与货币贬值、金本位制的变化，使国际货币发生了很大变化。凯恩斯抛开了传统的金本位制下汇率决定理论，研究新形势下的汇率问题。他把汇率本质看成是两国货币（资产）的相对价格。一笔资金可以投资于国内，也可以投资于国外，对外币需求是因为对外投资。投资是利益比较的结果，投资产生了国际资本流动，汇率取决于不同国家不同时期的利率收益比较。凯恩斯建立了古典利率平价理论，即远期汇率理论，远期汇率决定于短期存款利差，并围绕利率平价上下波动。

后来经其他经济学家发展，利率平价理论逐渐成熟起来，其基本思想是：在没有交易成本的情况下，远期外汇水平必定等于利差。这是因为人们可以无风险地购买外国债券。因此当投资者在本币债券与外币债券之间选择时，一旦远期汇率升水小于利率差额，人们就会抛售外币债券而购买本币债券，资金流入国内而使利率降低；反之则相反。因此，人们的套利行为使资金自由流动，最终消除各地利率偏差，使实际利率均相等。

根据利率平价理论：如果国内外利率相等，则远期汇率与即期汇率相等，即远期差价（升水或贴水）等于零；如果国内利率高于外国利率，则远期外汇差价必为升水；如果外国利率高于国内利率，则远期外汇差价必为贴水。

这一时期其他几位经济学家的研究也值得重视。瑞典经济学家魏克塞尔的汇兑平价说是建立在金本位制度上的黄金平价说。他认为：当对外债权和债务接近相等时，到期外国汇票的价格将大致等于本国货币和外国货币含金量的比率。汇率围绕这个平价，受供求关系影响上下波动。马歇尔是第一个区别了国内因素和国外因素引起货币贬值不同的人。他指出：一国货币汇率定值是偏高还是偏低，应当用两国货币的购买力对比关系来衡量，并不是所有的货币贬值都能刺激出口，只有当诸如因政治恐慌引起的资本外逃而使汇率下跌进行时，汇率定值高低才会刺激出口。一旦资本外逃停止，汇率立即调整，恢复到两国购买力对比的基础上。俄林则认为：影响外汇供求的任何事情都能影响汇率，包括基本条件、货币政策、资本转移等方面的变化。

套利：捕捉低风险赚钱机会

套利是指在一个市场买进外汇、商品或证券的同时，又在另一市场以高于前一市场的价格卖出的行为。通俗点说就是在同一时间进行低买高卖操作，以获得中间的差价。

在一般情况下，西方各个国家的利息率的高低是不相同的，有的国家利息率较高，有的国家利息率较低。利息率高低是国际资本活动的一个重要的因素，在没有资金管制的情况下，资本就会越出国界，从利息率低的国家流到利息率高的国家。资本在国际流动首先就要涉及国际汇兑，资本流出要把本币换成外币，资本流入需把外币换成本币。这样，汇率也就成为影响资本流动的重要因素。

套利行为的基本诱因是两个市场间的价差超过了买进与卖出的交易费用，而套利活动的结果则使在这些市场交易的相类似的商品的价格保持在买进与卖出所确定的范围内。任何价格如有偏离由交易费用所确定的范围的倾向，都会诱发套利行为，从而迫使价格重新返回到这一范围内。

假设某一时期1英镑在伦敦与美元的兑换率低于1英镑在纽约与美元的兑换率。如果两个市场上汇率之差超过了交易费用，套利者就会用英镑在伦敦市场买进美元，然后在纽约市场卖出美元换回英镑。两个市场的汇率之差减去交易费用即为套汇者的净收益。但套汇行为将提高买进市场即伦敦的英镑兑换率，降低卖出市场即纽约的英镑兑换率，直到套汇者不再能够获得净收益为止。

套利交易目前已经成为国际金融市场中的一种主要交易手段，国际上绝大多数大型基金均主要采用套利或部分套利的方式参与期货或期权市场的交易。随着我国期货市场的规范发展以及上市品种的多元化，市场蕴涵着大量的套利机会，只要人们认真观察，潜心研究，及时捕捉，套利交易势必会获得稳定的回报。

套利一般可分为三类：跨期套利、跨市套利和跨商品套利。

跨期套利是套利交易中最普遍的一种，是利用同一商品在不同交割月份之间正常价格差距出现异常变化时进行对冲而获利的，又可分为牛市套利（bull spread）和熊市套利（bear spread）两种形式。例如在进行金属牛市套利时，交易所买入近期交割月份的金属合约，同时卖出远期交割月份的金属合约，希望近期合约价格上涨幅度大于远期合约价格的上涨幅度；而熊市套利则相反，即卖出近期交割月份合约，买入远期交割月份合约，并期望远期合约价格下跌幅度小于近期合约的价格下跌幅度。

跨市套利是在不同交易所之间的套利交易行为。当同一期货商品合约在两个或更多的交易所进行交易时，由于区域间的地理差别，各商品合

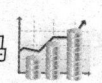

约间存在一定的价差关系。例如伦敦金属交易所（LME）与上海期货交易所（SHFE）都进行阴极铜的期货交易，每年两个市场间会出现几次价差超出正常范围的情况，这为交易者的跨市套利提供了机会。例如当LME铜价低于SHFE时，交易者可以在买入LME铜合约的同时，卖出SHFE的铜合约，待两个市场价格关系恢复正常时再将买卖合约对冲平仓并从中获利，反之亦然。交易者在做跨市套利时应注意影响各市场价格差的几个因素，如运费、关税、汇率等。

跨商品套利指的是利用两种不同的、但相关联商品之间的价差进行交易。这两种商品之间具有相互替代性或受同一供求因素制约。跨商品套利的交易形式是同时买进和卖出相同交割月份但不同种类的商品期货合约。例如金属之间、农产品之间、金属与能源之间等都可以进行套利交易。

交易者之所以进行套利交易，主要是因为套利的风险较低，套利交易可以为避免始料未及的或因价格剧烈波动而引起的损失提供某种保护，但套利的盈利能力也较直接交易小。套利的主要作用一是帮助扭曲的市场价格回复到正常水平，二是增强市场的流动性。

一个简单的例子就是，以较低的利率借入资金，同时以较高的利率贷出资金，假定没有违约风险，此项行为就是套利。这里最重要的是时间的同一性和收益为正的确定性。

在现实中，通常会存在一定的时间先后顺序，也可能是以很小的概率出现亏损，但仍被称作"套利"，主要是从广义上而言。

通俗的说，套利就是在同一时间进行低买高卖的操作。

在我国目前证券市场中，比较获得人们认同的套利包括ETF套利、期货套利、权证套利等。

热钱：投机性短期资本

热钱，又称游资，或叫投机性短期资本，在国际金融市场上，它流动迅速，目标是以最低的风险换来最高的报酬。热钱具有：短期、套利和投机的特点。这使得热钱成为诱发市场动荡乃至金融危机的重要因素。

在20世纪80年代后期，位于中北美洲的墨西哥为了加速本国经济增长，不断采取措施鼓励外资进入。当时，墨西哥的经济前景也被广泛看好。由于墨西哥在进出口贸易中经常出现逆差，政府便采取大量吸引国外资本的方法来保持国际收支平衡。这样，到了1993年时，墨西哥外资流入量已经高达300多亿美元，但是其中的投机性资金超过了50％，并且主要投入于证券和货币市场。大量的短期投机资金即构成了热钱，它们大大增加了墨西哥经济体系的脆弱性，只要国内外政治、经济形势发生变动，都可能引起资金外逃，爆发金融危机。

在1994年，墨西哥总统大选，执政党的一名总统候选人被暗杀，政局动荡，投资者对墨西哥经济前景的信心动摇。大量资金从墨西哥外逃，仅证券市场外流资金就高达180亿美元。墨西哥的国际贸易逆差迅猛加剧，外汇储备大量减少。为了改善这种情况，1994年12月20日，墨西哥政府宣布本国货币比索对美元汇率的浮动范围扩大到15％，但这实际上意味着比索的贬值。政府本来希望借此抑制资金外流，不料投资者更加失去信心，热钱外流更为迅猛。从1994年12月20日至1994年12月22日，短短的三天时间，墨西哥比索兑换美元的汇价就暴跌了42％，这在现代金融史上都是极为罕见的。从1994年12月至1995年3月，墨西哥发生了一场比索汇率狂跌、股票价格暴泻的金融危机，直到以美国为主的500亿美元的国际资本援助到位后，这场金融动荡才于1995年上半年趋于平息。然而这场金融危机的震撼力已经波及全球，首当其冲的便是阿根廷、巴西、智利等经济结构与墨西哥相似的国家。他们都存在着债务沉重、贸易逆差、币值高估等

经济问题，由于外国投资者担心墨西哥金融危机有可能扩展到整个拉美，便纷纷抛售这些国家的股票，由此引发了拉美股市猛跌。仅在1995年1月上旬，短短十多天里，整个拉美证券市场就损失了近90亿美元的市值。这场由热钱酿成的金融风暴，迄今为止都让世界谈之色变。

国际短期资金的投机性移动主要是逃避政治风险，追求汇率变动、重要商品价格变动或国际有价证券价格变动的利益，而热钱即为追求汇率变动利益的投机性行为。当投机者预期某种通货的价格将下跌时，便出售该通货的远期外汇，以期在将来期满之后，可以较低的即期外汇买进而赚取此一汇兑差价的利益。此举纯属买空卖空的投机行为，因此与套汇不同。在外汇市场上，此种投机性资金常自有贬值倾向货币转换成有升值倾向的货币，增加了外汇市场的不稳定性，因此，只要预期的心理存在，只有让升值的货币大幅波动或实行外汇管制，才能阻止这种投机性资金的流动。

鉴于热钱对一个国家的经济、市场有严重的危害，金融专家们一直在对各种热钱危机进行深入分析，总结出危机发生前普遍存在的一些特征：

（1）在热钱危机爆发前，国家已经有着持续多年的经济高速增长。以泰国为例，在1990—1995年，其GDP平均增长率高达9%，而且在1997年金融危机之前，泰国国民经济已经连续15年保持高速增长。

（2）外部资金大量流入国内，造成普遍投资过度现象。在1995年，韩国的投资总额占GDP的比例高达34%，1996年便超过了40%，由此导致电子、汽车等一些关键工业以及房地产出现生产能力过剩的现象。

（3）股票、房地产等资产价格迅速上涨。泰国在经济危机爆发前，大量外资投入到房地产，房地产贷款比例高达25%，但是房屋空置现象却很严重。泰国股市、楼市都出现了过度繁荣的现象。

（4）货币普遍被高估。墨西哥在危机前实施盯住美元的汇率政策，导致比索被高估。然而，一旦热钱危机爆发，货币"内虚"的隐患立刻发作，汇率一泻千里。

总的来说，预防热钱危机要做好以下几方面的工作：

（1）加强外汇监测体系，及早察觉外汇在本国的异常流动。

（2）注意政策、制度的可逆性设计，一旦热钱大量外流时，政策制度可以进行相应的应对和补救。

（3）保持理性政策，防止经济大起大落。保持经济的平衡增长而不是追求过度的繁荣，始终是稳定国家货币和金融体系的根本。

古往今来，"投机主义者"都有一个共同的特点：为了达到目标可以不择手段，并以结果来衡量一切。热钱就是典型的投机行为，它所带来的过热投资，往往违背了经济学的价值规律，从而带来严重的经济危机。

巨无霸指数：参透购买力平价的奥秘

《The Economist》推出的"巨无霸指数"，就是一个很经典的案例。如果麦当劳的巨无霸汉堡包在美国值2美元一个，而在英国1英镑一个，那么根据购买力平价理论，汇率为1英镑兑2美元。如果当前市场汇率是1英镑兑1.7美元，那么英镑就被称为低估通货，而美元则被称为高估通货，且此理论认为未来汇率将趋向于2美元兑1英镑的平价汇率变化。

这个小故事简单地解说了购买力平价的含义，那么购买力平价是怎么出现的呢？

在经济学上，它是一种根据各国不同的价格水平计算出来的货币之间的等值系数，以对各国的国内生产总值进行合理比较。作为一种重要的国际经济比较方法，购买力平价是指不同国家商品（货物和劳务）的价格比率，也就是基准国单位通货所能购买的商品数量，在对比国购买时需要该国通货的数额。

购买力平价说出现得很早。瑞典学者卡塞尔于1922年对其进行了系统的阐述。购买力平价的基本思想是：货币的价值在于其购买力，因此不同货币之间的兑换率取决于其购买力之比，也就是说，汇率与各国的价格水平之间具有直接的联系。

购买力平价是通过价格调查收集对比国家150多类、2000多种代表规格品（商品和劳务）的价格资料，并利用支出法计算的各国国内生产总值作基础，用国内生产总值按150多类划分的支出构成作为权数，进行加权平均，计算出的国内生产总值的购买力平价。

例如，购买相同数量和质量的一篮子商品，在中国用了80元人民币，在美国用了20美元，对于这篮子商品来说，人民币对美元的购买力平价是4：1，也就是说，在这些商品上，4元人民币购买力相当于1美元。购买力平价实质上是一个特殊的空间价格指数，与比较某一国家两个时期价格水平的居民消费价格指数（CPI）不同，它是比较某一时期内两个国家的综合价格水平。因此，用购买力平价作为货币转换因子，能满足GDP国际比较三个条件的要求。

但是，购买力平价论却存在局限性，主要是它在现实操作上较为困难，实用性有限。购买力平价的汇率，可以有绝对购买力平价和相对购买力平价两种形式。就绝对购买力平价的汇率而言，由于它是以两国货币在同一时期各自在国内购买力水平之比来决定的，因而要受两国物价水平的影响。然而这所谓物价水平，究竟是以什么物价为依据，是以批发价为依据呢，还是以零售价为依据？等等，就是难以确定的问题是不同国家的人对于同一种商品的估价是不同的。例如一种在甲国是奢侈品的商品，在另一个国家可能只是一般日用品。而购买力平价不分这种情况。

即使使用正确的购买力平价，人均国内生产总值也只能表明一个国家经济的整体产出值，而不能直接作为普通人的生活水平的尺度。其他的指标，如住宅和校舍的质量、公共服务的质量和水平、污染程度、消费者保护法的力度等，很难测定，并且未在国民生产总值中反映出来。所以即使是用购买力平价调整过的人均国民生产总值也要谨慎使用，因为它只是生活质量的众多标准之一。例如2002年日本的人均国内生产总值是

40 000美元，购买力平价调整后是27 000美元，美国是35 000美元，调整后为36 000美元。但是美国的犯罪率比日本高，贫困人口和地区比重比日本大，而日本的人均国土面积比美国小，国民享有的个人自由据称比不上美国。而且生活质量还依赖于主观判断和个人好恶。平均国内生产总值并不能表明财产分配是否平等。

人民币汇率升值意味着什么

1997年，东南亚各国相继爆发了严重的金融危机，泰国货币泰铢承受不住贬值的压力，一夜间一泻千里。此后，各国的货币包括日元竞相贬值，一时间，东南亚的经济金融形势风雨飘摇。各国对人民币的前景也十分悲观，而中国政府郑重宣布：人民币不贬值。中国的承诺增强了世界各国的信心，中国为战胜金融危机做出了贡献。

但是在2002年后，美、日等国却不断地要求人民币升值，那么人们不禁要问：人民币汇率升值到底意味着什么呢？

汇率是一种货币表示一种货币的价格，它的重要性就在于它影响着国内生产的商品在国外销售的价格和本国购买商品的成本。

汇率的表示方法有直接标价法和间接标价法。比如2006年4月20日直接标价法下人民币兑美元的汇率是8.0126元/美元，意思是说这一天1美元可以换8.0126元人民币。2006年4月20日间接标价法下人民币对美元的汇率是0.124803美元/元，意思是说这一天1元人民币值0.124803美元。我国的外汇报价采用的都是直接标价法，也就是1元外币值多少元人民币的标价方法。

在直接标价法下，如果汇率数值增加，意味着1单位的外币值更多的本国货币（本币）了，称为本币贬值，或外币升值。相反则是本币升值或

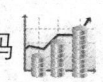

外币贬值。比如2005年7月20日人民币兑美元的汇率是1：8.2765，2005年7月21日调整为1：8.1100，说明人民币升值了，美元贬值了。

那么人民币升值意味着什么呢？最通俗的说法就是中国人的钱值钱了，比如在国际市场（只有在国际市场上才能体现出人民币购买力增强了）上原来1元人民币只能买到单位商品，人民币升值后就能买到更多单位的商品了，人民币升值或贬值是由汇率直观反映出来的。人民币升值用最通俗的话讲就是人民币的购买力增强。换句话说就是人们以前用1美元能换8.27元人民币，现在只能换6.62元人民币。

汇率对一个国家的重要性不言而喻，而人民币升值对中国的影响也是多方面的。

升值将对不同行业产生影响：

一方面，因人民币升值所导致的资本成本和收入的提升将在长期内改变我国的经济结构，重新赋予行业不同的成长速度，并使不同行业的企业业绩出现分化。

另一方面，人民币升值在短期内改变行业内企业的资产、负债、收入、成本等账面价值，通过外汇折算差异影响其经营业绩。人民币升值将对进口比重高、外债规模大，或拥有高流动性或巨额人民币资产的行业是长期利好；而对出口行业、外币资产高或产品国际定价的行业冲击较大。人民币小幅升值，还有助于中国经济增长方式的转变。推进人民币汇率形成机制改革，是缓解对外贸易不平衡、扩大内需以及提升企业国际竞争力、提高对外开放水平的需要，有利于充分利用"两个市场"，提高对外开放的水平。

（1）银行业。人民币汇率上升，会提高资金的吸引力，大量资金流入国内银行体系，将对银行业务的发展产生积极影响。人民币升值预期将促使人民币贷款趋于减少，外币贷款趋于增加；人民币存款趋于增加，而外币存款趋于减少，从而使银行资产负债的币种结构发生调整。

（2）航空业。人民币升值将使外币负债水平高的航空公司，以支付较少的人民币完成原先等额的外币债务支出。

（3）通信业。人民币的升值，也就产生了资金的升值，对各大运营商在外国的投资产生扩大效应，对运营商在国外市场的基站、铺线、组网等基础设施的建设有积极的推动作用。

（4）煤炭行业。人民币升值影响较大的是企业外债，部分大型企业采购高档采煤和洗选设备大多通过进口，在支付方式上采取买方或卖方信贷的形式，因此人民币升值将减轻公司的外债压力，减少每年的财务费用支出。

（5）化工工业。人民币升值有利于国际市场高附加值产品增强在国内市场的竞争力，同时也会削弱资源类化工产品在国际市场的价格竞争优势。

（6）医药行业。医药行业产生汇兑优势，有利于药品的进口，降低市场的价格。

（7）纺织行业。人民币升值在短期内必然会给行业中的出口型企业带来一定的压力，使成本增加、获利减少，人民币升值，就使得纺织出口企业的压力更大。内销产品的利润率上升外销产品利润率的下降会导致销售的"外转内"。

（8）电子制造业。电子业高价值产品由于其原材料主要依赖于进口，因此其投入成本将随着人民币升值而有所降低。

（9）房地产行业。人民币升值使居民的收入水平将得到较大的提高，房地产作为消费升级的主要聚焦点将得到公众的追捧，从而提升对房地产的有效需求。

人民币升值对人们的生活消费也将产生一定影响。比如，人民币的升值意味着人民币的国际价值上升，对于人民币储蓄居民来说增加了储蓄收入，而对于外币储蓄居民来说就表示储蓄减少。因而对公众来说就会抛外币买人民币保值。而对于出国留学的家庭来说，人民币升值使公众能够兑得更多外币，有利于促进公众出国留学。

人民币升值对旅游业来说也是一种促进。人民币升值对我国国内旅游

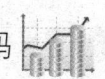

业来说有着两重影响。对于国内居民，由于相对收入增加旅游成本下降，促进了旅游业的发展。对于吸引国外旅客来说就存在压力，由于外币的相对贬值，增加了旅游成本，抑制了旅游经济发展。

人民币的升值使国内汽车生产的进口部件或整车的成本下降，价格下降，加上居民生活水平上升，将会带来汽车消费增长。在房地产方面，购买原材料更便宜，推动房地产业发展，拉动购房消费，同时也可能导致泡沫经济的出现。

人民币升值对生产与就业也有一定的影响。这一点不难理解，一方面，汇率上涨人民币升值有可能扩大生产设备的投资，节约生产成本，有利于企业的资金周转，增加经济效益。但是另一方面，升值加大了进口，抑制了出口，这就使国内的产业调整生产规模。出口型产品生产减少，内销型的产品增加。国内市场上的商品供过于求再度促使价格下降，企业的利润减少，工人的工资收入减少，在某个行业部门可能会出现失业人员增多，增加了社会的就业压力。

人民币升值可以抑制通货膨胀。在升值条件下，国内的产品价格并没有受到影响，而进口产品因为汇率下降而价格下降，最终将带动整个社会的价格下降，进而达到紧缩通货的目的。在通货膨胀期间，本币升值无疑是避免恶性通货膨胀的有力武器。

人民币升值还可以消化过剩的外汇储备。对于发展中国家，适当的外汇储备是必需的，大量增加的外汇储备则是一种资源闲置，无疑是极大的浪费。通过升值提高人民币在国际市场的购买力，无疑是消化过剩外汇储备的重要途径，不仅有利于吸收海外资源，而且能缓解国内资源瓶颈。

人民币升值可以减少贸易摩擦。中国积累的巨额贸易顺差，经常会受到美、欧、日国内政治和利益集团的抨击，贸易纠纷越来越多，中国近年来及今后频繁遇到的反倾销诉讼和其他贸易争端均和这一背景有关，而且越来越集中于人民币汇率问题上，致使人民币升值与否成为减少贸易摩擦的关键。

有利就有弊，那么人民币升值的弊端有哪些呢？

（1）国家的外汇储备随着升值幅度多少，相应损失。

（2）国家的出口产品会因为人民币升值受到一定的影响，就是出口因为人民币升值，相对于外国进口商来讲是成本增加，出口的数量有所减少。可因为中国商品的劳动力成本很低，20%~30%的人民币升值，不会很大地影响中国商品的竞争力。可以说因升值而减少的出口额（还不一定）会由因升值而回收的外汇额填补，我国的外贸情况不会有很大的改变。

（3）会一定程度地影响我国的劳务输出，很小程度地影响外国投资（同样的投资会因为人民币升值而增加投资成本）。

（4）因人民币升值，增强了人民币的购买力，会导致进口增加，缩小我国的贸易逆差额。

（5）银行坏账上升，带来失业问题，FDI（外国直接投资）下降，农村地区发生通货紧缩，人民币的对外作用削弱，中国对WTO的承诺难以实现，进而带来东南亚地区的金融不稳定，以及亚洲经济的放缓。

（6）人民币升值会抑制我国出口。而我国的主要出口对象是美国。相对而言，我国货币价值上升会刺激国外对我国的进口。

（7）易受金融冲击。金融市场不完善，用来对冲风险的金融工具较少；央行没有在灵活汇率下实施货币政策的经验，其能力还有待检验；国内金融机构不良资产巨大，金融体系脆弱。所有这些，都说明我国尚不具备针对人民币汇率波动预期下大量"热钱"对金融体系进行冲击的抵御能力。

第12章　楼市调控下，房价走向
——关注房地产走向要学的金融学

房产投资怎样才能扩大收益

　　苏先生自己经营了一间小贸易公司，平时结余下来的钱就喜欢做点投资，前两年苏先生投资房地产赚了一些钱，现在他打算退出了。

　　但是，还有不少中介打电话来咨询，开始苏先生还耐心向中介解释，自己不打算做这方面的投资，并劝对方把信息删掉。但随后他发现，自己在网上的电话信息已经永远不可能被删除了，隔三岔五就有中介打电话来问他是否出售房屋。

　　最近一次，苏先生正在公司开会，突然一个陌生电话打过来，有了之前的经验，他选择了拒绝接听。陌生电话继续打来，苏先生再次按掉。陌生电话顽强地又打过来，他一看不得不接了，估计是有什么紧急事务。

　　"您打算买房子吗？"对方开口就问。不胜其烦的苏先生甩出了一句："傻子现在还买房子！"

现在国家对房价的调控政策不断出台，因此对喜欢做房地产投资的人来说，是进还是退就成了一个问题。但不管怎样，房地产投资的基本方法是不会变的，那么房地产投资应该怎样做呢？

国家为了稳定房价，政策接着出台，普通的购房者随形势而动，及时调整自己的购房策略是目前的当务之急。目前在许多购房者中依然存在着"以房养房""以租抵贷"（房产投资者在以贷款方式购置了第二套房产后，往往出租其中一套房产，以租金收入偿还另一套房产的月供）的房产投资方式。

这批人先是随着央行加息，开始背负比以往要更加沉重的负担，相对于步步高企的房价及所带来的沉重的还款压力，一直较为平稳的租金使得一些经济实力普通的购房者开始决定出售自己的其中一套房产。

面对此种状况，那些"以房养房""以租抵贷"的房产投资还是否有价值？是否可行？当前拥有房产的投资者是卖是租，如何抉择？

房产投资者一定要戒除三种不良投资心理。

坐收租金。既然打算以获取租金收入为投资回报，就必须考虑地段因素。

留给后代。趁手上有钱买套房子留给子女长大了婚嫁时再用，要考虑物业有折旧因素在内。当一样物品没有被使用或充分使用时，它的价值就会大打折扣，更不用谈保值、增值之类的话了。

低进高出。这种风险最大。如北京的房价连续上涨多年，已经达到了一个很高的水平，继续快速上涨的空间相当有限。除了要独具慧眼选准物业，还要细算账。

考察一处房产是否值得投资，最重要的就是评估其投资价值，即考虑房产的价格与期望的收入关系是否合理。以下三个公式可以帮助读者估算房产价值，不妨一试。

公式一：租金乘数小于12。

租金乘数，是比较全部售价与每年的总租金收入的一个简单公式（租金乘数＝投资金额÷每年潜在租金收入），租金乘数应小于12。如果超过12倍，很可能会带来负现金流。缺点：此法并未考虑房屋空置与欠租损失及营业费用、融资和税收的影响。

公式二：8~10年收回投资。

投资回收期法考虑了租金、价格和前期的主要投入，比租金乘数适用范围更广，还可以估算资金回收期的长短。它的公式是：投资回收年数＝（首期房款＋期房时间内的按揭款）÷（月租金−按揭月供款）×12。回收年数越短越好，合理的年数在8~10年。

公式三：15年收益看回报。

如果该物业的年收益×15年＝房产购买价，那么该物业物有所值；如果该物业的年收益×15年>房产购买价，该物业尚具升值空间；如果该物业的年收益×15<年房产购买价，那该物业价值已高估。

除了房屋价值评估外，投资者还应把握6个投资小窍门，下面这些小窍门可以帮助读者更省力、更安全地做投资：

第一，投资好地段的房产。房地产界有一句亘古不变的名言是：地段，地段，还是地段。作为房地结合物的房地产其房子部分在一定时期内，建造成本是相对固定的，因而一般不会引起房地产价格的大幅度波动；而作为不可再生资源的土地，其价格却是不断上升的，房地产价格的上升也多半是由于地价的上升造成的。在一个城市中，好的地段是十分有限的，因而更具有升值潜力。所以在好的地段投资房产，虽然购入价格可能相对较高，但由于其比别处有更强的升值潜力，因而也必将能获得可观的回报。

第二，投资期房。期房一般指尚未竣工验收的房产，在香港期房也被称作"楼花"。因为开发商出售期房，可以作为一种融资手段，提前收回现金，有利于资金流动，减少风险，所以在制定价格时往往给予一个比较优惠的折扣。一般折扣的幅度为10%，有的达到20%甚至更高。同时，投资期房有可能最先买到朝向、楼层等比较好的房子。但期房的投资风险较高，需要投资者对开发商的实力以及楼盘的前景有一个正确的判断。

第三，投资"尾房"。是指楼盘销售到收尾阶段，剩余的少量楼层、朝向、户型等不十分理想的房子。一般项目到收尾时，开发商投入的资本已经收回，为了不影响其下一步继续开发，开发商一般都会以低于平常的价格处理这些尾房，以便尽早回收资金，更有效地盘活资产。投资尾房有点像证券市场上投资垃圾股，投资者以低于平常的价格买入，再在适当时机以平常的价格售出来赚取差价。尾房比较适合砍价能力强的投资者投资。

第四，投资二手房。自从建设部提出允许已购公房上市交易以来，各地纷纷出台相应政策鼓励二手房上市交易。这也给投资二手房带来了机遇。在城区一些位置较好、交通便利、环境成熟的地段购置二手房可以先用于出租赚取租金，然后再待机出售，可谓两全其美。二手房的投资前景十分乐观。

第五，投资门面房。目前在一些新建小区中，都建有配套的门面房。一般这些门面房的面积不大，为30~50平方米，比较适合搞个体经营。由于在小区内搞经营有相对固定的客户群，因而投资这样的门面房风险较小，无论是自己经营还是租赁经营都会产生较好的收益。

第六，投资待拆迁房产。在旧城改造过程中，会有很多待拆迁房产。在拆迁时，这些房产的所有者一般都会得到很优惠的补偿。所以通过提前购置待拆迁房产，以获得拆迁补偿的方式赚取收益也不失为一种很好的投资方式。但投资这类房产，需要对城市建设的发展和城市规划有所了解。

哪些情况适合租房

在一些发达国家，长时间租房住的人也非常多。在他们看来，病了有医疗保险，老了就住到养老院去，能享受的就尽情享受，何必为了一套房子累死累活？

　　时下，不少人对租房的认识存在一定的误区，总认为租房花了钱到头来房子还是人家的，自己仍是"一无所有"。事实上，结婚前耗费数十万元、上百万元买了房，不过是将未来几十年租房的钱，集中在短期内支出而已。打个比方说，一套总价100万元的商品房，不考虑利息成本，就按70年计算，再加上物业管理费，平均分摊到每年的花费在1.8万元左右，每月就是1500元。

　　倘若拿这笔钱租房，尽管从表面上看，租上10年，付出18万元，房子还不是自己的，似乎很不划算。但假如在租房的10年中，出现比目前房价水平下跌20%的情况，目前100万元的房子就便宜了20万元，这租房的10年就等于白住了。再说，这100万元在10年内还可以找个银行理财品种，以年收益5%计算，10年可获利50万元，足够付租金。更重要的是，10年以后造的房子肯定比现在的好。

　　租房，不仅是一种生活态度，也是一种理财之道。住在别人的房子里，用手头的钱做自己想做的事。"生活，不应该被房子困住。"

　　吴小姐在媒体行业工作，男朋友是高校教师。她刚参加工作1年，两个人月收入加起来约5000元，年终奖共约15 000元。他们在江苏省昆山市租了一套小住宅，月租750元，加上生活费，每月需支出2000元左右。此外，近3年妹妹读大学，每月平均约需寄给她2000元。

　　他们现有存款40 000元，希望能尽快购置一套房子自住，要咨询的是，现在是否具备买房的财力？要买的话，应采取哪种贷款方式？买什么样的房子比较合适？

　　一位资深理财师认为，吴小姐刚工作不久，和男朋友关系较稳固，收入尚可，但根据她的具体情况，现在买房不是太合适。主要原因是：目前她的现金流太少，如买总房价40万元的住房，首付款至少需8万元，手头4万元存款不够支付按揭首付款及装修款；采用等额还贷方式，20年期32万元贷款，月还款额约为2000元，压力过大；投资渠道少，资金收益率低，剩余资金在银行里，没有发挥到最大效用。

理财建议是：未来3年还是继续租房为好，将剩余资金根据风险偏好进行合理投资，可投资股票型基金、货币市场基金、信托产品，以期获得较高收益；3年后，累计积蓄可达13万元左右［（1000×12+15 000）×3+40 000+部分升值收益］；考虑到吴小姐年收入有相当上升空间，届时可根据情况购买市中心的中小户型住宅（包括二手房），面积在60~80平方米，男朋友是高校教师，可申请公积金住房按揭贷款，贷款利率相对较低。

另有新婚1年的一个小家庭。张先生30岁，是医院的医生，张太太28岁，是同单位的护士。夫妻两人收入稳定，分别是5500元和3500元。每月家庭支出也比较稳定，在4000元左右。由于小家庭建立不久，所以只有3万元的活期储蓄。夫妻两人现在居住在张先生父母早期准备的旧房里，市价40万元。张先生家庭年收入10.8万元，年支出4.8万元，每年可结余6万元。由于支出比例合理，张先生家庭有较高的储蓄率，为55.6%。但家庭资产有限，且缺少合理的投资渠道。夫妻俩想换一套附近的商品房，考虑在100万元左右。但张先生预计房价会下跌，考虑是否先租房，等房价下跌后再买房。张先生夫妇没有投资理财经验，也没有购买过保险。于是想咨询有经验的理财师，帮助他们的小家庭做一个长期的合理规划。

根据张先生的家庭特点，理财师给出了以下的建议。

首先，张先生应给全家留出必要的家庭准备金，一般是月支出的3~6倍，建议保留1.5万元的活期存款，其余的另做他用。

其次，从国家的政策调控来看，张先生对于房价的顾虑是有一定道理的。如果现在张先生立即卖出旧房，购置新房，考虑到10万元左右的装修费用，则新房首付30万元，其余70万元可以使用公积金和商业组合贷款，其中公积金采取足额贷款，以20年为例，则每月需还款4000余元，对于张先生这样的新婚家庭而言是一笔沉重的负担。而且，还影响到日后的子女规划。因此，建议张先生先卖出旧房，采用租房的形式，等房价有所下跌后再购置新居。

对于张先生卖房所得款项40万元中的33万元可用于购买收益相对稳定的债券型基金，根据现在的市场情况，预计年收益率为10%。两年后可用于支付购置新房的首付款，大约是40万元。由于房价下跌为90万元左右，因此张先生只需选择50万元的公积金和商业组合贷款，其中公积金采取足额贷款，同样以20年为例，每月只需还款3000元左右。

选房要会"望、闻、问、切"

选房是一个非常个性化的过程，但也存在某些共性。归纳起来，就是要做到"望、闻、问、切"，不断地察看房子，千万不能急于求成，妄下判断。

1. 望

多了解市场行情。首先，最起码要了解房价走势以及热点区域。例如，自己所在的城市近期房价涨跌势如何，哪些区域涨跌快些，哪些区域慢些，哪些楼盘卖得火。其次，对一些大的开发商和项目要有所了解。一般而言，品牌开发商的项目品质会比较有保证。最后，至少要学会看楼书、沙盘，看户型图、样板间，这样才能用更专业、更实用的眼光去看房。

2. 闻

有空多跑售楼处。跑售楼处有一个好处，就是可以知道这个项目大致要多长时间竣工，现在进展到什么阶段，以及周边的交通配套等情况。一周跑上两三家，一个月就是8～12家，这样货比三家，最后所做的决定就会更准确，至少不会太离谱。通过多种媒体掌握信息。平时多看报纸、多上网、多接触电视及户外媒体的楼宇广告。即使没时间跑售楼处，从媒体上了解项目信息也是个好办法。在资讯高度发展的今天，房地产已是媒体资讯和广告的重要支柱。通过媒体，一方面，可以掌握楼市宏观的发展形势，较准确地判断其下一步的走势。另一方面，多数楼盘都会通过媒体做广告，投资者可以从各类媒体中了解大量的楼盘信息。

3. 问

善于在售楼处提问题。当投资者选定中意的楼盘，来到售楼处，面对热情的销售员时，务必要保持冷静的头脑。在售楼处应尽可能多地提出疑问，包括楼盘的销售方式、具体价格、入住时间、入住条件、车位、交通、配套、公摊、户型、物业，等等，不能错过每一个细微的问题。

4. 切

到实地进行考察。百闻不如一见，了解的信息再多也不如到实地走走。考察的内容包括内、外两方面。内，就是居住区以内的交通、配套、户型等，并具体到房子的防水、墙角、室内装潢和做工、采光、墙体、插座、厨房卫生间等细节的问题。外，就是居住区以外的交通、教育、医疗、商业、娱乐等配套，甚至包括居住区到上班地点的距离。这些都要自己亲临现场才能知晓，而不能听开发商的一面之词。

作为地产投资者，不论投资能力的大小，都要精挑细选，慎而又慎。如同任何投资一样，盲目跟风是大忌。

哪些房子更有升值潜力

未来有没有升值潜力是房地产投资者首先考虑的问题。而影响房子未来升值的一个重要因素就是其所处的地段位置。即指房地产的具体空间区位，既包括房地产本身的所在位置，又包括周围环境即相邻地区的自然环境、生态环境和经济社会文化环境等。地段位置是决定城市地价的最重要因素，从而决定了房地产价格和升值空间。

对于个人房地产投资者来说，在选择地段位置的时候，应着重考虑地段位置的未来变化趋势，而不应该是地段位置目前是否优越。投资者在寻找最具有升值潜力的地段时，要认真鉴别某地段是否具有升值潜力和投资价值，避开眼前的几个陷阱去选择。

不要选择寸土寸金的地段。能在寸土寸金地段置业当然不是件坏事，但是寸土寸金地段未必具有投资价值。过高的地价，会使房地产等相关成本过高，升值的空间相对来说并不大。

不要选择城市的中心地段。就我国近年城镇建设变化趋势来说，城区内最具有升值潜力的地段已不全是城市中心区域。因为，城市的中心地段往往是老城区，房屋多是十几年前、几十年前所建，其面积、结构、样式以及辅助设施等都显得陈旧、过时，原有功能退化。城市的中等收入以上的居民，多数都已迁往他处，因此，城市中心地段的房价相比较反而呈下降趋势。

不要听信流言。城市的规划、拆迁、改造、新建等活动，会牵动很多人、很多集团的利益。市政当局每决定对一处进行变动时，都会有很多利益集团直接或间接参与博弈，从最初设想到政策正式出台，期间变数很大。因此，作为个人房地产投资者，千万要谨慎行事，待正式的文件出台后，再做决定。不要被小道消息及社会传言所蒙蔽，认为机不可失而慌忙投资，结果正中了别人的圈套。

那么，哪些地段位置的房地产具有较大的升值潜力呢？通常情况下，以下四类地段的房地产未来升值空间比较大。

（1）名校周边的房地产。我国绝大多数城市都实行就近入学的政策，孩子的前途重要，辖区内如果有市属或区属重点，甚至是准重点的幼儿园、小学、中学等，自然都会成为一个重要卖点，吸引相关家庭入住。地段位置如果正好在重点小学和重点中学的生源辖区内，房地产的升值潜力将会更大。

（2）地铁沿途的房地产。城市越大，交通问题越令政府头疼，越让市民不满。因此，便利的交通条件不能不说是个较好的卖点。对市民来说，城市地铁具有安全、舒适、快捷、节俭、方便以及客流量大等优点，所以，地铁线路（包括规划中的和正在建设中的）显然会对沿途房地产价格上扬起到拉动作用。

（3）已逐渐形成的成片小区。房地产的升值是个动态过程，周边建设发展状况及趋势，对房地产价值的升高起决定性的推动作用。最初，某个房地产公司，在郊区或老城区开发一处房地产，虽然地价相对便宜，因为人气不旺、配套设施暂时跟不上、使用价值不高，故而短时间内很难升值。

对个人投资者来说，比较合宜的投资时间是市政当局已经完成规划，具备了基本的交通条件（路通、有公交车路过），供水、供电等设施已经完成，多家公司正积极地投资开发，工商企业已经开始落户，小区规模正逐渐形成之时。这时候开始进行投资购房，随着小区内和周边生活配套设施的增多，如商场、饭店、宾馆、医院、邮局以及教育文化等机构的入住，住宅和商铺的价格将会逐月增高。

（4）银行营业网点的储蓄存款快速增加的地段。对个人房地产投资者来说，地段位置是否优越、是否具有升值潜力，地段内的银行营业机构的个人储蓄存款增长幅度的大小也是一个重要标志。相比之下，某一地段的储蓄所存款能够连续几年以较大的幅度稳步增长，说明该地段一是高收入家庭相对集中，单位（机关、学校及工商业机构）和住宅布局较为合理。"物以类聚，人以群分"，像这样的地段，自然会吸引更多的中高收入家庭入住，从而抬高地价。

正确判断房地产的未来价值是房地产投资成败的关键。投资者要抓住这个关键，就必须挑选未来具有发展潜力的位置，并果断出手。

哪些房地产是投资"雷区"

房价的快速上涨，吸引着更多的人投身于房地产市场。但是，投资者在看到巨大收益的同时，也要看到巨大的风险。房地产是一种不动产，所以投资于房地产中的资金流动性和变现性较差。由于房地产投资周期较长，占有资金较多，因此投资于房地产，还需承担因经济周期性变动带来的购买力下降的风险。

另外，房地产业是涉及有关专业知识最多的行业，一不小心，便有可能踩中地雷。因而，投资者千万不可一时冲动，误踩入"雷区"。

"雷区"一：宏观政策变化的不确定性。

房地产市场历来容易受到各种市场政策导向的影响，从而造成很大的周期性波动。政策的不确定性也给房地产投资带来极大变数。

例如：国家提高首付款比例的政策，就会对房地产投资造成很大影响。假设一个精明的房地产投资者手里有100万元想投资，按照原来首付20%的原则，他可以买到10套50万元的房子，其他的钱由银行贷款解决，赚取的是10套房子的利润。在利润上升的同时，他的投资风险也被巧妙分散到10套房子那里，这样就是"鸡蛋被放在不同的篮子里"，投资成功的可能性显然大大增强。何时而言，他可能只买到8套的房子，收益降低，杠杆效应减少，投资风险会相应增加。

避开"雷区"的策略：积极关注政策面的变化，适当收缩战线，集中资金于3～5套有较大潜力的房地产，这样虽说收益减少，但也有效地降低了风险。

"雷区"二：城市规划的风险。

一个城市的整体规划对房地产投资有直接影响，尤其在目前大搞城市建设以带动内需的情况下，稍有不慎便有可能踩到"地雷"，遭受巨大损失。

例如：刘女士通过房地产中介看中一套二手房，不管是价格还是地理位置都比较满意。房地产中介说户主出国急需用钱想赶快转让，于是刘女士便以43万元买下。没想到3个月后，就有拆迁公司上门说此房属城市改造拆迁范围，要在2个月之后拆掉。刘女士后悔万分，最终只拿到37万元拆迁款，自己白白损失6万元。

避开"雷区"的策略：注意媒体上有关城市建设方面的信息，登录当地政府城市规划部门的网站，了解城市规划动态，小心决策。

"雷区"三：地产开发商的圈套。

在个人房地产投资的过程中，许多纠纷的产生都是由于地产开发商设置了圈套，最终让购房者吃闷亏。例如：不法房地产商会在合同里玩花样，最常见的是将"订金"变成"定金"，有时还会在合同里故意空出一些条款不填，利用购房者不熟悉法律的弱势，使房地产投资者吃亏上当。

避开"雷区"的策略：投资者在购买房地产时要尽量找那些诚实守信，有良好品牌形象的房地产商。

对于购买过程中的陷阱，房地产投资者不妨借借"外脑"。在购买过程中多咨询些房地产法律专业人士，必要时聘请专业法律人士陪同购买，识别出合同和交易过程中的"地雷"，避免中了地产商的圈套。

"雷区"四：远期支付能力的风险。

对于按揭购房的投资者来说，必须要对自身远期的支付能力做出准确的判断。如果判断失误，出现意外情况，则房子就有被银行收走的风险。

工作两年的王先生看中了一家商铺打算投资。同类店面的租金每月能达到3000元，照此计算，除去每月的银行按揭贷款，3年就能收回投资。没有积蓄的他利用银行贷款买下了这间商铺，首付款也是向朋友借的。可是，没过1个月，商铺前面的马路由于修地铁而开始施工，客流量大幅降低，店面租金也随之暴跌。据说这个工程将持续1年以上时间。

王先生不但无法按期归还银行贷款，更无法归还朋友的借款，店铺还有可能被银行收走。万般无奈之下，王先生只好将店铺转让他人。这一来一去，损失了3万多元。

王先生之所以投资失败，就在于他对未来估计过分乐观，没有考虑到相应的风险，而自己没有积蓄，抗风险能力极差。

避开"雷区"的策略：个人房地产投资者必须慎重决策，把预期收入的估计建立在较切合实际的基础上，并留有资金余地，从而使自己的买房和房贷按揭额决策建立在有能力的偿付基础上，以便可以从容还贷，规避房贷风险。

"房奴"如何理财还贷

买房贷款占到收入四成以上的"房奴"们，在职场上也开始渐渐丧失了冒险精神。为了确保有稳定的收入可以还贷，他们害怕降薪、跳槽、失业，职业发展陷入困顿。

买房不应成为个人职业发展的阻碍和负担，所以，积蓄不多打算贷款的买房者尤其要注重将职业生涯规划和买房投资理财规划两者相结合。

"我的新房除了一张床和桌子，还有做饭需要的锅碗瓢盆以外，什么电器都没买。"胡小姐说起"房奴"生活，显得十分无奈。

2016年，刚毕业两年的胡小姐在武汉一家公司从事平面设计工作，月薪5500元。不久后，她拿出全家所有的积蓄，首付15万元买下了一套小户型的精装房，房贷期20年，月供4000元。她说："当时想着工资省着点花，总比租房强，找机会再换份收入高点的工作。"

然而，胡小姐没多久就发现，跳槽远不是她想的那么简单，要在短期内找到一份收入有大幅提升的工作显然比较困难。

胡小姐一直抱着"骑驴找马"的心态，对当前的工作不但没有了兴趣，甚至充满了厌烦的情绪。这种消极疲惫的状态被老板掌握，随后老板将她调到公司的另一部门任职，虽然工资没有太大的变动，但是工作变得更加烦琐和忙碌。

即便如此，胡小姐也不敢再像以前那样任性，更不敢辞了工作再慢慢找合适的工作，因为每个月的房屋贷款还有水电费、物管费牢牢套住了她。

事实上，如今有着和胡小姐类似经历的人不在少数，本该属于年轻人的洒脱岁月，几乎因为房屋贷款而变得负重难行。他们不但拼命加班工作，而且在公司总是谨小慎微，降薪、失业成为他们最大的恐惧；他们甚至不敢轻易跳槽，因为一旦出现职业空档期，压力就更加沉重。

按照通行的说法，"房奴"是贷款买房月供超过正常支付能力，从而导致生活质量下降，沦为房屋"奴隶"的一类人。有数据表明，近60%的人通过贷款买房，大部分人贷款后就感觉成了"房奴"，压力很大。

很少有人会把买房和个人职业规划结合起来，往往在没有认清自己所处的职业阶段时，为了追求一种安全感，以买房来确立人生方向的这类人群，最容易成为"房奴"一族。这一群体在不断妥协中以求稳定，经常会错过一些晋升、跳槽的良机，房贷压力在一定程度上限制了其职业发展，在不知不觉中，这些人也由"房奴"变成了"工作奴"。

职业发展方向尚不清晰、随时可能跳槽、甚至不知道自己下一步将在哪里的人，匆忙买房的风险会比较大。

银行方面的专家提醒背负房贷重担的置业者：贷款利率比存款高得多，而且贷款利息是硬性支出，因此"负翁"们其实更需要理财。如果能合理安排支出，"房奴"也能翻身做"主人"，减轻压力。

1.选准银行

跟其他金融产品相比，房屋抵押贷款风险小，利润高，目前已成为各大银行的"兵家必争之地"。

各家银行之间，为争夺房贷客户，常常推出一系列优惠措施，缓和矛盾。值得一提的是，目前市场上的房贷产品个体差异较大，置业者可根据自身需求来选择银行及其房贷产品，以减轻还贷压力。

2. 进行理财规划

许多人认为每月的工资扣除房贷和日常生活开销之后所剩无几，除了存进银行没有别的选择，事实上，如果对剩余的资金进行合理的理财规划，房贷的压力在一定程度上是可以减轻的。

对于每月固定收入的工薪阶层，投资一些风险低、回报相对存款利息要高的理财产品也可以减轻不少房贷的压力。如人民币理财产品、货币市场基金、债券基金和保本基金等，投资这些理财产品本金较安全，虽然给出的收益率都是预期收益率，没有绝对的保证，但实际上收益率波动范围并不大，而且要比银行存款利息高。

3. 出租转移压力

购房本是件令人愉快的事，但如果因此让人们的生活质量下降、居住空间浪费、职业发展受限，不妨选择将房屋出租转移压力。倘若自住房的资金明显高过普通住宅的租金，可以考虑将房子出租，以暂时的牺牲为未来的生活换得更为广大的空间。

另外，考虑到小家庭以后还需要"添丁进口"，不妨将不堪重负的大房子出售，再购买一个适合自己的小户型居住，提升家庭的生活品质也未尝不是一个实用的办法。

4. 买房要和职业发展规划相结合

究竟在什么样的职业发展阶段买房才合适呢？如何处理买房和职业发展两者之间的关系呢？

根据职业生涯理论，25岁之前是职业探索期，不稳定因素居多；25~30岁是职业建立期，在工作中不断调整自己的职业定位；30岁以后，职业发展基本形成，具有一定的事业和经济基础。对于一些职业发展方向尚不清晰、随时可能跳槽，甚至不知道自己下一步在哪里的人，若匆忙做出买房决定，风险将会比较大。

一种情况下，建议如果尚未买房的青年，不妨先制定一项详细的个人职业发展规划，在此基础上确定一个事业发展方向清晰、综合状态较为平稳的时期再买房，如果在未来几年有跳槽计划，也可以根据职业规划提前进行资金储备，由此规避将来因失业或跳槽带来无力还贷的风险。

另一种情况下，针对已经买了房，而且开始因不堪房贷压力出现"工作奴症状"的人群。这些人此时应该对此做一个评估，以事业发展作为立足点，考虑清楚买房究竟是为了什么。房子只能作为事业发展的一个副产品，而不该成为束缚职业发展的绊脚石，如果房子让生活质量下降、职业发展受制，不妨选择将房屋出租来转移压力。